Dazugelernt

Dieter Lenzen

Dazugelernt

Beiträge aus einem Jahrzehnt
der Bildungsreform 2000 bis 2010

Prof. Dr. Dieter Lenzen
Universität Hamburg
Deutschland

ISBN 978-3-658-03532-7　　　ISBN 978-3-658-03533-4 (eBook)
DOI 10.1007/978-3-658-03533-4

Die Deutsche Nationalbibliothek verzeichnet diese Publikation in der Deutschen Nationalbibliografie; detaillierte bibliografische Daten sind im Internet über http://dnb.d-nb.de abrufbar.

Springer VS
© Springer Fachmedien Wiesbaden 2014
Das Werk einschließlich aller seiner Teile ist urheberrechtlich geschützt. Jede Verwertung, die nicht ausdrücklich vom Urheberrechtsgesetz zugelassen ist, bedarf der vorherigen Zustimmung des Verlags. Das gilt insbesondere für Vervielfältigungen, Bearbeitungen, Übersetzungen, Mikroverfilmungen und die Einspeicherung und Verarbeitung in elektronischen Systemen.

Die Wiedergabe von Gebrauchsnamen, Handelsnamen, Warenbezeichnungen usw. in diesem Werk berechtigt auch ohne besondere Kennzeichnung nicht zu der Annahme, dass solche Namen im Sinne der Warenzeichen- und Markenschutz-Gesetzgebung als frei zu betrachten wären und daher von jedermann benutzt werden dürften.

Lektorat: Stefanie Laux, Monika Kabas

Gedruckt auf säurefreiem und chlorfrei gebleichtem Papier

Springer VS ist eine Marke von Springer DE.
Springer DE ist Teil der Fachverlagsgruppe Springer Science+Business Media.
www.springer-vs.de

INHALT

DAZUGELERNT – ZUR EINFÜHRUNG 7
1. ERZIEHUNG 11
2. UNIVERSITÄT 79
3. BILDUNG INTERNATIONAL 149
4. BILDUNGSPOLITIK 183
5. BILDUNGSPOLITIK BERLIN 231
6. FREIE UNIVERSITÄT BERLIN 259
7. STATT EINES NACHWORTES 327

QUELLENVERZEICHNIS 333

Dazugelernt – Zur Einführung

Dass nichts überholter, trauriger und langweiliger als die Zeitung von gestern ist – diese Einsicht mag als Binsenweisheit gelten. Wir lachen, schütteln den Kopf oder wenden uns überdrüssig ab, wenn wir eine Zeitung in die Hand bekommen, die ein, zwei, drei Wochen alt ist, und wundern uns vielleicht über die Besorgnis, die eine Schlagzeile hervorgerufen haben mag, über das Erstaunen im Angesicht einer vermeintlich besonderen Nachricht oder über die Skandalisierung einer Banalität. Wenn der zeitliche Abstand zu den Inhalten der Presse indessen wächst, gewinnen diese an Interesse. Nach fünf oder zehn Jahren bereits bieten sie uns die Chance, eine epochale Phase besser zu verstehen, ihre Wirkung auf die Gegenwart zu analysieren und damit auch diese besser zu begreifen, aber auch Irrtümer und Fehleinschätzungen zu identifizieren, die uns damals als unbezweifelbare Richtigkeiten erschienen.

Fokussiert man seine rückwärtige Betrachtung auf einen Autor und dazu noch auf ein Thema, dann kann man Entwicklungen sehen, sowohl in einer Sache als auch in einer Person.

»Dazugelernt« heißt diese Sammlung von Zeitungsartikeln, die in der Mehrzahl für Kolumnen zweier Zeitungen geschrieben wurden. Schon während eines Veröffentlichungszeitraums von kaum zehn Jahren wird sichtbar, wie Schwerpunkte sich verändern, Bewertungen sich verschieben, kurzum: wie aus der Entwicklung einer Sache, die am Anfang anders gedacht war, dazu gelernt werden muss.

Das gilt auch, und vielleicht sogar in besonderer Weise, für das Bildungswesen. Am Beginn des 3. Jahrtausends steht in Deutschland nicht nur medial sondern auch politisch eine seit den 1970er Jahren des 20. Jahrhunderts nicht mehr gekannte Thematisierung von Bildung in vielen ihrer Facetten: Neben Fragen der Erziehung stehen insbesondere solche des Schulwesens und der Universität auf der Tagesordnung der Politik, die manchmal darin der leicht zynischen Devise gefolgt ist, nach der man mit Bildung zwar keine Wahlen gewinnen, wohl aber verlieren könne. Insbesondere die Printmedien haben diese Entwicklung schnell aufgenommen und selbst auch betrieben. Tages- und Wochenzeitungen richteten die am Ende der 1970er Jahre oftmals eingestellten Bildungs- und Wissenschaftskolumnen wieder ein, reservierten regelhaft, wöchentlich oder sogar täglich Schul- oder Hochschulseiten, und bisweilen wurden sogar ganze Ausgaben mit Bildungsthemen aufgemacht, besonders beispielsweise in der Folge der Internationalen Schulleistungsvergleichsstudien oder der so genannten Exzellenzwettbewerbe der Universitäten.

Die Beiträge des vorliegenden Bandes sind in der Atmosphäre des Bildungsaufbruchs entstanden, eines bildungspolitischen Jahrzehnts, in dem es darum ging, aus der unzulänglichen Situation des Deutschen Bildungswesens und der jahrzehntelangen Missachtung dieses Sektors Konsequenzen zu ziehen. Die Beiträge analysieren, akzentuieren, bewerten und kritisieren, sie erteilen Ratschläge, fordern, und manchmal kennzeichnet sie eine Vergeblichkeitsbefürchtung. Die Beiträge sind in zehn Jahren entstanden, in Jahren der »amtlichen« Verantwortung in der Hochschulleitung der Freien Universität Berlin. Insofern enthält die Sammlung in ihrem zweiten Teil auch Beiträge, die den Kampf um die Existenz der FU widerspiegeln, ebenso wie eine Kritik der damaligen Berliner Bildungspolitik. Die Überzahl der Beiträge ist indessen eher aus der Perspektive des Zeitgenossen geschrieben, der mit Bildung nicht nur beruflich befasst war und ist, sondern auch als Mitbürger, Familienvater, Gesprächspartner von Alltagsmenschen, die irgendwelche Sorgen mit »der Schule«, »der Erziehung« hatten. Die Texte sind fast immer unter dem Zeitdruck geschrieben, unter dem Kolumnisten arbeiten müssen, wenn sie gleichzeitig aktuell und über den Tag hinaus agieren wollen. Und: Die Titel der Beiträge wurden ausnahmslos nicht vom Autor, sondern von der Überschriftenredaktion der jeweiligen Zeitungen verfasst.

Bereits heute, im zweiten Jahrzehnt des neuen Jahrtausends, lassen sich die Stücke ausmachen, die man heute nicht so mehr schreiben würde, die Sachverhalte, die sich anders entwickelt haben als erhofft und die Stimmungen, denen man manchmal zu schnell gefolgt ist, um anschlussfähig zu sein, vermutete Befindlichkeitslagen der Leser. Unter diesen Entwicklungen sind besonders solche besorgniserregend, die völlig anders verliefen, als der zeitgenössische Beobachter es vermutete oder gar gewünscht hätte. Dazu gehört das, was heute mit dem Schlagwort »Ökonomisierung der Bildung« kritisiert wird, die starke Konzentration auf »Outputs«, ein bürokratisches Monster namens »Bologna-Reform«, ein freihändiges Experimentieren von Bildungspolitikern mit neuen Organisationsformen ohne adäquate finanzielle Unterlegung und manches andere.

Daraus kann man lernen. Erstens dieses, dass jeder Reformvorschlag geeignet ist, unerwünschte Nebenfolgen zu erzeugen, als Produkt dilettantischer Umsetzung durch Politik und Bürokratie; den Umstand, dass auch von Praktikern Reform allererst gelernt werden muss, damit sie nicht nur erfolgreich wird, sondern aushaltbar ist, und es muss der Wille zur Reform der Reform kultiviert werden.

Durch dieses Motiv könnte das zweite Jahrzehnt dieses Jahrhunderts für das Deutsche Bildungswesen gekennzeichnet sein. Es bleibt abzuwarten, inwieweit es sich zu einem zweiten bildungspolitischen Reformjahrzehnt entwickelt.

Ich danke Asami Tsunoda, Maria Tongta Sobel und Franziska Kutzick für die Mühen, denen sie sich bei der Wiederveröffentlichung und Zubereitung der Texte für den Druck unterzogen haben.

Hamburg, im Oktober 2013

1. Erziehung

Bilder müssen wieder bilden
2004 (Cicero – Magazin für politische Kultur)

Die deutsche Bildungsmisere kann nur überwunden werden, wenn wir unsere Grundhaltung und den Umgang mit den Medien ändern. Ein Universitätspräsident plädiert für einen Neubeginn.

Das deutsche Bildungssystem kränkelt nicht. Nein, es ist schwer erkrankt. Dabei hat Bildung mehr mit Bildern, unsere Meritokratie mehr mit Medien zu tun, als wir ahnen.

Betrachten wir die Fernsehserien, die wir insbesondere im öffentlich-rechtlichen Fernsehen unseren Zuschauern seit Mitte der 1970er Jahre zugemutet haben: Unerträgliche PC-Schmonzetten vom Schlage Lindenstraße bis hin zu Krimiserien waren durchseucht von der Vorstellung, das öffentlich-rechtliche Fernsehen habe den Auftrag, bloße Unterhaltung zum Vehikel sozialpädagogischer und sozialpolitischer Intentionen zu machen. Was hier unkontrolliert durchgegangen ist, hat sich mitschuldig gemacht an einem Selbstverständnis der Bevölkerung, wonach nicht sie selbst für sich, sondern »die anderen« verantwortlich sind, im Zweifel die da oben, die aber längst ins Ausland abgewandert sind. Wenn Unterhaltung also schon als Vehikel missbraucht werden soll, dann doch bitte dazu, den Menschen klar zu machen, dass sie keine Opfer sind, dass sie stark sind, dass sie stolz auf sich sein können und dass sie es schaffen werden.

Damit einher geht aber die fehlende unternehmerische Orientierung unserer Schule. Das bezieht sich auf Inhalte, aber besonders darauf, was ein Kind über seine Zukunft lernt. Warten darauf, dass etwas passiert, sich irgendwo bewerben und vielleicht scheitern? Nein. Auch der Gedanke, das Schicksal selbst in die Hand zu nehmen, für sich selbst verantwortlich zu sein, ist etwas, was wir in den zurückliegenden Jahrzehnten für eher nebensächlich gehalten haben, als wir unausgesprochen glaubten, eines Tages werde die gesamte Bevölkerung in den öffentlichen Dienst aufgenommen werden. Das mag man emphatisch als Unternehmergeist bezeichnen. Es geht darum zu begreifen: Für mein eines Leben bin ich selbst verantwortlich, nicht jemand anderes. Das glaubten wir nicht. Und wir glaubten daran, dass es einen mächtigen Vater Staat gibt, der das für uns schon irgendwie erledigt. Er ist selbst erledigt, wie wir wissen; er kann es nicht mehr.

Und dann: Wir haben sehr stark auf Abschlüsse gesetzt. Deswegen spricht man auch von Deutschland spöttisch als »Meritocracy«, als einer Demokratie, die auf formale Verdienste setzt statt auf tatsächliches Können, also muss jeder darauf achten, dass er gegebenenfalls mit gerichtlicher Hilfe auch seine Abschlüsse bekommt. Die Bürokratien haben folglich immer neue Verordnungen aufgebaut, die dann gerichtsfest und -fester wurden, mit all der Verrechtlichung, die uns heute lähmt. Wenn das aufhört, gibt es eine Bildungschance für die Medien, die keine Abschlüsse vermitteln können, wohl aber Wissen.

Es gibt noch einen weiteren Block an Defiziten. Der hat etwas mit unserem Personal zu tun oder überhaupt mit der Frage: Wie nehmen Lehrerinnen und Lehrer, aber auch Eltern, eigentlich die Verantwortung für die nachwachsende Generation wahr? Wir haben einen Professionalitätsmangel des Lehrpersonals, der mit der Geschichte des deutschen Bildungsdenkens zu tun hat. Wir glauben, dass die Beziehung zwischen dem Schüler und dem Lehrer im Wesentlichen eine pädagogische Begegnung sei und nicht ein Ausbildungsverhältnis. Das ist übrigens auch der Grund dafür, dass die deutsche Pädagogik allen Medien gegenüber von Grund auf misstrauisch ist. Es gibt kaum ein Land, in dem so fest daran geglaubt wird, dass Medien böse sind. Der Grund ist letztlich ein religiöser: In der Mythengeschichte der christlichen Kultur hat sich hartnäckig die Vorstellung gehalten, dass zwischen Gott und dem Menschen nichts stehen dürfe. Der Dekalog macht damit auf: »Du sollst dir kein Bildnis machen …« Insoweit der Lehrer als historischer Erbe des Priesters eine Funktion traditionell wahrnimmt, muss er darauf bestehen, dass auch zwischen ihm und dem Kind nichts ist. Dieser Anspruch muss beendet werden. Der Beruf des Lehrers ist eine professionelle Tätigkeit wie die eines Jetpiloten. Man muss dafür geeignet sein. Man kann sie lernen, und man muss sie auf hohem Niveau durchführen. Wenn dieses Verständnis an die Stelle pädagogischer Betulichkeit getreten ist, dann besteht auch keine Angst mehr vor den Medien, die so als professionelle Lehr-/Lern-Ergänzung eingesetzt werden können.

Unsere Lehr-/Lern-Methoden befinden sich nicht auf internationalem Niveau – schon medial nicht. Es gibt heute eine perfekte Lernsoftware, auch für das Schreiben- und Lesen-Lernen, die wir aber schlicht nicht kaufen können oder nicht einsetzen, weil wir in der Schule nicht für jedes Kind einen Computer haben, wie das zum Beispiel in Kanada etwa seit zehn Jahren der Fall ist. Ein anderes Beispiel: die Columbia University. 2003 gab sie 145 Millionen Dollar aus, um Multimedia-Einheiten zu entwickeln und Hörsäle entsprechend zu modernisieren. Und: Sobald das Fernsehen interaktiv sein wird, kommt auf dieses Medium eine einzigartige Aufgabe zu, nämlich bis in die Haushalte und in die Schulzimmer hinein Unterricht auf hohem Niveau zentral anzubieten.

Ein weiteres Problem in unserem Bildungssystem ist das Zeitproblem. Wir fangen zu spät an, unsere Kinder systematisch zu beschulen. In Frankreich werden Kinder mit drei Jahren in die École Maternelle eingeschult, in Holland mit vier Jahren. Bei uns ist das durchschnittliche Einschulungsalter 6,7 Jahre. Es ist ein verschwenderischer Umgang mit Lebens- und Lernzeit, den wir betreiben. Die Zeit ist nicht nur deswegen verschwendet, weil die Lernzeit zu spät beginnt, sondern weil sie insgesamt auch zu lang ist, jedenfalls was die Verwendung von Jahren angeht, und zu wenig verdichtet, was die Verwendung von Tagen betrifft. Wir leben in einem der wenigen Länder der Welt, die keine Ganztagsschule haben, mit dem Nebeneffekt, dass ein Kind am Ende der Sekundarstufe I schon etwa 2800 Stunden weniger unterrichtet worden ist. Dass das Folgen hat, darf niemanden wundern. Apropos Zeit: Pädagogen neigen dazu, sich über jede Minute aufzuregen, die ein Kind vor dem Fernseher verbringt, weil es womöglich verdorben werden könnte. Über die neuronalen Synapsen, die ein Kind womöglich nicht herausbildet, weil es durch den ihm zukommenden Unterricht angeödet wird, spricht niemand. In der Ganztagsschule steckt deshalb auch eine große Chance, den Online- und On-Air-Medien eine neue Rolle zu zu weisen. Das muss jetzt beginnen.

Die Zeit drängt auch hier: Wir brauchen eine lebenslange Lernmotivation in diesem Land. Medien, insbesondere das Fernsehen, haben eine einzigartige Chance, das zu bieten, was Schule nicht kann. Diese Chance wird oftmals durch glänzende naturwissenschaftliche Sendungen wahrgenommen. Sie erzeugen Lernmotivation, aber auch die Enttäuschung in einer Schule, die das nicht kann. Warum weisen wir also den Medien nicht eine weiter gehende Rolle zu?

Das alles kostet Geld. Wir müssen begreifen, dass Bildungsinvestitionen, die ein Individuum für sich tätigt, ein Bestandteil der Daseinsvorsorge werden. Die öffentliche Hand ist leer. In der

Zukunft wird es durchaus die Möglichkeit geben, Lernangebote »on demand« nicht nur aus dem Netz, sondern auch im Pay-TV zu beziehen. Es erstaunt, dass hier noch nicht mehr geschehen ist, vor allen Dingen im Hinblick auf Weiterbildung. Sie wird zu einem weltweiten »Big Business« werden.

Nicht nur die Sorge, zwischen dem Lehrer und dem Kind könnte das Medium stehen, sondern auch die Furcht, Kinder könnten zu früh mit der Wirklichkeit des Lebens konfrontiert werden, hindern unser Land letztlich auch daran, international wettbewerbsfähig zu sein. Das Fernsehen hat mit diesem Vorurteil immer wieder zu kämpfen. Es wird viel Geld dafür ausgegeben zu beweisen, was bisher nicht bewiesen ist: dass Fernsehen und Computer eine direkte kausale Wirkung auf das Verhalten von Kindern haben. Die Auffassung ist falsch, dass für Kinder im Vorschulalter die Betrachtung geeigneter Fernsehsendungen schädlich und auf ein Minimum, nach Möglichkeit auf Null, zu reduzieren sei. Ganz im Gegenteil müssen wir die frühe Lernchance nutzen, durch geeignete Angebote die Schule zu unterstützen, auch in ihren elementaren Funktionen wie Schrift-Spracherwerb, Mathematik und Fremdsprachen. In den 1970er Jahren hat das Head-Start-Programm in den Vereinigten Staaten, wovon in Deutschland die Sesamstraße übrig geblieben ist, gezeigt, dass man vorurteilsfrei an dieses Thema herangehen kann. Eine Illusion darf man sich allerdings nicht machen: Die Aktivierung von größeren Teilen bildungsferner Schichten ist auch Ernie und Bert nur in geringem Maße gelungen.

Wenn wir die Kinder mit vier Jahren unterrichten wollen, benötigen wir entsprechend geschultes Vorschul- und Kindergartenpersonal. Zudem müssen wir das Lehrpersonal vor dem Burnout-Syndrom bewahren. Untersuchungen zeigen, dass nur etwa vier Prozent aller Lehrer die Altersgrenze erreichen; der Rest scheidet vorher aus, aus unterschiedlichen Gründen. In den amtsärztlichen Zeugnissen für Lehrer steht oftmals eine Erkrankung der Wirbelsäule, und bei den Lehrerinnen werden am häufigsten Erkrankungen »aus dem psychosomatischen Formenkreis« genannt.

Ein wesentlicher Grund für diese Entwicklung sind nicht Faulheit oder Simulanz, sondern eine Art Selbstüberforderung des pädagogischen Personals. Auf der einen Seite steht der Anspruch einer direkten Begegnung mit dem Kind, auf der anderen Seite die Erfahrung, dass die Lehrerin (das ist ja inzwischen zu einem Frauenberuf geworden) mit der Qualität des medialen Angebotes niemals wird mithalten können. In dieser Beziehungsfalle kann man nur zerrieben werden, wenn man nicht akzeptiert, dass es zwei Rollen gibt: die Rolle der Medien mit ihren viel weiter gehenden Möglichkeiten und ihrer höheren inhaltlichen Qualität und die Möglichkeit, sich dieses Angebots zu bedienen, das Angeschaute nachzubereiten und zu nutzen. Medienpädagogik darf also nicht, wie so oft, als Antimedienpädagogik betrieben werden, sondern als eine Profession, die in Kooperation mit den Medien etwas für dieses Land tut. Es ist deshalb dringend notwendig, Medienvertreter mit an den immer noch nicht vorhandenen großen runden Tisch einer Bildungsoffensive zu setzen. Den Medien ist abschließend nahe zu legen, sich zu Wort zu melden, auch wenn sie nicht gefragt sind. Das ist nicht nur deren »verfassungsmäßiger Auftrag«, sondern der ganz dringlich gewordene Bedarf einer Gesellschaft, die auf der abschüssigen Bahn ohne ihre Hilfe nicht mehr wenden kann.

Filme entstehen im Kopf. Vergleichbare Wirkungen von Gewaltdarstellungen sind nicht nachweisbar
2004 (tv diskurs), Interview

Nach der Theorie des sozial-kognitiven Lernens, die Albert Bandura aufgestellt hat, lernen Kinder am Modell. Da auch Akteure in Filmen als solche Modelle gelten können, scheint es ganz plausibel, dass junge Zuschauer gezeigte fiktionale Gewalt erlernen und nachmachen.

Mit Lerntheorien wie der von Bandura können wir heute nicht mehr umstandslos umgehen. Wir müssen vielmehr in Rechnung stellen, dass das Individuum im Erleben seiner Entwicklung eigene Strukturen in neuropsychologischen Prozessen herausbildet. Das heißt, dass jeder seinen eigenen Film dreht bzw. konstruiert. Dieses *Refilming*, wie wir das nennen, ist abhängig von Lebenserfahrungen. Man kann sich also fragen, ob es bestimmte Faktoren in der Lebensgeschichte von Menschen geben kann, die geeignet sind, einen Film im Sinne einer gewalttätigen Konfliktlösung auch tatsächlich zu refilmen. Denn es ist sicher, dass viele Menschen nicht gewalttätig auf gewalttätige Inhalte reagieren. Sonst würde in unseren Straßen ja Mord und Totschlag herrschen, was bekanntlich nicht der Fall ist. Die meisten betrachten den Film offenbar als etwas anderes. Sie finden ihn unterhaltsam, mögen die Stunts, die Geschichte oder was auch immer. Bei unseren Studien haben wir entdeckt, dass gerade männliche Jugendliche sich nicht auf die Geschichte einlassen. Es geht ihnen eher um die Sportlichkeit oder Machart der Szenen, aber auch darum, sich mit anderen darin zu messen, wer am meisten aushalten kann. Die Betrachtung entsprechender Szenen hat allerdings auch etwas mit der Messung der Fähigkeiten, solche Szenen richtig zu rezipieren, zu tun. Aber Jugendliche vergleichen sich nicht darin, wer entsprechend diesen Filmen am grausamsten Gewalt ausüben kann. Solche Wettbewerbe sind mir zumindest nicht bekannt.

Aber kann sich in diesem Refilming nicht auch eine Gewalt befürwortende Botschaft ergeben?

Was wir allenfalls fragen können, ist, ob es Risikogruppen gibt, die aufgrund ihrer Lebensgeschichte unter Umständen geneigt sein könnten, die Filme auf bedenkliche Art im Kopf nachzudrehen. Bedenklich wäre es aber nur dann, wenn dieses Nachdrehen zu Handlungen führt – das ist noch ein Sprung, den man nicht übersehen darf.

Wir müssen uns also fragen, ob es empirische Evidenzen dafür gibt, dass jemand, der einen Film sieht, welcher gewalttätige Konfliktlösungen anbietet und diese vielleicht sogar verbal oder durch die Story billigt, in einer ähnlichen Situation genauso verfahren würde wie der Held des Films. Solche empirischen Evidenzen kann es nicht geben.

Denn dafür müssten Sie ein Experiment anordnen, das ethisch nicht zu vertreten wäre: Sie müssten Kinder in eine Situation bringen, in der diese so unter Druck geraten, dass sie gewalttätig handeln könnten, und das mit einer Vergleichsgruppe abstimmen, die einen solchen Film nicht gesehen hat. Ich halte es eher für ein kulturwissenschaftlich interessantes Phänomen, dass dieser Gedanke, diese Idee, diese Sorge, Gewaltdarstellungen würden zu Gewalthandlungen führen, seit mindestens 100 Jahren immer wieder auftaucht.

Eine andere Theorie geht von einem Desensibilisierungseffekt aus. Um Gewaltdarstellungen ertragen zu können, muss der Zuschauer sich daran gewöhnen und seine Gefühle reduzieren. Das hat für ihn den Vorteil, dass er mit seinen Gefühlen besser zurechtkommt, was mit dem Begriff »Gefühlsmanagement« beschrieben wird. Aber kann das nicht auch dazu führen, dass der Zuschauer Gewalt insgesamt – also auch die in der Realität – besser ertragen kann und sie weniger ablehnt?

Wenn diese These richtig wäre, hätten wir die Pflicht, sofort die Tagesschau oder ähnliche Formate zu verbieten. Gewalt wird hier in absoluter Authentizität gezeigt und müsste dementsprechend zu Gewalttaten anregen. Das ist nicht der Fall. Denn wir sehen zwar Blut und Tote, aber nicht die Täter. Die Frage ist die: Gibt es eine Filmkonstruktion, die dazu geeignet ist, dass der Betrachter einen Film in seinem Kopf dreht, bei dem er die Rolle des Täters einnimmt?

Was bedeutet das eigentlich: Desensibilisierung? Dass ich im Zweifelsfall nicht gegen Gewalt vorgehe, wenn ich in der Realität damit konfrontiert werde? Gewalt gegen andere oder gegen mich selbst? Ich kenne niemanden, der durch Filme motiviert werden könnte, Gewalt gegen sich selbst zuzulassen. Gewalt gegen andere? Das ist schwieriger. Dagegen kann man allgemein vorgehen, das tut man auch. Aber erinnern wir uns an den Mann, der in der Berliner Straßenbahn für einen anderen, der bedroht wurde, eingetreten ist und daraufhin erstochen wurde. Wir wollen doch nicht in eine Situation kommen, in der Bürger die Rolle der Polizei übernehmen. Wer gegen Gewalt vorgeht, geht selbst ein Risiko ein. Wir müssen also genau hinschauen, wenn wir von Desensibilisierung sprechen. Meinen wir, der Zuschauer werde gewalttätig, oder er findet, Gewalt sei nicht schlimm, oder er interessiert sich nicht dafür, wenn andere Gewalt erleiden? Unsere Ergebnisse gehen nicht in diese Richtung. Wir haben registriert, dass sich Jugendliche mit den Opfern identifizieren. Das ist bei Mädchen zweifellos stärker der Fall. Bei Jungen ist es aber nicht so, dass sie sich mit den Tätern identifizieren, sondern dass sie aus dem Film aussteigen und sich beispielsweise für die Machart interessieren. Medienforschung kann man nicht als Medienwirkungsforschung betreiben, weil letztere von Kausalitäten ausgeht, die kein seriöser Wissenschaftler mehr annimmt.

Medienforschung muss als eine Beschreibung von Konstruktionsvorgängen in den neurophysiologischen Strukturen eines Menschen betrieben werden. Und das ist, weiß Gott, komplexer, als man es mit solchen sozialwissenschaftlichen Annahmen wie beispielsweise der Lerntheorie Banduras machen kann.

Im Jugendschutz bemüht man sich um plausible Differenzierungen, damit Filme hinsichtlich ihres Wirkungsrisikos eingeschätzt werden können. Wir prüfen die Fragen, ob das Risiko der Identifikation mit dem Täter vorhanden ist, ob Gewalt erfolgreich dargestellt wird und ohne negative Folgen für den Täter bleibt. Diese Kriterien gehen zu einem großen Teil auf die von Ihnen geschmähte Lerntheorie zurück. Halten Sie solche Differenzierungen für sinnvoll oder überflüssig?

Differenzierungen sind auf jeden Fall sinnvoll, weil die Vorgänge so komplex sind, dass man gar nicht differenziert genug an diese Sache herangehen kann. Ob nun diese Differenzierungen des Jugendschutzes sinnvoll sind, ist aber eine andere Frage. Es wird unterstellt, dass sich die Semantik des Films im Refilming des Betrachters eins zu eins widerspiegelt. Dafür gibt es keine Evidenzen. Mehr kann man als empirisch Forschender nicht sagen. Und es spricht auch alles dagegen, wenn wir lernpsychologisch wissen, dass jeder Mensch eine individuelle Wirklichkeit in seinem Kopf erzeugt. Diese Wirklichkeit besteht zu einem Bruchteil aus den Filmen, die er gesehen hat.

Welche Faktoren bestimmen das Refilming?

Viel gravierender als die wahrgenommenen Mediendarstellungen sind die Lebenserfahrungen, die jemand mit seiner Familie macht – mit der Schule, mit dem Arbeitsplatz, mit den Menschen, die er draußen trifft. Dabei ist er oder sie akut gefordert und muss damit umgehen. Es gibt keine seriösen Untersuchungen, die uns veranlassen könnten, einen Zusammenhang zwischen der Betrachtung einer bestimmten Form der Gewalt und der Handlungsweise einer Versuchsperson herzustellen. Unlängst ist ja diese *Robinson-Studie* gefeiert worden, die – wie amerikanische Studien das häufig tun – epidemiologisch vorgeht und Filmseher mit Nichtfilmsehern in ihrem Gewaltverhalten vergleichend untersucht. Es wurde festgestellt, dass Menschen, die viele gewalthaltige Filme sehen, eher dazu neigen, auch Verhaltensweisen an den Tag zu legen, die andere nicht zeigen. Aber was dabei nicht gemessen wurde, ist, ob die Tatsache des massenhaften Filmbesuchs schon einen Segregationseffekt darstellt. Unterschiedlich sozialisierte Menschen neigen je nach Sozialisation dazu, den einen oder anderen Filmtyp zu betrachten, um alles Mögliche damit zu machen – Angst zu bewältigen oder in einen Wettbewerb zu treten, was auch immer. So kann man also nicht an die Sache herangehen. Wenn wir die Studie seriös interpretieren, könnten wir keine Aussage darüber treffen, ob Filmkonsum zu höherer Gewaltbereitschaft führt. Denn es ist durchaus möglich, dass Menschen, die Gewalt ablehnen, auch weniger an Gewaltdarstellungen in Filmen interessiert sind.

Die Frage, die wir uns stellen müssen, lautet: Gibt es eine Risikogruppe, die in ihrem Wirklichkeitserleben so verfälscht ist, dass sie die Differenz zwischen Fiktion und Realität nicht mehr erkennt? Meine Hypothese ist, dass Kinder, die autistische oder protoautistische Syndrome zeigen, eine Risikogruppe darstellen. Denn bei allen Fällen, die uns bekannt sind – wie beispielsweise der Erfurter Amokläufer oder andere –, bei denen, ob berechtigt oder nicht, nach Gewalttaten vor Gericht gesagt wurde, die Gewalt sei nach der Vorlage von Fernsehgewalt entstanden, handelte es sich um Persönlichkeiten, die ein gestörtes Wirklichkeitserleben aufwiesen. Wenn das so ist, haben wir ein anderes Problem. Daher sollten wir beobachten, inwieweit Medien und Schulerziehung Lehrer dazu befähigen, Kinder zu identifizieren, für die dieses Risiko besteht. Wir müssen diesen Kindern helfen, die Fähigkeit zu trainieren, zwischen Wirklichkeit und Fiktion zu unterscheiden.

Glaubt man der Presse, so hat die Gewaltbereitschaft an Schulen in den letzten Jahren zugenommen. Gibt es für oder gegen diese Vermutung verlässliche Daten?

Das ist eine kriminologische Frage. Die Veränderung von kriminellem Verhalten wird an der Zahl der Anzeigen oder der Zahl von Verurteilungen gemessen – und dabei wird auch mit Dunkelziffern operiert. Inwieweit die Zahl der Anzeigen gestiegen ist, entzieht sich meiner Kenntnis. Das kann man aber mühelos beim Innenministerium oder dem Bundesamt für Statistik herausfinden. Bloß würde ein höherer Wert in der Statistik noch nicht bedeuten, dass die Gewaltbereitschaft tatsächlich gestiegen ist. Vielleicht ist nur die Anzeigebereitschaft gestiegen. Ähnlich verhält es sich mit den Verurteilungen. Vielleicht ist diese Zahl gestiegen, weil der öffentliche Druck auf die Richter größer geworden ist. Das ist zu kompliziert, als dass man daraus etwas über die Gewaltausübung ableiten könnte. Zudem ist Gewalt*bereitschaft* noch einmal etwas anderes. Gewaltbereitschaft bedeutet, dass ein Mensch im Zweifelsfall bereit wäre, Gewalt auszuüben. Aber wie kann man das messen? Kein Mensch, den Sie befragen, würde sagen: »Ja, im Zweifelsfall greife ich zum Baseballschläger.«

Aber lassen wir die kriminologische Seite einmal außen vor. Nehmen wir an, es gäbe ein höheres Maß an – und das nenne ich jetzt bewusst so – *sozialer Unordnung*, zu der ich Gewaltbereitschaft zählen würde. Da stellte sich die Frage, warum das früher nicht so gewesen wäre. Und dann müssen wir über den Typus von Schule reden, den wir haben. Da ich mit der Studie *Bildung neu denken* beschäftigt bin, habe ich letzte Woche einen Brief bekommen, in dem sich Schüler für die Studie bedanken, aber feststellen, dass das Problem ein anderes sei. Sie schreiben: »Unsere Lehrer kommen zu spät zum Unterricht, sie bleiben zu lange in der Pause, sie rauchen, sie sind offenbar nicht vorbereitet, sie sind schlecht gekleidet und sie riechen.« – Aber Lehrer sind Vorbilder. Das heißt, dass der Lehrer, der ja nicht medial ist, sondern real, eine sehr große Rolle spielt und sehr wichtig ist. Die Kinder können sich die Lehrer auch nicht aussuchen – im Gegensatz zu einem Film. Wir müssen uns also zuerst fragen, ob unsere öffentlichen Einrichtungen so gestaltet sind, dass wir das Gefühl haben, die Lehrer repräsentieren eine Art des sozialen Miteinanders, die uns gefällt.

Die mir bekannten Jugendstudien, zum Beispiel die *Shell-Studie*, zeigen das Gegenteil von sozialer Unordnung, also eher eine Tendenz zu Innerlichkeit, zu Ordnung, den alten Werten wie Heirat etc. Entsprechend geht es nur um Risikogruppen: Der größte Teil der Jugendlichen ist selbst dann, wenn es einen Kausalzusammenhang zwischen Film und realer Gewalt gäbe, den man beweisen könnte, nicht gefährdet.

Woher kommt dann das negative Bild von der Entwicklung der Jugendlichen?

Da ist zum Beispiel der Generationenkonflikt, der häufig über Medien ausgetragen wird. Auch findet sich der Bedarf zum Anderssein. Wie soll ich mich als Erwachsener in meiner Haut noch wohl fühlen, wenn ich nicht sage: »Die sind aber komisch.« Das heißt, zur intergenerationellen Identitätsbildung ist das notwendig. Die Älteren kennen sich mit Computerspielen nicht aus. Deshalb diabolisieren sie deren Gebrauch und behaupten, die Jungen spielten nur Counterstrike. Das ist ein wichtiger Aspekt. Und ein anderer ist ein kultureller. Der Grundgedanke unserer christlichen Kultur ist, dass zwischen Gott und den Menschen kein Bild sein darf. Diese Formel ist seit über 2000 Jahren in das kollektive Bewusstsein eingebrannt: Du sollst dir kein Bildnis machen, Gott ist dir unmittelbar. Der Lehrer, der seit dem Mittelalter mit anderen Berufen an die Stelle des Priesters getreten ist, darf Bildnisse nicht zulassen. Das ist die Quelle für unsere Medienaversion. In Japan beispielsweise kennt man die Abneigung gegen Medien nicht, denn dort hat das Bild eine große Bedeutung und wird geradezu gefördert. Deswegen finden Sie in der Wahrnehmung von Pornographie in Japan ganz andere Verhältnisse. Da hat man nur ein bestimmtes Element, nämlich die Schamhaare, verboten, alles andere ist erlaubt. Außerdem gibt es unglaublich viele Zeichentrickfilme, in denen die wildesten Sachen dargestellt werden, die akrobatisch gar nicht zu bewerkstelligen sind. Das heiß also, es werden Bilder dargestellt, die weit über die Wirklichkeit hinausgehen.

Es könnte allerdings sein, dass ein Zusammenhang zwischen realer und fiktionaler Darstellung besteht, aber wissenschaftlich nicht nachweisbar ist.

Als Empiriker können wir immer nur sagen: Es gibt keine Evidenzen. Dem lässt sich aber nicht entgegenhalten, es sei trotzdem so, man könne es nur nicht beweisen. Dann könnte jemand irgendwelche Chimären, z. B. eine kosmische Kraft, erfinden und deren Wirkung behaupten. Man kann ja die wildesten Dinge in Beziehung stellen und kausalisieren. Es gibt Unmengen an Beispielen, wo verschiedene Phänomene rechnerisch korrelieren. Wenn ein Empiriker sagt, es gäbe keine Evidenzen, bedeutet das immer: bis auf Weiteres.

Das heißt, wir können nur auf Verdacht handeln...

Wir sagen, wir können Kausalitäten zwar nicht beweisen, doch wenn das Risiko groß genug ist, muss man eben verbieten, einschränken etc. Diese Abwägung geht in den politischen und juristischen Bereich hinein. Die Politiker müssen entscheiden, wie wahrscheinlich es ist, dass so eine Hypothese richtig ist, und ob es deswegen gerechtfertigt erscheint, einen schwerwiegenden Eingriff in die Pressefreiheit zu gestalten. So hat der Gesetzgeber das Verfahren über die freiwilligen Selbstkontrollen gefunden. Wir sind in einer unsicheren Situation und verhalten uns dementsprechend mit Näherungsweisen.

Der frühere niedersächsische Justizminister, Professor Christian Pfeiffer, behauptet, das häufige Schulversagen von männlichen Jugendlichen hinge mit deren Konsum von Horrorfilmen zusammen. Er beruft sich dabei auf den Hirnforscher Professor Gerhard Roth, der herausgefunden hat, dass starke Emotionen den Übergang von Informationen aus dem Kurzzeitgedächtnis ins Langzeitgedächtnis, also das erfolgreiche Lernen, behindern.

Das stärkste emotionale Ereignis, dem männliche Jugendliche unterliegen, ist nicht selten die völlige Deplatziertheit von schulischen Inhalten und das Verhalten ihrer Lehrer. Das ist durch Horrorfilme kaum zu toppen. Mit anderen Worten: Die deutsche Schule hat unter anderem auch deswegen bei PISA so schlecht abgeschnitten, weil sie im Grunde eine weibliche Konstruktion ist, das muss man klar sehen. In der Grundschule sind 95 Prozent des Lehrpersonals weiblich. Die Lesebücher sind so aufgebaut, dass sie für Mädchen interessant, für Jungen uninteressant sind. Jungen werden mit Beginn der Grundschule aus dem Schulsystem herausdividiert und mit einer Situation konfrontiert, die sie nicht interessiert. Für das schlechtere Abschneiden von Jungen gibt es Erklärungen, die mit der Frage des Medienkonsums überhaupt nichts zu tun haben. Richtig ist, dass in Brandenburg beispielsweise nur noch 40 Prozent eines Abiturjahrgangs Jungen sind.

Das andere darf man aber auch nicht übersehen: Die Jungen überholen die Mädchen dann nach dem Studium. Das beginnt bei den Studienzeiten, die Mädchen brauchen länger, auch bei den Promotionen. Und bei dem Durchlaufen des Wissenschaftssystems brauchen sie entschieden länger. Und sind später erfolgreich. Mit anderen Worten: Jungen scheinen eine höhere Fähigkeit zu haben, fünf gerade sein zu lassen und wirklichkeitsorientiert durchzustoßen. Währenddessen ist die Bereitschaft, sich mit Fiktionalität auseinander zu setzen, bei Mädchen stärker ausgeprägt. Deswegen haben sie auch Aversionen oder Sorgen und fürchten sich öfter. Sie sehen daran, dass mediale Darstellungen auch dazu dienen, Geschlechtsidentität herzustellen. Auch Schule dient dazu, Geschlechtsidentität herzustellen – aber leider eine, die sich gegen das Lernen richtet.

Neben Gewaltdarstellungen beschäftigt sich die Öffentlichkeit in letzter Zeit mit dem so genannten Ekel-TV. Im Dschungel müssen Prominente Würmer essen, bei Big Brother *15 Personen vor laufender Kamera es ein Jahr lang zusammen aushalten. Sind das nicht auch negative Vorbilder?*

Das ist natürlich sehr kompliziert. Als es in Deutschland noch nicht so viel Fernsehen gab wie seit Einführung des Privatfernsehens, bin ich öfter in den USA gewesen und habe mich immer über die Bereitschaft, gewisse Schamschwellen zu überschreiten, gewundert – Schwellen, die für uns als kulturell verbürgt galten. Ich will das an einem Beispiel verdeutlichen, das nur auf den ersten Blick nicht dazugehörig erscheint. Ich sah eine Sendung mit Vietnamveteranen, die in der Spätfolge von Agent Orange und Napalmangriffen todkrank waren. Ein alter Soldat und sein Sterben wurden ganz detailliert gezeigt. Da dachte ich: Das ist wirklich eine Überschreitung einer Tabugrenze. Es gibt so etwas wie eine Privatheit der Trauer. Wenn sich das verändert, könnte es sein, dass sich die Unfähigkeit zu trauern erweitert. Das hätte viele Folgen. Also: Natürlich ist es so, dass das Darstellen von realen Vorgängen einen höheren Wirklichkeitsgrad in der Wahrnehmung hinterlässt, als wenn man Fiktionen betrachtet.

Von Dschungel-TV habe ich nur diese eine Szene gesehen, als einem Teilnehmer Käfer über dem Kopf geleert wurden. Da muss ich den Kontext mitdenken. Hier wird ein Kontext erzeugt, in dem das merkwürdig erscheint, in einem anderen Kontext wäre das normal. Das eigentlich Inkommensurable ist, dass wir Elemente von Wirklichkeit in eine andere Wirklichkeit hineinstellen – dadurch entsteht dieser Schockeffekt. Man kann sich darüber unterhalten, ob das ständige Vermischen von Realitätselementen Folgen hat – das ist übrigens auch im Globalisierungsprozess so –, die wir nicht wollen. Es bedeutet eine Entdifferenzierung von Differenzen. Beim Globalisierungsprozess gilt: In dem Moment, in dem Sie Migration haben, verschwinden Differenzen. Aber – das wissen wir systemtheoretisch nicht genau, es ist allerdings meine Vermutung – es entstehen neue Differenzen, auch bezüglich der Mediendarstellungen. Unser sehr reflexionsfähiges Gehirn ist durchaus in der Lage, nicht nur zwischen Horrorfilm und Nichthorrorfilm, sondern auch zwischen verschiedenen Sorten von Horrorfilmen zu unterscheiden – wie zwischen etwas, das ich mitverantworte oder das mir widerfährt, also zwischen Dummheit und Schicksal.

Mit anderen Worten: Es gibt so etwas wie eine Evolution. Die führt durch Vermischung von Wirklichkeitselementen zu immer neuen Entdifferenzierungen und Differenzierungen. Selbst wenn es keine Medien gäbe, wäre das so. Also muss man sich überlegen, ob man wirklich gut daran tut, immer alles steuern zu wollen. Schauen wir doch einmal zu, was passiert, bauen wir eine Barriere, bis zu der hin jede Entwicklung in Ordnung wäre. Wenn dann Probleme entstehen, muss man natürlich intervenieren, aber doch nicht immer schon im vorauseilenden Gehorsam.

Hat Intelligenz ein Gesicht? Holt sie zurück!
2004 (Cicero – Magazin für politische Kultur)

Deutschland bildet hochqualifizierte Akademiker aus, doch viele wandern zu Forschung und Lehre ins Ausland ab. Doch wie können die Spitzenforscher im Land gehalten werden?

Nach all den Depressiva, die Deutschlands Selbstbewusstsein in Sachen Bildung niedergerichtet haben, OECD, TIMMS, PISA und IGLU, kommen nun auch noch die Nobelpreisträger abhanden. Das Academic Ranking of World Universities 2004 hat Nobelpreisträger als Indikator für Spitzenuniversitäten entdeckt und notiert. Sieben deutsche Universitäten sind gerade noch unter den ersten 100 der Welt. Nach gut 100 Jahren Geschichte des Nobelpreises steht Deutschland immerhin auf dem dritten Platz mit 76 Laureaten, hinter Großbritannien mit 101 und den USA mit 270, aber vor Frankreich mit 49 oder Schweden mit 30. Selbst Russland bzw. die UdSSR brachte es nur auf 18. Aber: 50 Jahre nach der Einrichtung des Preises waren es bereits 49 deutsche Laureaten. Die Frequenz in der zweiten Jahrhunderthälfte hat sich also halbiert. Anders in Großbritannien: Bis 1952 gab es dort 43, danach 58; in den USA hat sich die Hitrate verfünffacht. Bis 1951 erreichten 51 die Himmelsstation, bis 2004 eben 270. Unter den USA-Laureaten sind indessen zahlreiche Wissenschaftler deutscher Herkunft. Eine erste Welle exilierte aus Nazideutschland, eine zweite flüchtet heute vor schlechten deutschen, ja europäischen Forschungsbedingungen. Insgesamt bilanziert der EU-Forschungskommissar Busquin, dass rund 400 000 europäische Forscher in die USA gegangen sind, für Deutschland wird die Zahl 25 000 genannt; 75 Prozent aller europäischen Doktoranden bleiben in den USA. Ein gewaltiger Brain Drain. Erst in den letzten Jahren erhielten Deutsche, die nicht politisch bedingt in die USA gegangen sind, Nobelpreise, so Horst Störmer, Herbert Kroemer, Günter Blobel. Wir benötigen eine List. Wir müssen europäische, nicht nur deutsche Wissenschaftler an ihre Wurzeln erinnern, wenn sie ihre Forschungsergebnisse vermarkten (lassen). Das deutsche Bildungs- und Universitätsideal, das uns idealistischen Kenntnishungrigen in den neuronalen Netzen steckt, lässt uns zu wenig nach Vermarktung fragen, sondern das schlichte Abenteuer der Erkenntnis suchen, das in den USA mit seinen unermesslich reichen Labors und attraktiven Forschungsmilieus einfach aufregender ist. Lassen wir unsere jungen Leute diese Spitzenuniversitäten nutzen und holen wir sie zurück, wenn die Zeit der Ernte gekommen ist! Suchen wir sie auf, wo sie sind, heißen wir sie willkommen in der Heimat mit ihren in der Fremde gegründeten Familien und nehmen wir gleich die ganze Arbeitsgruppe aus Chinesen, Japanern und Koreanern mit. Gründen wir eine One-Stop-Agency für Europa, fangen wir für Deutschland damit an, weil Brüssel zu lange braucht, und organisieren wir vom Talent Scouting alles bis hin zum albernen Papierkram deutscher Bürokratien. Übrigens: Die Nutzung wissenschaftlicher Ergebnisse für den europäischen Markt kann auch erfolgen, wenn die Erfinder vor Ort bleiben und sich mit den zahlreichen europäischen Unternehmen in den USA verbünden. Dann könnte die heutige Verzweiflung sich sogar als ein Teil jener List erweisen, die den Return on intellectual Investment sichert.

Vom Umgang mit der Zeit unserer Kinder
2005 (Berliner Morgenpost)

Die Ferien sind vorbei. Denken wir darüber nach, wie wir mit der Zeit unserer Kinder umgehen! Fünf bis sechs Mal im Jahr mehr oder weniger lange Ferien, ein halbes Dutzend verlängerter Wochenenden, vielleicht eine Klassenfahrt und leider auch einige Tage Grippe im Jahr. Die Wochenenden beginnen freitagmittags, das heißt viereinhalb (halben) Schultagen stehen zweieinhalb lernfreie Wochentage gegenüber! Der Lernfluß unserer Kinder wird also rund sechzig Mal im Jahr unterbrochen! Lehrer kämpfen montags um die Aufmerksamkeit der Kinder, Eltern haben Konflikte um häusliches Lernen hinter sich oder sich vor ihnen gedrückt, die Kinder sind desorientiert. Das war nicht immer so: Halbtagsschule und Schulferien sind Relikte des 19. Jahrhunderts. Die schulfreie Zeit wurde in der ländlichen Welt zur Arbeit auf dem Acker oder im väterlichen Betrieb genutzt. Noch im 20. Jahrhundert hießen die Herbstferien »Kartoffelferien«, weil die Ernte eingebracht wurde. Mit dem Untergang jener Welt entstand sehr viel ungefüllte Zeit, die zum Lernen genutzt werden könnte. In den totalitären deutschen Staaten bemächtigten sich ihrer die Staatsjugendorganisationen, um den Nachwuchs auf Linie zu bringen. In der jungen Bundesrepublik boten besonders die Kirchen mit an, diese Zeit sinnvoll zu füllen. Heute sind es bestenfalls Sportvereine, oder beflissene Mittelschichteltern transportieren ihre Kinder vom Klavierunterricht zu kommerziellem Jiu Jitsu, bis die Lust erlahmt und Tennis verlangt wird. Für die, die es am nötigsten hätten, gibt es gar keine Angebote, für die 20 Prozent Lernschwachen, für die zehn Prozent höher Begabten, für Migrantenkinder und für die, deren Eltern nicht die Möglichkeit haben, die Chancen ihrer Kinder zu verbessern.

Was ist zu tun? Eltern: Bestehen wir darauf, dass Schulferien auch Lern- und Arbeitszeit sind, und lernen wir mit unseren Kindern! Schule: Gebt den Kindern Arbeitsaufgaben ins Wochenende und in die Ferien, so dass der Lernfaden nicht abreißt! Schüler und Schülerinnen: Verlangt von den Erwachsenen, dass sie euch den Weg zeigen, mit Lust zu lernen, damit nicht ihr es seid, die in zwanzig Jahren in den Herbstferien Kartoffeln ernten müsst! Wohlstand muss erarbeitet werden.

PISA-ERGEBNIS HAT ERNEUT GEZEIGT:
BERLIN FÖRDERT UND FORDERT SCHÜLER NICHT GENUG
2005 (BELINER MORGENPOST)

Nun wissen wir es erneut: Die Leistungen der Berliner 15-Jährigen lassen zu wünschen übrig. Im Vergleich der Bundesländer, der jetzt mit der PISA-E-Studie vorliegt, stehen sie wieder hinten, weit abgeschlagen von den Jugendlichen anderer Bundesländer. Das ist nicht nur ein Problem für die Hauptstadt und ihr Image als Stadt des Wissens, sondern auch ein handfester Standortnachteil: Investoren und Führungskräfte, die wir so dringend in dieser Stadt benötigen, haben einen weiteren Grund, sich ein Engagement in Berlin reiflich zu überlegen. Sollen sie das Risiko eingehen, dass ihre Kinder schlechter ausgebildet werden als in anderen Bundesländern, werden sie es nicht vorziehen, ihr Geld in Bayern zu investieren oder ihre Kompetenz in Baden-Württemberg einzubringen? So höre ich nicht selten dieses Argument, wenn wir mit Spitzenwissenschaftlern verhandeln, um sie z. B. für eine Professur an der Freien Universität zu gewinnen.

Aber dieses Ergebnis ist auch für die jungen Menschen ein Schlag. Sie müssen befürchten, dass ihre Zeugnisse kritisch betrachtet werden, wenn sie sich bewerben, und ganz objektiv ist es so: Ihre Leistungen sind schlechter als die ihrer Altersgenossen und damit auch ihre Chancen in Ausbildung und Beruf. Das muss anders werden. Eltern und Schüler wollen wissen, woran es denn nun liegt. Sind Berliner Jugendliche dümmer oder bequemer? Natürlich nicht. Aber ihre Fähigkeiten werden in Berlin offensichtlich nicht hinreichend ausgebildet.

Dafür gibt es viele Gründe: Sie sind viel zu spät mit dem Lesen vertraut gemacht worden, weil das durchschnittliche Einschulungsalter bei 6,8 Lebensjahren lag, also drei Jahre zu spät. – Wenn sie zu den besonders Begabten gehörten, wurden sie nicht rechtzeitig entdeckt, oder es gab keine besonderen Lernangebote für sie. – In den Klassen fünf und sechs herrschte nicht selten Stillstand und keine Arbeitshaltung, die im Gymnasium erwartet wurde. – Migrantenkinder erfuhren nicht die erforderliche frühe Betreuung, ebenso Lernschwache. Und manches Mal dachte ein Lehrer oder eine Lehrerin, sie täte ihren Schützlingen einen besonderen Gefallen, wenn sie nicht »überfordert« würden und wenn man bei der Notengebung ein Auge zudrückte. Diese Probleme sind inzwischen erkannt, und vieles ist auf den Weg gebracht worden. Eine wichtige Lehre aus PISA lautet: Die Schulen benötigen die Festlegung von Mindeststandards, die alle Schüler erreichen müssen. Sie werden gegenwärtig für alle Bundesländer zentral entwickelt, und ein von Berlin und Brandenburg eigens eingerichtetes Institut für Schulqualität an der Freien Universität wird dafür sorgen, dass die Standards auch in der Schule ankommen und dass ihre Einhaltung überprüft wird. Im Alltag heißt das, dass alle Lehrenden für die Umsetzung dieser Standards persönlich verantwortlich sind. In Vergleichsarbeiten oder durch zentral gestellte Prüfungsaufgaben im Abitur wird gewährleistet, dass gleiche Bedingungen herrschen und dass nicht »geschummelt« wird. Denn Wegsehen hilft niemandem in unserer Stadt, am allerwenigsten unseren Kindern.

Deshalb müssen die Eltern der Schule helfen bei ihrer Aufgabe. Lehrer können nur erfolgreich sein, wenn im Elternhaus ein Klima von Leistungsbereitschaft und Verantwortungsübernahme herrscht. Fragen wir also unsere Kinder, welche Hausaufgaben sie haben, bestehen wir darauf, dass diese sofort nach der Schule angefertigt werden, überprüfen wir, ob auch alles vollständig und sorgfältig erledigt wurde. Und fragen wir regelmäßig Lehrer nach dem Leistungsstand und danach, was wir zur Unterstützung unserer Kinder tun können. Denn eines ist klar: Unsere Kinder müssen spüren, dass unsere Sorge und gelegentliche Strenge nichts anderes ist als der Ausdruck unserer Verantwortung für ihre Zukunft und der Ausdruck unserer Liebe.

Essen heisst: Umsorgt sein
2005 (Berliner Morgenpost)

Wenn es um das Essen unserer Kinder geht, sind normalerweise Mediziner gefragt oder Ernährungswissenschaftler, die uns erklären, welche Nährstoffe der kindliche Körper benötigt, in welchen Mengen, zu welcher Tageszeit, was und wie viel gegessen und getrunken werden sollte, dass Alkohol schlecht ist und Rauchen sowieso. Alles richtig und durchaus wert, wiederholt zu werden. Aber wie umsetzen?

Es ist nur eine Empfehlung: durch Vorbild. Wenn Eltern im Rahmen des so genannten Frühstücks eine schnelle Tasse Kaffee – weil zu heiß – schlürfen, ein altes Brötchen anbeißen oder herunter schlingen, dabei ihre Augen in Zeitung oder Fernseher versenken, machen Kinder dieses nach, denn sie haben ja gelernt, dass ihre Eltern alles richtig machen und dass es Ausdruck kindlicher Liebe ist, sie zu imitieren.

Wenn es des Mittags nichts zu essen gibt, weil niemand kocht, oder wenn fünf Euro für Junkfood in der Hosentasche stecken, gewissermaßen die Entsprechung zur Daily Soap, dann entsteht ein Gefühl zumindest nicht: umsorgt zu sein von Eltern, denen es wichtig ist, dass ihre Kinder essen und dass dieses Essen von ihnen selbst gemacht ist: Fürsorge.

Wenn des Abends dann Fleischberge, Würste und Mayonnaisesalate den Film um 20.15 Uhr und Chips, Cola und andere kulinarische Höhepunkte denjenigen nach den Tagesthemen begleiten, dann ist die Gemeinsamkeit der Familie nicht durch verbindliche Kommunikation über Sorgen, Erlebnisse und Pläne gekennzeichnet, sondern durch den kollektiven Angriff auf die niederen Organe.

Dabei wissen wir: Bereits eine gemeinsame Mahlzeit der Familienmitglieder am Tage hat messbare Effekte für die funktionierende Umgehensweise von Eltern und Kindern miteinander. Das Essen zu fixieren, bevor man es isst, und nicht den Nachrichtensprecher, setzt die notwendigen Verdauungsstoffe bereits im Speichel des Essenden frei. Die Speisen zu sehen, heißt auch, die zu würdigen, die sie gemacht haben, ihre Mühe und vielleicht sogar ihre Kunst. Das heißt, auch durch sichtbares Wohlbehagen den Dank zum Ausdruck bringen zu können dafür, dass mich meine Eltern nicht nur ver-, sondern auch umsorgen. – Und das gilt nicht nur für das

Essen, sondern für die sorgsam ausgewählte Kleidung, für die Möbel und die Gegenstände des täglichen Gebrauchs.

Wofür erwarten wir eigentlich Dankbarkeit von Kindern, wenn sie gar keine Gelegenheit erhalten, die Sorge für sie überhaupt zu erfahren und zu empfinden? Oder sind wir bereits stolz auf die bloße Tatsache ihrer Zeugung als eine Art Lifestyle-Element?

Versetzen wir uns also einmal einen Tag lang in die Wahrnehmung unserer Kinder und fragen uns bei jedem Augenblick, an dem sie uns begegnen oder nicht begegnen: Konnten sie das Gefühl haben, dass wir sie schützen, für sie sorgen und dass wir sie lieben?

Kinder brauchen Vorbilder für Moral und Manieren
2005 (Berliner Morgenpost)

»Entschuldigung, ich habe mich verspätet.« – »Darf ich um das Salz bitten?« – »Kann ich Ihnen helfen?« Selbst wenn dies nur Floskeln sind, so bringen sie doch eine Haltung zum Ausdruck: Die anderen sind mir nicht gleichgültig, ich bin es ihnen nicht. Ich darf erwarten, dass sie mich respektieren, weil ich sie respektiere.

Wo lernen unsere Kinder das? Sie lernen durch Vorbilder mehr als durch Moralunterricht. Wenn die Mutter über den Tisch langt, um den Wursteller zu kapern, wenn der Vater bei der Mutter ein Bier bestellt, wenn die Eltern die Äußerungen ihrer niederen Organe nicht disziplinieren, wenn die Lehrerin erst fünf Minuten nach dem Läuten im Unterricht erscheint, wenn Lehrer in der Schule rauchen, wenn wir im Bus den Älteren und Gebrechlichen keinen Sitzplatz anbieten, wenn wir kommandieren und Ansprüche stellen statt zu bitten, dürfen wir uns nicht wundern, wenn Kinder und Jugendliche keine Grenzen kennen, keinen Respekt, keine Distanz, keine Höflichkeit.

Das war nicht immer so und ist anderswo anders: In der adeligen Welt des 18. und in der bürgerlichen des 19. Jahrhunderts durften die Kinder erst mit den Eltern speisen, wenn ihnen die Tischsitten beigebracht worden waren, sie durften sich nur äußern, wenn sie gefragt wurden, und die Schule ahndete Unpünktlichkeit auf das Schärfste. In Japan wurde noch vor wenigen Jahren ein Lehrer freigesprochen, der ein verspätetes Schulkind mit dem Schultor tötete. Das Kind hatte die Harmonie der Gemeinschaft gestört. Niemand darf dort wieder hin wollen. Da aber die deutschen Verbrechen von diesen »sekundären Tugenden« begleitet waren, haben wir viel daran gesetzt, sie zu beseitigen. So als ob Völkermord verhindert würde, wenn unsere Kinder rücksichtslos sind.

Was ist zu tun? Politik: Keine Angst vor unpopulären Entscheidungen: Die Schule ist auch für die Moralerziehung zuständig. Lehrer: Sich prüfen, welches »Vor-Bild« sie spiegeln: Selbstdisziplin? Rücksicht? Empathie? Oder bequeme Kumpanei? Eltern: Setzen wir Grenzen? Erziehen wir? Und Kinder: Können wir ihnen verständlich machen, ohne Schuldgefühle für sie, dass wir auf Respekt bestehen, weil sie lernen sollen zu lieben?

Losungen und Vorsätze zum Neuen Jahr
2006 (Berliner Morgenpost)

Ich habe es mir seit vielen Jahren zur Regel gemacht, dem neu begonnenen Jahr eine Art Losung zu widmen. Das können Zitate sein aus Büchern oder Filmen, Aussprüche bekannter oder weniger bekannter Menschen, Ideen in einen Satz gefaßt. Wichtig bei diesen Sätzen ist es, dass sie allgemein genug sind, so dass sie bei der Betrachtung Anlass geben, innezuhalten, nachzudenken, den Inhalt zu projizieren auf das, was man gerade erlebt, oder was man sich vornimmt. Ich schreibe diese Sätze auf ein großes Stück Papier und hefte es hin, wo ich es oft genug ansehe. Manchmal kommt man mit Besuchern über solche Sätze ins Gespräch und stellt Gemeinsames fest oder auch Trennendes. 2006 ist es ein Satz aus einem trivialen Roman, dem »Pferdeflüsterer«: »Hinweise gibt es genug, man findet sie nicht auf Schildern.«

Was hat das nun mit unseren Kindern zu tun? Ich möchte anregen, dass man darüber nachdenkt, ob diese aus der alten Kirche bekannte Tradition nicht auch in der säkularen Welt ihren Platz haben kann. Ein solcher Satz kann zu Hause über dem Essplatz hängen, im Klassenraum, im Jugendclub, im Wartezimmer des Arztes, überall dort, wo Menschen beieinander sind und wo die Chance besteht, ein paar Sekunden des Nachdenkens zu haben.

Was könnte ein solcher Satz an diesen Orten auslösen? – Beim gemeinsamen Essen mit den Kindern: Merkst Du, dass Dein Bruder, Dein Vater, Deine Mutter Sorgen hat? Dass er schweigt, dass sie mehr redet als sonst? Schau hin und versuche es herauszufinden, damit Ihr darüber reden könnt!

Im Klassenraum: Spürt Ihr, dass es Eurer Lehrerin nicht gut geht? Habt Ihr bemerkt, dass Ihr Euren Lehrer verletzt habt? Er hat geschwiegen, als Ihr immer lauter wurdet. Oder umgekehrt. Haben Sie gesehen, dass Ihre spöttische Bemerkung über Andreas in der zweiten Reihe ihn zum Schweigen gebracht hat? Haben Sie bemerkt, dass man beginnt, Sie nicht mehr ernst zu nehmen? Oder ganz alltäglich: Ist Ihnen entgangen, dass die Jugendlichen in der Mathematikstunde Ihre Erklärung nicht verstanden haben? Wollen Sie wissen, warum die Klasse heute müde und abgelenkt ist, damit Sie das »Programm« wechseln können?

Oder im Wartezimmer des Arztes: Könnte es sein, dass der schwer atmende alte Mann Ihnen gegenüber einsam ist und gern reden möchte? Hat die fahrige Frau neben Ihnen, die vernehmlich enervierend in den Magazinen blättert, Angst vor einem Diagnoseergebnis? Und das kleine Mädchen, das am Fenster mit den Lego-Bausteinen des Doktors spielt, hat es Angst, dass der Zahnarzt ihm wehtun wird?

Zeichen gibt es genug – warum sprechen wir die nicht an, die diese Zeichen wie unsichtbare Schilder mit sich herumtragen? Warum zeigen wir ihnen nicht die ganze Freundlichkeit, zu der wir fähig sind, wenn wir es nur wollen? Was spricht dagegen, die Zeichen-Sender zu fragen, behutsam, nicht gleich auf den Punkt kommend, aber die Chance eröffnend, dass der andere sagen kann, was auf seinem Schild steht. Dabei wollen wir nicht »auf-dringlich« sein, sondern »auf-merksam«. Alles Weitere ergibt sich von selbst.

Mein Schild ist fertig. Andere malen andere Schilder. Hinweise gibt es genug.

Erziehung beginnt in der Familie und nicht in der Schule
2006 (Berliner Morgenpost)

Es gibt »Runde Tische«, »Bündnisse«, »Gipfel« und andere Metaphern, die in schwierigen politischen Lagen beschworen werden, um zu signalisieren: Auf hohem Niveau (Gipfel) treffen sich in gleichberechtigter Runde (Runde Tische haben kein »Oben«) Entscheidungsträger, Beteiligte und Betroffene, um ein Bündnis zu schmieden gegen einen gemeinsamen Feind – Bündnis für Arbeit (Arbeitslosigkeit), Schröders runder Tisch nach dem Erfurter Massaker (jugendlicher Medienkonsum) und Erziehungsgipfel. Bei diesen Veranstaltungen kommt immer etwas heraus: Nachrichten, Zustimmung und manchmal auch politische Entscheidungen. Zurzeit ist Erziehung dran. Das ist nötig, gut und zu begrüßen, und es ist zu hoffen, dass nicht nur einmal getagt wird. Noch in den 1970er Jahren wurden Wissenschaftler, die sich für eine Erziehungsoffensive einsetzten, verdächtigt, Staatserziehung zu propagieren und noch dazu die falsche. Da wurden Eltern verunsichert, fürchteten, etwas falsch zu machen (und unterließen jeden Eingriff), und Lehrern wurde das Recht abgesprochen, überhaupt zu erziehen.

Historisch so nah noch am Hitler-Faschismus waren die Ängste vielleicht verständlich. Wenn Erziehung im Sinne von Freiheitsbeschneidung auf direktem Wege zum Faschismus führen könnte, dann ließ man lieber die Finger davon. Nun hat die Abstinenz auf indirektem Wege zu einer tiefen Verunsicherung der Gesellschaft geführt, was man tun müsse, damit die Jugend überhaupt in der Lage sei, künftig Verantwortung für das Ganze und damit auch für die vorangegangene Generation zu übernehmen. Was müssen wir also von politischen Aktivitäten dieser Art erwarten, damit ihnen Erfolg beschieden ist? Erziehung beginnt in der Famili und nicht in der Schule. Jugend- und Familiengesetzgebung könnten einen Weg zu mehr Verantwortung öffnen. Aber was kann man überhaupt gesetzlich regeln? Als legitimer und legaler Repräsentant des Bevölkerungswillens kann und sollte der Staat feststellen,

- dass Kinder einen Anspruch auf Erziehung haben,
- dass die Gesellschaft einen Anspruch darauf hat, dass die nachwachsende Generation auch nach ihren Regeln erzogen wird,
- dass demzufolge Erziehung nicht nur ein Elternrecht, sondern eine Elternpflicht ist,

- dass die Geduld der Gesellschaft mit nicht erziehungsbereiten Eltern enge Grenzen hat, weil keine Zeit verloren werden darf,
- dass die Ziele der Erziehung nicht beliebig sind, sondern sich auch vor den Normen einer Gesellschaft rechtfertigen müssen, und
- dass der Staat Eltern und Erziehern Mittel an die Hand geben muss, Erziehung auch tatsächlich erfolgreich durchzuführen.

Vertrauen wir doch darauf, dass keineswegs alle Eltern ihren Erziehungsimpuls verloren haben, und ermutigen wir sie, ihm nachzugehen, nicht beliebig, nicht im gesetzesfreien Raum, sondern auch als Ausdruck einer großen öffentlichen Debatte, die nun beginnen muss.

Sport ist (kein) Mord
2006 (Beilage der FU Berlin in Zusammenarbeit mit der Tagesspiegel)

Es gibt Akademiker, die ihre Intellektualität unter anderem dadurch zum Ausdruck bringen, dass sie sich selbst durch eine negative Affinität zu Sport, körperlichem Training oder sogar jeglicher Bewegung bekennen. Das versteht man nur, wenn man Genievorstellungen der deutschen Romantik kennt, die Feier des Innerlichen, oder Aufklärung als pure Angelegenheit des Verstandes, unter Verachtung aller niederen Organe, zu denen auch Muskelpartien und Gelenke zählen. Da wird Askese gepflegt oder wenigstens propagiert, an Kants reduzierte Gestalt erinnert, an die Reduktion seiner Ernährung auf Käse und Senf, an Schiller, der nicht als Ballspieler in die Geschichte einging, an den Stubengelehrten, für den das Leben viel zu kurz ist, als dass es nicht mit Introspektion und der Suche nach Wahrheit zugebracht werden könnte. Es gibt auch Intellektuelle, die, vielleicht aus Sorge vor sozialer Destabilisierung ihrer selbst, im sportlichen Tun den Absturz ins Proletarische wittern, und wenn nicht dies, so zumindest doch eine soziale Banalisierung. Manch einer mag auch Angst vor Verletzung haben, Ekel empfinden vor den Bakterien, die den menschlichen Schweiß wahrnehmbar machen, kurzum: Die Geschichte der deutschen Wissenschaft ist angefüllt von Verrohungsängsten, die dazu geführt haben, dass Sport an deutschen Hochschulen eher ein marginales Dasein fristet.

Ganz anders, wenn man das Land und den Kontinent verlässt: Von Japan bis zu den USA werden an den Tagen der Immatrikulation die »Freshmen« in jeder Universität, jedem College an Dutzenden von Ständen umworben, an denen die Sportclubs der Universität sich präsentieren und eine Mitgliedschaft empfehlen. Sport in Ländern, in denen Bildung nicht als Instrument gegen die Privilegien des Adels oder des Besitzbürgertums eingesetzt werden musste: Hier entstanden keine ständischen Abgrenzungsbedürfnisse. Im Gegenteil, Sport wurde integraler Bestandteil der höheren Bildung. Ein Hochschulstudium an einer amerikanischen Universität ohne irgendeine Form des sportlichen Engagements führt eher zur Ausgrenzung als zur Adelung. Körperdisziplin, Anstrengungsbereitschaft, Teamgeist, Wettbewerbslust sind Schlüsselqualifikationen, deren Erwerb der sportlichen Betätigung zugeschrieben wird.

Aber egal, ob es dazu empirische Belege gibt oder nicht: Die Benutzung unseres Bewegungsapparats, das Training von Herz und Kreislauf und das Gefühl, etwas gerade noch mit letzter Kraft geschafft zu haben, ist auch für uns Sitzlinge nützlich. Ich bekenne, dieses erst jenseits meines 50. Lebensjahres begriffen zu haben und ärgere mich darüber, dass meine Universität mich nicht als Student zum Sport genötigt hat. Vielleicht waren wir nicht initiativ genug, warteten auf die staatlichen Angebote. Vielleicht wäre es besser gewesen, wenn wir selbst uns zu sportlichen Teams zusammengetan hätten, ohne Meisterschaftsdrang, ganz einfach nur so, weil es Spaß macht. Ich wünsche mir, dass auch dieses ein Element der Internationalisierung sein wird: Dass Studierende zu uns kommen und fragen, ob wir sie bei der Gründung eines Hochschulsportklubs in dieser oder jener Sportart unterstützen können. Nicht mit beamteten Trainern, sondern als Hilfe zur Selbsthilfe. Vielleicht geht dann etwas von dem »Feeling« auch auf uns über, das bei Sportmeisterschaften den einen oder anderen packt: Irgendwie möchte man dabei gewesen sein.

ERZIEHUNG ZUR NEIDLOSIGKEIT
2006 (BERLINER MORGENPOST)

Das Leid der Unterlegenen kommt aus dem Vergleich«, hat der Philosoph Ludwig Marcuse einmal formuliert. Ein harter Satz, sagt er doch: Hört auf, nach denen zu schauen, denen es besser geht. Dann geht es auch euch besser. Alles in uns sträubt sich gegen eine solche Aufforderung. Wir haben doch dieselben Ansprüche wie unsere Nachbarn, Freunde, Kollegen, Zeitgenossen. Wir wollen denselben Genuss, denselben Besitz, dieselbe Anerkennung, die gleichen Freiheiten, die gleiche Freizeit, dieselbe Gesundheit, wir wollen, dass es uns kein bisschen schlechter geht als allen anderen. Kinder, so sagt man, hätten ein starkes Gerechtigkeitsempfinden. Geschwisterkinder wollen Geschenke, die im Wert vergleichbar sind. Schulkinder finden es ungerecht, wenn ihr Aufsatz schlechter bewertet wurde als der der Banknachbarin, obwohl die doch mehr Rechtschreibfehler gemacht habe. »Das ist ungerecht.«

Wenn Kinder so reden, meinen sie nicht Gerechtigkeit, sondern Gleichheit, und offenbar widerspricht ihnen selten jemand. Gerechtigkeit ist ein Anspruch auf Gleichbehandlung vor dem Gesetz, nicht auf gleiche materielle Ressourcen. Und weil ihnen nicht widersprochen wird, Gleichheit aber beim besten Willen nicht immer herstellbar ist, kultivieren Kinder Neidgefühle. Solange es dabei bliebe, käme nicht mehr davon zum Vorschein als das eingangs zitierte »Leid der Unterlegenen«.

Aber das Neidgefühl verlangt nach mehr als nur nach Ausdruck: Es verlangt danach, die Ungleichheit zu beseitigen. Dazu ist Kindern zunächst einmal jedes Mittel recht, denn sie sind ja noch nicht erzogen. Sie gleichen aus, indem sie den Beneideten etwas wegnehmen, indem sie die Beneideten verspotten, verächtlich machen, kurz: an anderer Stelle Ungleichheit zu ihren Gunsten herstellen, oder indem sie diejenigen drangsalieren, die in ihren Augen die Ungleichheit erzeugt haben: »ungerechte« Lehrer. Diese bemühen sich dann, Gleichheit wiederherzustellen, unter Umständen auch auf Kosten derjenigen, die zum Beispiel bessere Leistungen erbringen, indem die Noten nivelliert werden. Flugs haben Eltern und Pädagogen sich auf die Gleichheitslogik eingelassen und vermeiden angestrengt jede Handlung, die ihnen einen solchen Vorwurf einbringen könnte.

Ich habe bei meinen eigenen Kindern versucht, diesem Anspruchsdenken (ich will dasselbe wie mein Bruder) entgegenzuwirken. Ich habe in unregelmäßigen Abständen angekündigt, dass heute wieder ein Tag der Ungerechtigkeit ist und ungleich verteilt. Nach einiger Zeit hatten sie gelernt, dass es allem Anschein zum Trotz doch eine »ausgleichende Gerechtigkeit« gab, mal wurde dieser bedacht, mal jener. Das ist das Leben. Es hilft wenig, seine Zeit damit zu verbringen, die Ungerechtigkeit der Welt zu beklagen und sich selbst zu bemitleiden, Energie in Neidvermeidung und Ausgleichsaktivitäten zu verschwenden, sondern zu akzeptieren, dass nicht jeder immer oben sein kann. Das schafft Enttäuschungsprophylaxe gegenüber den »Ungerechtigkeiten« und wendet den Blick von dem vermeintlich besser Gestellten auf einen selbst und darauf, seine Kräfte dafür einzusetzen, dass es einem gut geht.

Ein begrüssenswerter Reformschritt – Zentralabitur bietet Vergleichbarkeit und damit einen gerechten Wettbewerb
2006 (Berliner Morgenpost)

»Bac-Guillotine« heißt das Zentralabitur in Frankreich. Damit scheint alles gesagt. So lange man denken kann und so lange Frankreich zentralistisch regiert wird, konnte man sich kaum etwas anderes vorstellen. Mit allen Begleiterscheinungen: Prüfungsstress, Suizide – und der jährlich wiederholte Versuch, vor der Durchführung der zentralen Prüfungen an die Themen heranzukommen. Die Lastwagen mit den Prüfungsbögen, die über das Land fahren, werden deshalb bewacht wie Goldtransporte. Das wird in Berlin nicht reichen.

Man darf gespannt sein, wann der erste Prozess gegen einen geschwätzigen Mitarbeiter zu einer Verurteilung führt, der aus Wichtigtuerei, Freundschaft oder gegen Bares geplaudert hat. Das zu verhindern, dürfte der schwierigste Teil der Reform werden. Denn eines ist vollkommen klar: Mit dem Zentralabitur ist Vergleichbarkeit gegeben und mit der Vergleichbarkeit wegen gleicher Chancen ein gerechter Wettbewerb, aber nur dann, wenn die Chancen wirklich gleich sind.

Ungleich werden die Chancen nicht nur, wenn der Sohn einer Lehrerin oder die Tochter eines Verwaltungsbeamten Zugang zu den zentralen Aufgaben hat, sondern wenn die Vorbereitung auf das Zentralabitur in den Berliner Schulen unterschiedlich ausfällt.

Zur Vermeidung dessen wird ein Probelauf für das Zentralabitur helfen, die schlimmsten Differenzen aufzudecken und Lehrern und Schülern deutlich machen, wie weit sie mit dem Unterrichts- oder Kenntnisstand vom Ziel noch entfernt sind.

Rein zeitlich ist das Ziel dann nur noch wenige Monate entfernt, und das bedeutet, dass die Berliner 17- bis 19-Jährigen an den Gymnasien unter einem Leistungsdruck stehen werden, den sie in ihrer gesamten Schulkarriere nicht erlebt haben. Es ist wichtig, sich darauf jetzt einzustellen.

Aber es gibt noch mehr Ungleichheiten: Es gibt gute und schlechte Lehrer. Was geschieht eigentlich, wenn sich herausstellt, dass Lehrerin A ihre Mathematikklasse viel direkter auf die Prüfung vorbereitet hat als Lehrer B? Es bleibt zu hoffen, dass die Berliner Schulverwaltung sich vor diesem großen, absolut begrüßenswerten

Reformschritt bei ihren bayerischen Kollegen und bei ihren französischen danach erkundigt hat, was alles geschehen kann und wie man damit umgeht. In unserer verrechtlichten Gesellschaft neigen wir dazu, dem Gleichheitsgedanken Vorrang einzuräumen, mancher Faulpelz ist versucht, sein Versagen auf ungerechte Umstände zurückzuführen.

Hier sind neben den Abiturienten die Eltern gefragt. Wer in den nächsten Monaten als künftiger Studierender einen erhöhten Zerstreuungsbedarf verspürt, sollte sich prüfen, ob nicht Sammlung statt Zerstreuung angesagt ist. Wenn bei den Eltern der hoffnungsvollen Sprösslinge Ratlosigkeit und Verzagtheit dominieren sollten, so ist dieses durchaus verständlich. Nur wenige dieser Elterngeneration haben selbst irgendeine Erfahrung mit zentralen Prüfungen. Das Zentralabitur wird deshalb das Objekt von gut gemeinten Kniffen, Tricks und teuren Nachhilfelehrern sei.

Man kann gar nicht davon abraten, denn diesmal kommt es darauf an. Es reicht nicht, nur durchzukommen, sondern die verschärften Wettbewerbsbedingungen im Hochschulbereich und die großen Bewerberzahlen geben dem Abitur eine erweiterte Bedeutung. Der Gesetzgeber schreibt vor, dass bei Entscheidungen über einen Studienplatz dem Abitur eine ausschlaggebende Bedeutung eingeräumt werden muss. Es macht keine Freude, junge Menschen, Eltern und Pädagogen zu ängstigen. Auf der anderen Seite steht die Pflicht des Zeitgenossen, im Interesse der nachwachsenden Generation auf das hinzuweisen, wovon er Kenntnis hat. Damit niemand am Ende sagen kann, er hätte von allem nichts gewusst.

Kinder lernen von Tieren viel über das Leben
2006 (Berliner Morgenpost)

Ab und zu besuche ich die Kleintierklinik unserer Freien Universität. Im Warteraum sitzen Hundebesitzer, Katzenfreunde, Vogelliebhaber und Hamstereigner mit ihren leidenden Hausgenossen. Herzzerreißende Szenen spielen sich während der Behandlung manchmal ab. Hier erleben wir, dass Menschen zu Haustieren eine enge Beziehung aufgebaut haben. Wir sind erstaunt und fragen uns, ob die Tierbesitzer zu ähnlich intensiven Bindungen auch gegenüber Menschen fähig wären, und, wenn sie es nicht sind, ob Tiere ihre Zuneigung genießen, weil sie nicht widersprechen können, weil sie abhängig sind, weil man mit ihnen angeben kann, sich sicherer fühlt oder überlegener.

Zweifellos spielen solche Emotionen auch eine Rolle zwischen Tier und Kind. Wer deshalb daran denkt, seinem Kind ein Tier zu schenken, muss sich sicher sein, dass er solche Gefühle bei seinen Kindern für richtig hält, ob er ihnen gegebenenfalls entgegnen kann und welche Bedeutung ein Tier für das eigene Kind ganz allgemein gewinnen soll. Einer Vierjährigen einen Hamster, ein Kaninchen oder ein Meerschweinchen zu schenken, heißt, das Kind spätestens in fünf Jahren mit dem Tod zu konfrontieren, denn viel älter werden solche Tiere in der Regel nicht. Eltern sollten wissen, was sie dann tun, wenn diese erste Verlusterfahrung das Kind erfasst. Hier kann Trauern gelernt werden, aber Kinder dürfen damit nicht allein gelassen sein. Zum Hund: Die Kinder sind zwischen fünf und zehn. Ein Welpe wird gekauft, er ist zunächst einmal ungezogen, aber so niedlich, dass man ihm nicht böse sein kann. Das wirft Erziehungsprobleme auf und Diskussionen über Gleichheit und Gerechtigkeit. Wenn man es geschickt anstellt, kann man daraus etwas Pädagogisches machen: zeigen, dass man Welpen Grenzen setzen muss und dass bei richtiger Erziehung ein manierliches Zusammenleben möglich ist.

Viel ließe sich sagen zu den erzieherischen Begleiterscheinungen von vorlauten Papageien, von süßen Mäusen, die der Hausschlange als Lebendfutter dienen, zu Kaimanen, die irgendwann für die Badewanne zu groß sind.

Was lernen wir daraus? – Dass Kinder von und mit Tieren immer etwas lernen, jedoch nicht immer nur Erwünschtes. Folglich: Wer Kindern Tiere schenkt, hat eine zusätzliche pädagogische Aufgabe, nicht nur bei der Erziehung der Tiere, sondern auch bei der Interpretation des Umgangs mit den Tieren gegenüber den Kindern. Und hat auch einen Vorteil. Tiere können Kindern viel vermitteln: die Notwendigkeit zur Rücksichtnahme auf Schwächere, Vorsicht und Umsicht, Wissen um die Endlichkeit des Lebens und der Anblick unverstellter Freude und Gefühle beim wild schwanzwedelnden Cockerspaniel, der uns sagt: »Wie gut, dass es euch gibt!«

Den Tod mit der Lebenslust versöhnen
2006 (Der Tagesspiegel)

Wer die Geschlechterdifferenz beseitigen will, hofft auf Unsterblichkeit

Talk im Turm in Sat 1. Eine Gesprächsrunde anlässlich der Rede einer CDU-Frau beim Bundesparteitag, die eine Frauenquote für Parteiämter brüsk ablehnte. Die Ärmste saß in der Runde mit dem unvermeidlichen Sohn Heiner Geißler, der großen Schwester Alice und mir als Autor eines Buches über die Geschichte der Vaterschaft. Alle Rollen und Vorurteile fest verkeilt. Keine Chance. Abbuchen auf dem Konto Lebenserfahrung: Wer sich öffentlich zur Geschlechterdifferenz äußert, muss naiv, verrückt, tollkühn sein oder alles zugleich.

Jetzt zum Postfeminismus, was immer das sei. Vorher sind ein paar Dinge zu klären. Erstens: Ich bin nicht der Sohn einer alleinerziehenden Mutter mit jesuitischem Hintergrund, und ich habe auch nicht abgetrieben, sondern ich habe drei Söhne und die besten Erfahrungen mit Frauen in meinem Leben, soweit man mit Menschen gute Erfahrungen machen kann.

Wenn eine kosmische Entität mir die Entscheidung abverlangte, ob ich eher mit Männern oder mit Frauen weiterleben wollte, fiele es mir schwer, mich nicht für Frauen zu entscheiden, warum auch?

Zweitens: Die Frauenemanzipation ist nicht die Ursache für die katastrophale demografische Entwicklung, sondern Mick Jagger und Amanda Lear, beides androgyne Typen. Kurz: Es gibt keine einfachen Kausalitäten bei sozialen Sachverhalten, sondern nur sehr komplexe, von deren Aufklärung wir weit entfernt sind. Wir brauchen aber empirische Evidenzen. Bis wir diese nicht haben, reden wir nicht über die Wirklichkeit, wenn wir über Geschlechterdifferenz reden, sondern über das Reden über eine Wirklichkeit, die wir nicht »wirklich« kennen können. Drittens: Wer ist Eva Herman?

Ich bevorzuge die Gnosis, in der die wichtigsten Strukturen bereits angelegt sind über eine anthropologische Differenz, die nun mal da ist, die zwischen den Geschlechtern und deren Problematisierung in zyklischen Abständen wieder auftaucht und eine mythische Quelle hat. Der Wunsch, die Geschlechterdifferenz zu beseitigen – wie es feministische Ansätze wollten –, ist der Ausdruck einer tieferen Sehnsucht, nämlich eine ganz andere Differenz – die zwischen den Menschen und Gott – und damit die eigene Sterblichkeit zu beseitigen. Das Reden darüber hat also die Funktion, die eigene

Sterblichkeit zu thematisieren, zumindest für die, die sich nicht damit abfinden können, dass sie keine Götter sind. Also für ziemlich viele.

Genug der Prophylaxe. An der aktuellen Diskussion beteiligt man sich besser nicht, sie ist zu schlicht, und es gab sie schon besser. Platon zum Beispiel: »Denn erstlich gab es drei Geschlechter von Menschen, nicht wie jetzt nur zwei, männliches und weibliches, sondern es gab noch ein drittes dazu, welches das gemeinschaftliche war von diesen beiden.« Es war das vollkommenere, göttliche.

In den Mythen mancher Stammesgesellschaften finden wir etwas Ähnliches: Die Menschen als Nachkommen der »Welteltern«, die eine einzige Person waren, stehen für den Bruch zwischen den Eltern, der die Weltschöpfung erst möglich macht. Nur durch die Trennung ihres Körpers in zwei werden Raum und Licht frei für die Entstehung der menschlichen Produkte wie Handwerk und Kultur. Vereinfacht: Welt entsteht durch Teilung (der Gottheit); die auf ihr wandelnden Menschen sind aber dadurch auch von Gott getrennt, wenngleich gottähnlich geblieben. Sie haben also ihrer Natur nach die Chance, jene (Un-)Ordnung wieder rückgängig zu machen, wieder göttlich zu werden. Sie können den Tod überwinden, wenn es ihnen gelingt, die Teilung der Gottheit, deren Produkt sie selbst sind, zu revidieren. Aber wie? Die Antwort ist klar: Die Geschlechterdifferenz muss weg. Es handelt sich um eine klassische Paradoxie: Das Phantasma des Todes, der uns alle schreckt, ist nur bearbeitbar durch die Negation jener Differenz, die gleichzeitig die Quelle des hiesigen Lebens und der Lust ist. Will man darauf verzichten? Oder kann man das eine haben, ohne das andere zu verlieren? In der Geschichte unseres Denkens gibt es verschiedene Lösungen.

Lösung Nr. 1: Leugnen, dass die Geschlechterdifferenz Quelle des Lebens ist oder dieses Leben für bedeutungslos erklären: Wanderprediger tun so was und Einsiedler, Philosophen in Tonnen und In-vitro-Fertilisateure mit Doktortitel. Manchen dient der christliche Gottessohn dabei als (un)ausgesprochenes Vorbild: War da etwa was mit Frauen?

Lösung Nr. 2: Leugnen, dass die Geschlechterdifferenz Quelle der höchsten Lust ist oder die Lust für ablehnenswert erklären: Flagellanten legten nahe, dass es noch mehr Spaß geben kann, die Brüder Don Camillos verlegten sich auf die Völlerei, Rita Süssmuth warnte vor der Aidsgefahr durch Promiskuität. Marlene Dietrich soll auf Befragen, diesen Niederungen längst entronnen, gesagt haben: »Männer brauchen so was.«

Lösung Nr. 3: Die Geschlechterdifferenz aufheben und sich in derselben Dimension anders vergnügen: Das ist eine moderne Figuration. Sie kann in Androgynie (Jagger, Lear) oder aber auch darin bestehen, dass das jeweils andere Geschlecht für entbehrlich erklärt wird. So müssen wir bei Walter Benjamin lesen: »Wie weit die Geistigkeit des Weibes geht, wer weiß es? Was wissen wir vom Weibe? Wir erlebten noch keine Kultur der Frau.« Das hat sich gewaltig geändert.

Georg Simmel hatte 1902 schon die Gegenthese zu Benjamin vorweggenommen, wenn er feststellte, dass das Eigentliche, aus sich selbst heraus existierende Geschlecht das weibliche sei, zu dem sich das männliche nur relativ verhalte, dass nämlich, »wenn diese Relation wegfiele, nichts übrig bliebe; es bleibt tatsächlich kein neutraler ›Mensch‹, sondern eine Frau übrig«. Das hätte Wilhelm von Humboldt nicht gefallen, der schon zu Beginn des 19. Jahrhunderts – die Selbstverständlichkeiten erodierten – über »die männliche und die weibliche Form« sagte, dass »die Geschlechtsverschiedenheiten beider in einer so vollkommenen Übereinstimmung mit einander stehen, dass sie dadurch zu einem Ganzen zusammenschmelzen«. Diese etwas langweilige Idee hatte er bei Franz von Baader abgekupfert, der sie der Gnosis entnommen hatte: Die Rücknahme des Bruches mit Gott ist als dauerhafte menschliche Aufgabe nur durch die Aufhebung des Geschlechterunterschieds zu erfüllen. Natürlich ist keiner Eva (und keinem Adam) dieser geistesgeschichtliche Hintergrund bewusst, wenn er/sie jetzt »postfeministische« Töne anschlägt.

Ich weiß nicht, was Postfeminismus ist. Aber er gehört offenbar zu einem ganz anderen Diskurs als nur zu dem über die Geschlechter. Er gehört zu den mythischen Formen des Umgangs mit der Todestatsache und ist insoweit selbst ein Mythologem. Ich habe den Verdacht, dass er letztlich in demselben Dilemma steckt wie der Feminismus, der die Differenz braucht, um sie zum Verschwinden zu bringen. Wenn er darin besteht, hinter die drei Lösungen zurückzufallen, die den Tod mit der Lust des Lebens versöhnen, im besten Falle, indem sie etwas Drittes schaffen, dann ist er eine unterkomplexe Antwort auf die komplexeste anthropologische Elementarfrage schlechthin: warum wir sterblich sind. Darin würde der Postfeminismus dann nur noch durch das Gleichbehandlungsgesetz unterboten, das alle Differenzen schleift und auch noch diejenige zwischen den Differenzen selbst: Der Unterschied zwischen den Geschlechtern ist eben ein anderer als der zwischen Opa und Enkel. Gelobt sei der Herr!

Reden wir mit unseren Kindern
2007 (Berliner Morgenpost)

»Es gibt keinen Fortschritt, wenn die Menschen kein Vertrauen in die Zukunft haben.« Dieser unprätentiöse Satz John F. Kennedys ist die diesjährige Jahreslosung, die an der Wand in meinem Dienstzimmer hängt. Losungen, auch dann, wenn man sie mit einem Schuss Ironie präsentiert, müssen so allgemein sein, dass sie einen Raum zum Nachdenken eröffnen. Deswegen wirken sie manchmal banal und werfen die Frage auf, was man mit ihnen anfangen soll.

In früheren Zeiten hatten Geistliche große Übung darin, Losungen auszulegen, die aus der Heiligen Schrift extrahiert wurden und den Leseunkundigen zur Erbauung dienen sollten. Oder auch mehr: zur Belehrung, zum Beispiel darüber, was der eigentliche Sinn des Advents sei oder des Buß- und Bettags, Aufklärung darüber, warum Lügen nicht erlaubt und, wenn doch, in welchen äußersten Situationen man es sich überhaupt vorstellen könnte, und die Exegeten hofften, über Erbauung, Belehrung und Aufklärung hinaus auf Verhaltensbeeinflussung. Der Mensch sollte ein anderer werden, ein besserer, und sich in die Richtung wenden, die dem Exegeten die richtige zu sein schien.

Diese Arbeit war einfach, weil es ein festes Fundament gab. Die Bibel und Kurie, Bischofskonferenz oder andere geistliche Autoritäten gaben die Interpretationsrichtung vor. Das ist heute anders. Man muss sich seine Sprüche selber suchen und sich auch noch seinen Reim darauf machen.

Wie wäre es, wenn eine nennenswerte Zahl von Zeitgenossen diese Übung jährlich zu Jahresbeginn zu einer Art intellektuellem Sport entwickeln würde? Man müsste zunächst einmal nach Sentenzen suchen. Manche würden das in Büchern tun, Jüngere im Internet und dabei aufpassen müssen, dass sie nicht von »demokratischen Lexika« vom Schlage Wikipedia auf den Holzweg geführt werden, auf dem sich entweder keine Sentenzen befinden oder solche, die entweder niemals jemand gesagt hat oder ganz anders. Das wäre nicht weiter schlimm, weil man das reichhaltige Angebot solcher reflektiver Sätze abgleichen müsste mit der gegenwärtigen Befindlichkeit, einen Blick in das gerade begonnene Jahr, auf Befürchtungen, Hoffnungen und Erwartungen. Das wäre eine Menge: sich klar werden zu müssen darüber, wie man sich fühlt. Nicht gerade jetzt im Bauch, sondern als eine Art Weltgefühl. Wie bin ich jetzt in dieser Welt? Das könnte manchen irritieren, weil darüber bislang nicht nachgedacht wurde. Und dabei sind schon so viele Jahre vergangen eines Lebens, das schnell enden kann.

Das wäre eine Menge: Sätze abzugleichen mit Zukunftsprojektionen: sich einzugestehen, dass man Ängste hat. Sie für sich auszusprechen. Aber auch seine Hoffnungen nicht diffus mit sich herumzutragen und damit dauerhaft unzufrieden zu sein, sondern sie zu konkretisieren, sie realistisch werden zu lassen und dann in der Lage zu sein, auf die Ziele hin zu handeln.

Solcherart Losungssuche wird, wenn man sie ernsthaft und lange genug betreibt, mit Sicherheit erfolgreich sein, und dann können ganz allgemeine, ja, triviale Sätze eine besondere Bedeutung bekommen, die denen verborgen bleibt, die sich sagen: Was für ein trivialer Satz!

Das ist gut so. Denn nicht der Satz hilft uns über das Jahr hinweg, sondern das, was wir uns denken, wenn wir ihn des Öfteren lesen: Er ist wie der Korb an einem Heißluftballon, in dem wir stehen, mit dem wir aber »in der Zeit sind«.

Was hat das Ganze mit Kindern zu tun? Sehr viel. Sie müssen lernen, von der Selbstvergessenheit in die Vergegenwärtigung ihrer Existenz überzugehen. Das ist Reifung, das ist Bildung, das ist Erwachsenwerden. In unserer Gesellschaft gibt es wenig davon. Reden wir mit unseren Kindern über unsere Sätze für das Jahr 2007!

GLEICHBEHANDLUNG UND ERZIEHUNG
2007 (BERLINER MORGENPOST)

Es wird noch etwas dauern, bis das neue Gleichbehandlungsgesetz in das Bewusstsein auch von Bildungsinstitutionen gelangt ist, die, wenn es um Gleichstellung geht, eher an die Benachteiligung von Mädchen und Frauen denken. In den 1970er Jahren galt das katholische Mädchen vom Lande als der Inbegriff der Bildungsbenachteiligung. Keine Chance, von einem vorbestimmten Leben für Ehemann, Kinder, am Herd und im Garten wegzukommen und seine Zukunft selbst zu bestimmen. Durch die Bildungsreform der 1970er und 1980er Jahre ist, wie inzwischen bekannt, das Mädchen aus der unteren Mittelschicht als soziale Aufsteigerin mit den besten Chancen siegreich hervorgegangen – unbeabsichtigt übrigens, denn die Maßnahmen, die sich so positiv auswirkten, waren eigentlich dazu gedacht, um Arbeiterkindern, ganz unabhängig von ihrem Geschlecht, zu einem Hochschulstudium zu verhelfen

Betrachtet man aber die sozialen Verlierer, dann ist die Zahl der Männer unter ihnen weitaus größer. So steigt die Erwerbstätigkeitsquote von Frauen, während die von Männern zurückgeht. Umgekehrt steigt die Arbeitslosigkeit der Männer. Selbsttötung kommt bei Jungen zehnmal häufiger vor als bei Mädchen, bei Männern viermal häufiger als bei Frauen. Im Bereich der Gesundheit öffnet sich die Schere zwischen Männern und Frauen zu Lasten der Männer. Solche Entwicklungen sind früh angelegt. Verhaltensauffälligkeit ist ein Kennzeichen von Jungen und weniger von Mädchen. Analoges gilt für Straffälligkeit, Leistungsverweigerung, Schulversagen. Die Berufsbildungsfähigkeit ist bei männlichen Jugendlichen schlechter entwickelt als bei weiblichen, weil die zentrale Basiskompetenz der Sprache ungleich verteilt ist.

Ein Grund dafür ist die Tatsache, dass Bildungs- und Erziehungseinrichtungen weitaus mehr weibliches Personal als männliches beschäftigen. Allein in der Grundschule lehren mehr als 90 Prozent Frauen. Sie repräsentieren das »andere« Geschlecht, mit dem Jungen sich nicht identifizieren können. Vereinfacht: Lesen und schreiben zu können heißt, das Risiko zu laufen, mit einem Mädchen verwechselt zu werden. Lange Zeit wurde gedacht, das sei nicht weiter schlimm. Aber Jungen sind nun einmal keine Mädchen. In unserem Bildungssystem sind sie zum vernachlässigten Geschlecht geworden. In den höheren Schulen vieler Bundesländer nehmen sie nur noch 40 Prozent der Plätze ein, ebenso wie an den Universitäten.

Das Gleichbehandlungsgesetz wird uns nicht erlauben, diese Tatsache zu ignorieren. Wir werden uns Gedanken darüber machen müssen, wie es gelingen soll, dass Jungen in der Schule gleiche Chancen haben wie Mädchen. Denn wir wissen, dass ein und dieselbe Leistung deutlich besser beurteilt wird, wenn sie von einem Mädchen erbracht wird. Diese Tatsache weist auf Vorurteilsstrukturen. Lehrerinnen scheinen Mädchen besser zu bewerten als Jungen. Zwar können schriftliche Leistungen anonymisiert werden, aber nur, wenn sie am Computer geschrieben sind. Ein Großteil der Leistungsbewertung findet jedoch im Unterricht statt. Geschlechtsneutral geht es dabei nicht zu.

Das gilt auch für die Dominanz des Weiblichen im Erziehungsgeschehen. Man darf gespannt sein, wie die obersten Gerichte mit den ersten Klagen von Eltern umgehen, deren Jungen aus ihrer Sicht dadurch benachteiligt wurden, dass Frauen sie unterrichteten. Man könnte darauf wetten, dass in spätestens zehn Jahren die Bildungswelt anders aussehen muss: Entweder werden Jungen gleichbehandelt, so dass sie die gleichen Chancen haben, oder sie bilden die Basis für eine sozial verursachte Gewaltexplosion, die mit Hilfe eines Bildungssystems hätte verhindert werden können, das den Jungen andere Perspektiven bietet, als ihre Männlichkeit durch Körperverletzung, Sachbeschädigung und Aufruhr unter Beweis zu stellen.

AGGRESSION MIT SYMPATHIE KONTERN
2007 (BERLINER MORGENPOST)

Verroht Berlin? Ich glaube, die Frage ist falsch gestellt, und sie scheint zudem nicht eindeutig mit »Ja« beantwortbar zu sein. Wenn in enger Zeitfolge die Dichte von Gewalthandlungen zuzunehmen scheint, dann ist das ein zufälliger statistischer Effekt, der Rückschlüsse auf eine allgemeine Verrohung nicht zulässt. Wenn eine Steigerung über eine Zeit von etlichen Jahren zu verzeichnen wäre, dann erst müssten wir nachdenklich werden. Dieses ist aber nicht der Fall, im Gegenteil: Die Zahl bestimmter Gewalttaten geht tendenziell eher zurück.

Alarmierend ist allerdings die Zahl von »tatverdächtigen nichtdeutschen Jugendlichen«. Wenn sie mehr als doppelt so groß ist wie der Anteil dieser Personengruppe an der jugendlichen Bevölkerung, dann besteht ein Handlungsbedarf. Die richtige Frage hieße demnach: Wie verringern wir die Zahl der jugendlichen (nicht nur nichtdeutschen) Tatverdächtigen und Täter?

Darüber ist viel geforscht und geschrieben worden. Millionen und Abermillionen sind in Gewaltpräventionsmaßnahmen investiert worden. Warum sind solche Maßnahmen, auch wenn sie durch die Schule durchgeführt werden, häufig so erfolglos? Die Antwort heißt: Eine Erziehung zur Gewaltfreiheit durch Unterricht wirkt nicht. Gewaltbereitschaft ist kein Wissensdefizit, sondern eine Folge schlechter bzw. das Fehlen guter Vorbilder. Menschen sind in ihren elementaren Lebensäußerungen wie Liebe, Sympathie und Mitleid ebenso wie Hass und Aggression so organisiert, dass sie, so wird es genannt, »am Modell lernen«. Vormachen – dann Nachmachen.

Eines ist sicher: Wenn eine Person Sympathie zeigt, wächst die Wahrscheinlichkeit, dass auch ihr Gegenüber das tut. – » Wie man in den Wald hineinruft, so schallt es heraus«, sagt der Volksmund.

Wir müssen versuchen zu erreichen, dass jenen, die auf Aggression ausgerichtetet sind, Sympathie entgegengebracht wird, damit sie »lernen am Modell«. Das ist riskant und verlangt viel von jemandem, der oder die als Lehrer(in) oder als Bürger(in) nackter Aggression begegnet. Aber das war schon die Botschaft des Neuen Testaments: auch die zweite Wange hinzuhalten. Ein visionäres Erfolgskonzept.

Jedoch: Es gibt Menschen, die Gewaltlosigkeit nicht »erlernen« können, sondern völlig unsensibel sind für den Schmerz der anderen.

Mitleidsunfähig. In diesen Fällen muss gehandelt werden wie eh und je: Festsetzen, den Fall aufklären, ggf. bestrafen und Wiederholung unmöglich machen. In diesen Fällen helfen keine Pädagogen, sondern nur die Wahrnehmung des Gewaltmonopols des Staates.

Bis zu diesem Schritt ist allerdings ein längerer Weg zurückzulegen. Unter den Sohlen der Schuhe, die ihn gehen, steht das Wort »Erziehung«.

Wie man Kindern feste Wertmassstäbe für ihre eigenen Handlungen gibt
2007 (Berliner Morgenpost)

Aus der Jugendzeit Friedrichs des Großen wird berichtet, dass der Konflikt mit seinem Vater, Friedrich Wilhelm, exzessive Formen annahm. In dieser Auseinandersetzung suchte der junge Kronprinz sich seine »Vertrauten«, zunächst den Leutnant von Keith, der ihn vor den gewalttätigen Zornausbrüchen des Vaters schützte und ihm bei der Realisierung »verliebter Abenteuer« half. Ein guter Freund. Friedrich Wilhelm beendete diese Freundschaft, indem er von Keith in ein fernes Regiment versetzte, und an seine Stelle trat der Leutnant von Katte, der, »verdorben«, den Kronprinzen in dessen »Ausschweifungen« bestärkte und dessen Bedenken mit raffinierter Rabulistik zerstreute. Ein schlechter Freund.

Das ist fast 300 Jahre her, und Kugler, der Chronist des Lebens Friedrichs des Großen, lässt keinen Zweifel daran, dass der etwas schlichte Vater das Problem des »falschen Freundes« selbst erzeugt hat. Kein Wunder, dass der junge Kronprinz aus dem Elternhaus fliehen will. Eine für die europäische Landkarte jener Zeit gefährliche Absicht.

Eltern müssen sich damit abfinden, dass im Jugendalter Freunde, die so genannten »Peers«, für den jungen Menschen größere Bedeutung bekommen können als die eigenen Eltern. Das ist gut so, denn der Vater kann die Rolle des Freundes nicht annehmen, mit dem der Sohn in der Disko nach Partnerinnen Ausschau hält, und die Mutter nicht die der Freundin, auch wenn Mütter dies gern beteuern, wenn sie Probleme mit dem eigenen Alterungsprozess haben. Eltern, die das versuchen, machen sich nicht nur lächerlich, sondern sie verfehlen ihre Rolle. Sie besteht darin, den jugendlichen Kindern einen festen Wertmaßstab für ihre eigenen Absichten und Handlungen zu geben. Wenn die Gleichaltrigengruppe Pläne schmiedet, deren Umsetzung illegal oder zumindest unangemessen ist, dann kann im Idealfall das Bild der Eltern Vor-Bild sein und Antwort auf die Frage bieten: »Würde mein Vater, meine Mutter dieses auch getan haben?«

Um nicht konservativ missverstanden zu werden: Vor-Bild heißt nicht, dass die Kinder nur »Nach-Bild« sein sollen. Sie müssen ihre Entscheidungen selbst treffen, auch gegen das Vorbild. Für eine Entscheidung benötigen sie aber zusätzliche Bilder über die hinaus, die ihre Freunde ihnen geben können. So ausgestattet können unsere jugendlichen Kinder übrigens keine »falschen Freunde« haben. Sie sind nämlich sie selbst, wenn sie zwischen den Bildern ein eigenes Bild von sich selbst entwerfen.

ACHTUNG VOR FREMDEM EIGENTUM IST SCHWIERIGE ERZIEHUNGSAUFGABE
2007 (BERLINER MORGENPOST)

Unlängst erzählte mir ein älterer Mann eine Geschichte aus seinen Kindertagen: Ein Nachbarsmädchen auf dem Lande hatte ihn dazu angestiftet, im Hühnerstall des nahe gelegenen Bauernhofs Eier aus den Nestern zu nehmen und sie unter den Kindern zu verteilen. Sie waren damals vier, fünf Jahre alt, und er war der Schlankste von allen, sodass er als Einziger durch das vorhandene Schlupfloch für die Hühner hindurchpasste. Die Kinder wurden genau in dem Moment erwischt, als jedes in jeder Hand ein Ei hatte, und anschließend ihren Eltern übergeben.

Eine Geschichte wie bei Märchenerzähler Wilhelm Busch. Der ältere Herr erzählte, dass sein Vater ihn damals vollständig entkleidet und unter dem Gezeter seiner Mutter, die ihn schon als Schwerverbrecher in den Gefängnissen einsitzen sah, rasend vor Wut mit dem Teppichklopfer so lange verprügelt habe, bis er keine Kraft mehr hatte.

Das mag so etwa 50 Jahre her sein. Heute liegt die Bagatellgrenze bei Kaufhausdiebstahl bei etwa 50 Euro. Bei Diebstählen unterhalb dieses Betrags wird in Deutschland kein Gericht tätig. Und kein Lehrer und keine Eltern greifen zum Stock. Sie würden dafür bestraft. Selbst eine »herabsetzende« Beschimpfung des Kindes, »du bist ein schlimmer Verbrecher«, ist strafbewehrt.

Niemand wünscht sich Zeiten zurück, in denen körperliche Gewalt als Strafe für kindliches Fehlverhalten eingesetzt werden durfte. Aber welches Erziehungsinstrument ist an seine Stelle getreten? Der inzwischen zu einem bekannten Politiker aufgestiegene »Eierdieb« erzählte glaubhaft, dass er für den Rest des Lebens Schwierigkeiten habe, selbst eine ihm angebotene Zigarette anzunehmen, wenn die Situation nicht vollständig eindeutig sei, sodass ihm nicht unterstellt werden könne, etwas unrechtmäßig genommen zu haben.

Wir müssen registrieren, dass die Veränderung der Wertmaßstäbe für Eigentumsdelikte uns ratlos macht. Dafür gibt es mehrere Gründe: Einer davon ist die Anonymität des Eigentums. Während der bestohlene Bauer einen persönlichen Einkommensverlust erleidet, glaubt jeder Zweite, von einem Diebstahl im Kaufhaus werde niemand geschädigt. Außerdem sei sowieso alles versichert, und die Kosten für gestohlene Ware seien bereits im Preis enthalten, würden also von allen bezahlt. Hinzu tritt die Auffassung, dass ein rechtswidriges Eigentumsverhalten in bestimmten Fällen die Folge sozialer Benachteiligung sei. Diese Auffassung ändert sich dann, wenn ein erwachsener »Wirtschaftskrimineller« Geld unterschlägt.

Bei genauerer Betrachtung ist also das Fehlen von Erziehungsinstrumenten nicht der Grund für die Indifferenz vieler Erziehungsverantwortlicher, sondern das Ziel, zum Respekt vor dem Eigentum des anderen zu erziehen, wird nicht selten für gar nicht verfolgenswert gehalten. Genau genommen stellt ein beträchtlicher Teil unserer Bevölkerung das Recht auf legal erworbenes Eigentum unausgesprochen in Frage. Schule, Elternhaus und Erziehungssystem sind deshalb völlig überfordert, wenn sie den Kindern beibringen sollen, dass es ein schlimmes Verbrechen sei, »Schmiergeld« bei der Vergabe von Aufträgen zu zahlen, dass aber der aktive Diebstahl einer CD, eines Pullovers oder eines Aschenbechers im Restaurant ein Lifestyle-Element sei.

Das Problem besteht also nicht in einer Unfähigkeit des Erziehungssystems, sondern in einem Versagen des Rechtssystems, das es zulässt, die Grenzen zwischen Recht und Unrecht nebulös werden zu lassen.

Was diese Gesellschaft deshalb dringend benötigt, ist nicht der Ruf nach strengen Pädagogen, zumindest so lange nicht, wie in der Gesellschaft nicht ein klares Verständnis dafür wiederhergestellt worden ist: Rechtmäßiges Eigentum ist tabu – für jeden. Übrigens auch für den Staat, der durch ein hoch differenziertes Abgabensystem das Gefühl dafür gefährdet, dass mir gehört, was ich mit meiner Hände Arbeit unter Einsatz meiner Lebenszeit erworben habe.

Sich schenken, anstatt sich etwas zu schenken – Empfehlung des Erziehungswissenschaftlers und FU-Präsidenten zu Weihnachten: Geben Sie anderen etwas von sich ab
2007 (Berliner Morgenpost)

Dieses ist eine Empfehlung zu Weihnachten: sich schenken. Nein, nicht, sich »etwas« schenken, sondern etwas von sich schenken. Wie bitte? Nicht in die Parfümerie eilen und einen »neuen Duft« kaufen für sie oder ihn? Keine Pralinen? Und schon gar kein Schmuckstück für sie, kein Buch und für ihn auch keine elektrische Eisenbahn? Für die Kinder keine Computerspiele, kein didaktisch wertvolles Holzspielzeug und auch keine Ferienreise für die Familie? Um Gottes willen, werden Sie sagen, was soll das denn sein, »etwas von mir schenken«?

Keine Angst, wir wollen nicht betulich werden und keine Frömmigkeit simulieren, wo sie nicht ist, keinen Konsumverzicht predigen, sondern nur einen Augenblick innehalten und uns überlegen, warum überhaupt geschenkt wird. Zunächst einmal: aus Not. Jemand schenkt einem anderen etwas, das dieser braucht, aber sich nicht leisten kann. Das ist gut und nicht zu beanstanden. Dieses Etwas darf natürlich auch gekauft werden. Sodann: Schenken als Überlegenheitsdemonstration: »Ich schenke dir so viel und so lange etwas, bis du nicht mehr mithalten kannst. Meine Großzügigkeit ist mein Sieg.« Das ist gar nicht abwegig. Es gibt Kulturen, die auf diese Weise ihre Eigentumskonflikte gelöst haben. Potlatsch heißt dieser Schenkritus. Schenken als Entsorgung. Etwa so: »Das steht hier schon lange rum. Vielleicht können die das gebrauchen.« Das ist die Verächtlichkeit pur. Trotzdem kommen wir dem näher, was zu bedenken ich vorschlagen möchte: etwas von sich abgeben. Nicht das, was wir nicht mehr gebrauchen können, sondern das, was abzugeben uns schwerfallen würde. Ein lieb gewonnenes Schmuckstück, das Buch, das wir immer wieder aus dem Regal nehmen, um darin zu lesen, das neue Auto vielleicht sogar oder ganz einfach Zeit für jemanden, mit dem man sonst keinesfalls umgehen würde. Bewohner eines Altersheims vielleicht, Schulkinder, Heimjugendliche, die Frau, die jeden Morgen allein in der Ecke des Cafés sitzt …

Klar, jetzt wird es unangenehm. Gut, dass uns niemand darauf anspricht, ob wir dazu bereit sind. Eine heikle Situation, wenn es jemand täte. Machen Sie einen kleinen Versuch, geben Sie etwas weg, was noch nicht richtig wehtut, aber ein bisschen, schneiden Sie zwei Stunden aus einem Tag heraus und reden Sie mit jemandem, der Sie erbärmlich langweilt. Dann treten Sie zurück und beschreiben sich selbst Ihr Gefühl. Wenn das Positive überwiegt, eine angenehme Verstörung vielleicht, wenn Sie innehalten konnten und nachdenklich wurden, dann bekommen Sie vielleicht sogar so etwas wie eine Schenk-Lust.

Wichtiger wäre aber etwas anderes: die Einsicht, dass Sie jetzt etwas von sich geschenkt haben, nicht irgend etwas, sondern ein Stück Ihres Lebens. Dieses Stück (Zeit, Bedeutsames, Lieblingsobjekt) ist jetzt nicht mehr Bestandteil Ihres Lebens, sondern dasjenige eines anderen. Ihr Leben ist ein winziges Stück kürzer geworden, das eines anderen ein winziges Stück länger. Sie werden zustimmen: In der Parfümerie haben Sie dieses Gefühl nicht, auch nicht in der Konditorei. Natürlich können Sie sagen, dass das Geld, das Sie dort für andere ausgeben, mit Ihrer Lebenszeit verdient ist. Richtig. Insofern ist Geld ein Mittel, aber es ist eben nicht Ihr Leben.

Enthusiasmus statt Sarkasmus
2008 (Der Tagesspiegel)

1979 landete Pink Floyd einen großen Erfolg mit »The Wall«. In dem bekanntesten Lied dieses Konzeptalbums, »Another brick in the wall«, hieß es: »No dark sarcasm in the classroom – teachers leave them kids alone.« Frei übersetzt: Keinen dunklen Sarkasmus im Klassenzimmer. Lehrer, lasst die Kinder in Ruhe! Vor ein paar Wochen erzählte mir ein amerikanischer Lehrer, der an einem deutschen Elitegymnasium unterrichtet, er habe den Eindruck, seine Schüler seien nur noch sarkastisch.

Und in der Tat, den Eindruck mag man haben: Sie lernen für das System, sie lernen, das System zu überleben, zu überlisten, zu verachten, und darin sind sie gut.

Sie verkehren die Begriffe in ihr Gegenteil: »Mies« heißt heute »großartig« und beginnt »cool« abzulösen, das, weil eigentlich Ausdruck für etwas Positives, ja hätte »warm« heißen sollen, vor ein paar Jahrzehnten schon. Haben unsere Schüler den Sarkasmus gelernt, übernommen, den Pink Floyd dem System anlastete? Versuchen sie, es mit seinen Mitteln zu schlagen, erfolgreich gar? Dann wäre das (Bildungs-)System ungewollt erfolgreich gewesen. Es hätte mit seinem Sarkasmus den Schülern beigebracht, es mit seinen Mitteln zu überleben.

Das wäre in Ordnung, wenn nach der Schule der Sarkasmus von ihnen abfiele wie ein Schuppenkleid und danach die schöne heile Haut sichtbar würde für das wirkliche Leben. Das würden sie gelernt haben müssen, aber wo? In einem System, das sarkastisch agiert? Von Eltern, die Ironie und Zynismus nicht auseinanderhalten können?

Es mag sein, dass, wenn wir über Bildung reden, wir es zu tun haben mit dem »Wissenmüssen« dessen, was Jahrzehnte vernachlässigt wurde: Fakten, Kompetenzen, Routine. Zu deklarativem Wissen verkommen, kann es nur abgefragt werden und löst den Sarkasmus des Überlebenskampfes aus, wenn nicht ein Gegenmittel injiziert wird: der Enthusiasmus der Lehrer, des »Wissenwollens«, des Entdeckens und Erfindens, des Eifers, der Zukunft. Den könnten Eltern vermitteln und Lehrer, beide, wenn sie von sich selbst absehen könnten, wenn sie begriffen, dass Enthusiasmus immer auf Zukunft gerichtet ist und das Vorbild braucht, um nachgebildet zu werden in den Köpfen der nächsten Generation. Es geht um sie, nicht um uns. Wir haben unsere Chance gehabt. Unser Enthusiasmus, etwas für die Jugend zu wollen, ist jetzt gefragt. Das neue Schuljahr bietet eine gute Chance dafür. Allzu viele werden es nicht mehr sein.

Allgemeine Bildung?
2008 (Der Tagesspiegel)

20 Kunden einer kleinen Autowerkstatt erhalten Rechnungen über Leistungen, die bestellt, aber noch nicht erbracht sind. Anrufe beim Chef: Unverständnis, Ärger, Stammkunden, die die Werkstatt wechseln. Ursache: Die Dame aus dem Büro hatte gerade Zeit und deswegen schon einmal die Rechnungen verschickt. Die Dame ist Tochter des Chefs, gerade Abitur gemacht, kein Studienplatz. »Dann hilfst du erstmal im Büro.« Schwierigkeiten mit dem wirklichen Leben? Also lieber studieren? Vielleicht Kunstgeschichte oder Kommunikationsdesign?

Keine Vorurteile bitte. Aber etwas ist schiefgelaufen in der Schule. Was fehlte in den Curricula, in denen fast alles steckt, was die Wissenschaften von der Molekularbiologie bis zur Linguistik zu bieten haben, von Robert Koch bis Martin Walser oder so. Fast alles, aber nicht: Umsicht, Voraussicht, Rücksicht, Übernahme der Perspektive des Anderen, Respekt, Toleranz, die Fähigkeit zusammenzuarbeiten, die Unterscheidung zwischen Wettbewerb und Nahkampf, zwischen Kritik und Vernichtung, zwischen gestern, heute und morgen und zwischen gut und schlecht. Und schon gar nicht: wirtschaftliche Sachverhalte, Grundzüge des Rechts, elementare Krankheitserkennung und Selbstmedikation, Fehlersuche und Reparatur bei Maschinen des alltäglichen Lebens

Also mehr Fächer, noch mehr Stoff? Noch mehr Belastung? Keineswegs. Es geht nicht um mehr (auch wenn die Ganztagsschule neue Möglichkeiten gibt), sondern um das Richtige. Eine alte Debatte. Im 19. Jahrhundert wurde bereits die »Überbürdung« der Schüler und Schülerinnen befürchtet und noch in der frühen Bundesrepublik gegen die vermeintliche Stofffülle gekämpft. Und dann gab es »Bildungstheorien«, die es erlauben sollten, eben jenes »Richtige« zu wählen. Zum Beispiel nur das, was »klassisch« sei oder nur das, was wissenschaftlich ist oder alles, was geeignet ist, im späteren Leben, in Beruf oder Familie »funktional« zu sein. Alle 30 Jahre wird diese Debatte geführt, aber immer zu spät. Die letzte fand in den 1970er Jahren statt. Das Motto hieß: Mehr Wissenschaft und Wissen statt Agraridylle und heile Familie. Emanzipation und Kritik statt Anpassung.

Das war richtig damals. Jetzt ist die nächste Lehrplanrevision fällig. Es wird nicht genügen zu sagen, man solle das Lernen lernen, weil alles andere zu viel sei. Eine bequeme Ausrede, nichts wirklich wissen zu müssen. Ihr Motto könnte vielleicht heißen: Mehr Lebenstüchtigkeit auf der Grundlage von Wissen und Wissenschaft statt »Just for fun« – und vor allem: Kein Lehrplan für alle, sondern: Den richtigen Lehrplan für jeden. Keine leichte Aufgabe, aber eine notwendige.

Einander dienen und frei werden
2008 (Der Tagesspiegel)

Zum Beginn eines neuen Jahres wird es Zeit, über eines der Leitworte nachzudenken, die, Jahr für Jahr, die Wand des Dienstzimmers markieren. Im Jahr 2009 wird es eine Inschrift sein, die den Tisch von Arthurs Tafelrunde geziert haben soll: »Indem wir einander dienen, werden wir frei.« Warum das?

Um 500 nach Christus hieß Freiheit für die keltischen Briten, die eindringenden Sachsen abzuwehren. Dazu war gemeinsamer Kampf der Ritter eine unabdingbare Voraussetzung. Und einander dienen hieß: den Kämpfer an der Seite unterstützen und ihn vor heimtückischen Angriffen bewahren. Also nur ein scheinbarer Widerspruch: Freiheit im Ganzen gewinnt man, indem man auf Freiheit im Einzelnen verzichtet.

Wir werden unsere Freiheit, die die Bundesrepublik aus Anlass ihres 60. Geburtstages nächstes Jahr feiern darf, nur bewahren, indem wir partikulare Interessen darauf prüfen, ob ihre Verfolgung allen dient oder nur Einzelnen. Es wird also zu prüfen sein, ob das partikulare Interesse am Machterhalt von Politikern uns allen dient oder nur ihnen selbst. Es wird zu prüfen sein, ob große Geschäfte nur den Unternehmern dienen oder auch denen, die für sie arbeiten. Es wird zu prüfen sein, ob Bildung und Erziehung den Egoismus einer nachwachsenden Generation verstärken, die Eitelkeit von Eltern und die Besserwisser-Attitüde einzelner Pädagogen pflegen, oder ob Erziehung und Bildung das gute Leben einer ganzen Gesellschaft im Blick hat, die, als gealterte, auf die Bereitschaft zu dienen bei den Jüngeren angewiesen sein wird. Es wird zu prüfen sein, ob Wissenschaftler nur ihrer Neugier folgen oder auch den berechtigten Interesse ihrer Auftraggeber, mit den Früchten der Erkenntnis ein besseres Leben führen zu können.

All dieses wird zu prüfen sein, wenn wir frei bleiben wollen dadurch, dass wir einander dienen. Dass wir also nicht Ansprüche stellen an Lehrer, Eltern, Politiker, Manager, Polizisten, Sachbearbeiter in Sozial- und Arbeitsämtern, ohne eine Antwort auf die berechtigte Gegenfrage parat zu haben: Und wie dienst Du dem anderen? Machst Du es durch Dein törichtes Wahlverhalten Verführern leicht, eine böse Politik zu machen? Begreifst Du, dass Lehrersein Schwerstarbeit ist und nicht Anlass ständiger Beschimpfung? Verstehen wir, dass wir denen dienen müssen durch unseren Respekt, die dazu da sind, uns zu dienen? Altruismus ist die effektivste Form, sich selbst zu dienen. Und: Wenn Freiheit die Voraussetzung jeder heilen Zukunft ist und wenn Dienen die Ermöglichung der Freiheit darstellt, dann wird es keine Zukunft geben ohne unsere Bereitschaft, einander zu dienen.

Das Jahr 2009 wird uns Gelegenheit geben, diese Erfahrung zu machen. Es sollte kein Jahr des lauten Geschreis werden, sondern des stetigen Aufeinanderachtens.

Erziehung: Keine Angst vorm Kollektiv
2009 (Der Tagesspiegel)

Herbst 2008. Irgendwo in der Nähe von Peking. Ein Kindergarten. Ganztags, versteht sich. Die Architektur ist befremdlich. Sehr große Räume mit Betten für jedes Kind. Ein großer Spielbezirk darin mit viel »didaktischem« Spielzeug, daneben, durch eine Schiebetür getrennt, ein fast ebenso großer Raum mit dreißig kleinen Toiletten. Die Kinder sind gerade draußen auf dem Hof. Kein Geschrei, kein Gewusel, keine blutigen Knie, keine gestressten Erzieherinnen. Achtzig Kinder stehen in Blockformation und machen Gymnastik auf Anweisung. Sie sind begeistert bei der Sache, keines tanzt aus der Reihe, macht Faxen oder verweigert sich. Frühverrentungen von pädagogischem Personal sind nicht zu befürchten.

Ein paar Fotos für das pädagogische Archiv. Ein Dreijähriger schaut neugierig zu, kommt vorsichtig näher, schaut sich sein Konterfei im Display an und freut sich über die Fotos von seinen Freunden. Er will probieren, wie das funktioniert, darf den einen oder anderen Knopf bedienen und ist selbstvergessen.

Zwei pädagogische Grundhaltungen in einer Szene: kollektives Tun und selbstgesteuertes Lernen. Ersteres scheint das zweite nicht zerstört zu haben. Auf die neuronalen Strukturen des Gehirns ist eben Verlass. Mitteleuropäische Pädagogenangst um die Individualität der Kleinen greift nach dem Beobachter. Bilder von Schulhöfen, aber auch Klassenräumen ohne jede erkennbare Ordnung spielen sich vor dem inneren Auge ab.

Legitimiert in den 1970ern – Disziplin führt angeblich zum Faschismus – und empirisch untermauert in den 1990ern: Das Bewusstseinssystem konstruiert sich seine eigene Welt. Das ist nicht steuerbar, angeblich. Also: moralisch verwerflich und empirisch unangemessen? Es gibt keine letztliche Anwort auf die Frage nach dem besseren Weg, und schon gar nicht lässt sich alles von einer Kultur in die andere übertragen. Gleichwohl lassen sich die Resultate vergleichen, und da schneiden die »Western Societies« nicht unbedingt immer besser ab. Das betrifft nicht nur die Leistungen, sondern auch das Verhalten. Gehirne sind egoistisch und zweckrational: Wenn das Kollektiv nicht gelegentlich Einhalt gebietet, zentrieren sie sich auf sich selbst.

Noch einmal: Es gibt keine Antwort auf die Frage nach dem besseren Weg, aber auf jedem Weg der Erziehung muss die Frage wiederholt werden, ob und in welchem Maße die Entfaltung des Einzelnen vor dem Hintergrund der Ansprüche aller einzuschränken ist und wo das Recht des Einzelnen auf seine individuelle Entfaltung durch die Bequemlichkeit aller nicht begrenzt werden darf. Das ist die eigentliche Aufgabe von jedem, der mit Kindern zu tun hat.

Die Religion kennt mehr als vernünftige Gründe
2009 (Der Tagesspiegel)

Sogar Parteien äußern sich, als ob die letzten Fragen unserer Existenz etwas mit Parteizugehörigkeit zu tun haben könnten. Dabei ist es gar nicht so schwierig. Wer dem Volksentscheid sein »Ja« schenkt, stellt die Eltern der Schulkinder vor die Wahl: Soll mein Kind künftig das Fach Religion oder das Fach Ethik besuchen? Wer mit »Nein« stimmt, sagt: Nicht ich, sondern der Staat soll entscheiden. Denn die Staatsschule, zu deren Besuch alle Menschen bis zum 16. Lebensjahr verpflichtet sind, hat auch einen Erziehungsauftrag, wenngleich nach unserer Verfassung nachrangig gegenüber dem der Eltern.

Nun möchten wir alle, dass die nachwachsende Generation so erzogen wird, dass es uns gut geht, einfach deshalb, weil eine etwa unerzogene Generation meinen würde, sich um die Rechte der anderen nicht kümmern zu müssen.

Es hört sich einfach an, dieses Erziehungsziel zu erreichen, aber es ist außerordentlich schwer, und wissenschaftlich wissen wir noch nicht viel darüber, was man tun muss, damit Menschen moralisch handeln. Genau das aber ist die entscheidende Frage, um die es in dem Volksbegehren geht.

Für moralisches Handeln, das den Ansprüchen einer Gesellschaft genügt, die auf Gemeinsamkeit angelegt ist, braucht der Mensch Motive und Gründe. Denn es ist allemal bequemer, nach dem Muster zu leben: »Alles ist gut, was für mich gut ist.« Das ist übrigens die unterste Stufe der menschlichen Moralentwicklung, die in gewisser Weise auch Schimpansen und Flusspferde erreichen. Warum sollten unsere Kinder also auf die Annehmlichkeiten eines solchen Egoismus verzichten? Dazu müssen wir Ihnen Gründe nennen. Das können zum Beispiel Vernunftgründe sein, wie sie in einem Fach Ethik vermittelt werden können. Es ist einfach vernünftig, Egozentrismus nicht zuzulassen und sein eigenes expansives Handeln an der Grenze enden zu lassen, die durch die Rechte des Nächsten definiert sind. Das kann man im Ethikunterricht vermitteln, und wer vernünftig ist, müsste dieser Maxime eigentlich folgen können. Aber nur »eigentlich«, denn wir wissen, dass diese Regel leider oftmals nicht funktioniert. Man wird häufig mehr benötigen als vernünftige Gründe, um Menschen zu einem gemeinschaftsfähigen Handeln zu bringen.

Religion ist ein solches »Mehr«. Sich an ihr zu orientieren, geht über die nicht selten als beliebig erscheinende Erwägungskultur des Hier und Jetzt hinaus. Für Religion gibt es mehr als nur vernünftige Gründe, sein Verhalten sozial zu orientieren:

Ich weiß nicht, ob es Gott gibt. Niemand weiß das. Aber ich weiß, dass die Welt um mich herum vom kleinsten Molekül bis zur Mechanik der Planeten eine intelligente Konstruktion ist, die für manchen die Frage aufwirft: Wer hat sich das ausgedacht, wem gehört es? Darauf kann Religion und Religionsunterricht keine sichere Antwort geben, aber ein Erklärungsangebot: Ein guter Religionsunterricht wird diesen Gott nicht als Person zeichnen, sondern vielleicht als eine Art wirkendes Prinzip. Kinder und Jugendliche, die diesem Angebot begegnen, werden eines begreifen: Nicht ich habe all das gemacht, und schon gar nicht gehört es mir. Also kann ich damit nicht machen, was ich will. Auf diese Weise entsteht ein »Über-Ich«, ein Gewissen, eine mentale Steuerungsinstanz, die folgende Frage gegenwärtig hält: Kann ich, was ich jetzt tun will, vor der »Wucht« dieses wirkenden Prinzips rechtfertigen? Darf ich morden, stehlen, lügen, betrügen? Darf ich dem wirkenden Prinzip, das ich nicht selbst bin, sondern das auf mich selbst wirkt, meinen Egoismus entgegensetzen?

Diese religiöse Ableitung ist nicht jedermanns Sache, und viele Menschen brauchen sie nicht, weil sie glauben, es besser zu wissen, und weil sie auf Grund einer vernunftgeleiteten Ethik ganz anständige Menschen werden. Aber darauf können wir uns nicht verlassen. Menschen sind unterschiedlich. Deswegen benötigen sie unterschiedliche Gründe dafür, sich so zu verhalten, dass sie den anderen gegenüber nicht agieren, als ob sie allein auf der Welt wären. Wenn man das will, muss man für die Wahlfreiheit eintreten und mit »Ja« stimmen, wie es das Volksbegehren vorschlägt. Wenn man meint, es genüge, sich auf die Vernunft zu verlassen, kann man getrost mit »Nein« stimmen, muss es aber keineswegs, denn man kann ja davon ausgehen, dass die Vernunft es den Menschen erlaubt, die richtige Wahl zu treffen.

Am Sonntag geht es also um Vernunft, um Gott und die Menschen, aber um eines sicher nicht – um Parteien.

Eine Metapher ohne Belang
2009 (Der Tagesspiegel)

Das erste Geld, welches ich verdienen durfte, war ein Hühnerei. Ich erhielt es als Vierjähriger dafür, dass ich der Nachbarin in ihrem Garten beim Jauchen »half«. Meine Begeisterung war groß, die meiner Mutter eher durch Zurückhaltung gekennzeichnet, zumal das »verdiente« Hühnerei in der stolz verkrampften Hand zerbrochen war und in langen Fäden den Arm hinunterlief, als ich es meiner Mutter überreichen wollte. Wie gewonnen, so zerronnen.

Dabei hatte ich schon Geld verloren. Ich erfuhr es erst später: Die Währungsreform hatte Geburts-, Tauf- und sonstige Geldgeschenke auf dem eigens für den neuen Weltbürger angelegten Sparbuch bereits zunichte gemacht.

Mit seinen Ungültigkeitslöchern liegt es als Menetekel noch in meinem Privatarchiv. Was Geld betrifft, verlass' dich nicht auf den Staat. Der nimmt es dir irgendwann weg.

Dritte Erfahrung: Spardose. Mit fünf Jahren besaß ich 7,50 – D-Mark, versteht sich. An einem winterlichen Spielabend auf dem Fußboden verlud ich Kieselsteine auf meinen Holzlaster mit einer Vorlegegabel aus zu weichem, weil wohl wertvollem Metall. Ein Zinken abgebrochen. Logische Bestrafung durch die Mutter: Schadenersatzzahlung für das Löten beim Juwelier. Kosten: 7,50 D-Mark. Spare zur Zeit, dann hast du in der Not?

Als Zehnjähriger betätigte ich mich (unfreiwillig) als »Agent« bei der Wiederbeschaffung eines gestohlenen Fahrzeuges. Dem Nachbarn war ein Kleintransporter abhanden gekommen. Ich fand ihn bei einem »Streifengang« im Quartier. Finderlohn: 50 D-Mark. Nicht schlecht, aber nicht die gesetzlich vorgeschriebenen fünf Prozent des Objektwerts. Aus Schaden gelernt. Unverzüglich Rollschuhe gekauft. Einmal getragen, blaue Flecke überall, weitergegeben an einen sportlicheren Freund. Nicht jeder erfüllte Wunsch beglückt.

Lessons learned:

Erstens: Mühe mag sich lohnen, aber die Arithmetik der Gegengabe, ob Hühnerei oder Geld, reicht nicht als Motiv.

Zweitens: Geld, das man ausgegeben hat, kann einem niemand nehmen, Mütter nicht und auch nicht der Staat.

Drittens: Ausgegebenes Geld kann schmerzen, nicht wegen des Verlustes, sondern wegen des Gewinns. Blaue Flecke für 50 D-Mark.

Was ist also Geld? Eine belanglose Metapher in einer Welt, der andere Ausdrücke der Wertschätzung hingegebener Lebenszeit, vulgo: Arbeit, abhanden gekommen sind. Nicht erst 2009.

Klimaerziehung ja, aber behutsam
2009 (Der Tagesspiegel)

»Energie bewegt die Welt« lautete der Artikel eines Sachbuchs, das ich als Vierzehnjähriger geschenkt bekam. Ein Buch, dessen Botschaft überaus optimistisch war. Alle Energieprobleme der Welt würden durch Kernenergie gelöst werden können. Das ist lange her.

Heute wissen wir es besser. Eine der Antworten auf das wachsende Missverhältnis zwischen Energiebedarf und dem Ressourcenbestand heißt zu Recht, den Energieverbrauch zu reduzieren. Dafür gibt es im Alltag viele Methoden: duschen statt baden, Fahrrad fahren statt Auto fahren, Energiesparlampen statt Glühbirnen. So weit, so gut.

Doch nun tritt das erzieherische Genre hinzu. Szene: Ein Zehnjähriger kommt niedergeschlagen aus der Schule. »Mein Energiefingerabdruck ist zu groß«, beichtet er. Die Mutter erfährt, was in der Schule gelernt wurde: Der »Energiefingerabdruck« jedes Menschen kann gemessen werden. Es ist bestimmbar, wie viel Energie jeder verbraucht.

Wer Auto fährt, hat der Kleine gelernt, hat einen größeren Fingerabdruck als ein Fußgänger, wer in den Urlaub fliegt, prägt diesen Abdruck noch breiter, wer ein ferngelenktes Spielzeugauto fährt, macht sich schuldig.

Die Unterrichtsstunde hatte offensichtlich Folgen. Auf dem Schulhof wurde der Junge gemobbt. Er gehörte zu denen, die einen breiten Fingerabdruck hinterlassen. Ist es gut, wenn wir eine neue Menschenklassifikation einführen nach dem Muster: Minimalverbraucher sind gute Menschen, die mit den Elektrogeräten sind böse? Plötzlich wird eine physikalische Größe zu einer Frage der Moral. Gewiss, es ist absolut richtig, Kindern (und auch Erwachsenen) beizubringen, mit Energie und Ressourcen schonend umzugehen – und das gilt nicht nur für den vordergründigen Verbrauch.

Bevor wir intensiv darüber nachgedacht haben, welche grundlegenden Veränderungen die Taxierung von Menschen nach ihrem energetischen Fingerabdruck haben kann, sollte aber vermieden werden, Kindern einen Zettel an die Stirn zu heften: »Energieverschwender.«

Es ist gut möglich, dass die Gesellschaft sich unter dem Eindruck der energetischen Ressourcenknappheit massiv wird verändern müssen. Dieses zu reflektieren ist eine Aufgabe – nicht nur der Naturwissenschaften, sondern auch der Geisteswissenschaften. Nur so vermeidet unsere Gesellschaft eine ganz neue Art der einseitigen Abhängigkeit von »natürlichen« Gegebenheiten. Große Diskussionen stehen bevor, bis eine Gesellschaft einen Konsens darüber findet, welcher Energieverbrauch als sittlich erlaubt betrachtet werden soll und welcher nicht.

BILDUNG NICHT ANS DOPING AUSLIEFERN
2010 (DER TAGESSPIEGEL)

Es gibt Menschen, die aufgrund einer zerebralen Schädigung von Geburt an oder durch Unfälle in ihren Möglichkeiten behindert werden, sprechen, schreiben oder ganz einfach das Leben zu lernen. Die Grenze zwischen dieser Gruppe und solchen Menschen, die ihrer Konzentrationsfähigkeit auf die Sprünge helfen wollen, ist leider nicht klar. Es existiert keine Messtheorie, die arithmetische Angaben über mehr oder weniger Konzentrationsfähigkeit erlaubt. Das mag der Grund dafür sein, dass der Ritalin-Konsum sich innerhalb von zehn Jahren fast verachtfacht hat und dass es inzwischen fast selbstverständlich scheint, wenn Studierende sich vor einer ihrer endlosen Klausuren das Zeug »einwerfen«, also »Neuro-Enhancement« betreiben.

An dieser Stelle entsteht ein bildungstheoretisches wie -politisches Problem: Wollen wir ein Bildungssystem, dessen erfolgreiches Durchlaufen wahrscheinlicher wird, wenn man Methylphenidat geschluckt hat? Ist eine Gesellschaft auf dem richtigen Weg, deren Ausbildungserwartungen an die nachwachsende Generation die Einnahme von Substanzen beinhalten? Eine komplexe ethische Thematik.

Grundsätzlich gäbe es nur zwei Rechtfertigungsgründe: Erstens die Behauptung, die Einnahme lernfördernder Substanzen sei im Interesse des Individuums oder zweitens in demjenigen der Gesellschaft. Die erste Annahme wäre nur dann richtig, wenn der Gedanke der Chancengerechtigkeit weit über die Zugangsfreiheit zu allen Bildungseinrichtungen entsprechend der eigenen Begabung ausgeweitet wird auf den Zugang zu psychotropen Medikamenten. Man verließe auf diese Weise den Gedanken der in der Person liegenden Bildungsmöglichkeiten, deren Entfaltung Gerechtigkeit verlangt, also eine naturphilosophische Rechtfertigung zugunsten einer technischen nach dem Muster: Was möglich ist, darf auch gemacht werden. Man sieht die Transformation und die Verkürzung des Bildungsgedankens nicht nur auf »learning to the test«, sondern »doping to the test«.

Die zweite Rechtfertigungslinie generiert sich etwa wie folgt: Wenn es global Gesellschaften gibt, die sich Vorteile dadurch verschaffen, dass sie ihre Mitglieder im Bildungsprozess dopen, sei es sittlich nicht erlaubt, der nachwachsenden Generation in der eigenen Gesellschaft diese Möglichkeit vorzuenthalten, denn dadurch habe diese langfristig das Nachsehen, und der Verlust an Lebensqualität gehe wieder zu Lasten jedes Einzelnen. Aber kann eine Gesellschaft von ihren Mitgliedern einen medizinischen Eingriff in ihr Zerebralsystem verlangen, um im internationalen Wettbewerb zu bestehen? Eines ist klar: Der erste Schritt würde die Erlaubnis sein, der zweite die Erwartung.

Wir stehen vor einer schwierigen Debatte. An ihrem Ende könnte schlimmstenfalls die Auslieferung des Bildungssystems an das Gesundheitssystem stehen.

2. Universität

Wissen – Handeln – Können: Diese drei!
2001 (UNIVERSITAS)

Was sich an der deutschen Universität ändern muss

Als den deutschen Universitäten vor ein paar Jahren bescheinigt wurde, sie seien »im Kern verrottet«, hat das darinnen so recht niemanden mehr erschüttert. Universitas pharmakos. Die Universität als Sündenbock: Universitäten, das Bildungssystem sind es gewohnt, in gesellschaftlich kritischen Lagen für die Krisis verantwortlich gemacht zu werden. Wer immerzu beschuldigt wird, reagiert nicht einmal mehr mit Abwehr. Er produziert schließlich die Akte, die ihm vorab vorgeworfen wurden. Das ist das Syndrom des Prügelknaben.

Der Fäulniszustand, der der Universität prädiziert worden ist, hat viele Komponenten. Sie lassen sich grob vereinfacht auf die Formel bringen: An den Universitäten wird zu wenig geleistet, und das, was geleistet wird, ist das Falsche. So hat man den Professoren vorgeworfen, dass sie »faul« seien, als man erfuhr, dass sie in der Woche nur acht Stunden lehren. Als man hörte, dass die Vorbereitung einer Vorlesungsstunde den fünffachen Zeitaufwand ausmacht, dass Professoren in gleichem Maße forschen und ihre Universität verwalten müssen, wurde der Vorwurf dahingehend modifiziert, dass man die Verwaltung professionellen Managern, Forschung außeruniversitären Instituten und deshalb die Lehre eigentlich den Fachhochschulen überlassen könne. Dass die Studierenden zu wenig leisteten, lautet ein anderer Vorwurf. Sie studierten zu lange und verwechselten die Universität offenbar mit einer »Wärmehalle der Nation«, und außerdem gebe es ihrer zu viele. Gleichzeitig wird auch das Argument vorgebracht, es gebe ihrer zu wenig. Als man erfuhr, dass über 80 Prozent der Studierenden mehr als die Hälfte ihrer Wochenarbeitszeit für den Erwerb des Lebensunterhalts benötigen, wurde überlegt, ob sie vielleicht zu anspruchsvoll seien oder ob man Studiengebühren erheben solle, damit sich das Studientempo beschleunige. Erst in einer zweiten Angriffswelle konzentrierte sich die Öffentlichkeit auf die Frage, ob die Wissenserwartungen vielleicht die falschen seien. Es werde zu viel Wissen (oder auch zu wenig) verlangt oder eben das falsche. Dieses zeige sich in hoher Theorielastigkeit oder zu hoher Spezialisierung. Gelegentlich wird auch das Gegenteil behauptet: Der hohe Allgemeinheitsgrad erfasse zu viele Wissensbereiche und solle durch eine höhere Spezialisierung ersetzt werden.

Diesen Stereotypen der Universitätskritik korrespondieren Stereotype der Metakritik. Die Universitäten wehren sich mit dem Hinweis auf Überlastung (rund 180 Prozent), auf ein geringes Qualifikationsniveau der Abiturienten (mit Hinweis auf TIMSS empirisch zertifiziert), auf eine Verrechtlichung unter dem Signet der Demokratisierung, die in den 1970er Jahren ausgerechnet an den Universitäten ausprobiert worden sei und dort weiterbestehe, kurz: Sie verweisen auf Knappheit an ökonomischen Ressourcen und solchen des Humankapitals. Sie fordern: mehr Geld für mehr Leistung.

Tatsächlich sind sie vom Ressourcenverlust betroffen. Tatsächlich ist der Ausstattungsstatus der deutschen Universitäten im Vergleich zu anderen westlichen Industrienationen grotesk gering, gleichzeitig sind die Leistungen der Universitäten in den letzten Jahren merklich gestiegen. So hat allein die Freie Universität die Summe ihrer Drittmitteleinwerbungen bei gleichzeitig sinkenden Staatszuschüssen im letzten Jahr um rund 10 Prozent erhöht. Sie hat die Zahl ihrer Habilitationen in der Zeit von 1989 bis 1998 von rund 60 auf rund 100 gesteigert, bei gleichzeitig dramatisch sinkenden Personalbeständen.

Der eigentliche Ressourcenverlust der nicht nur deutschen Universitäten ist jedoch ein Verlust der Ressource Reputation. Die Stereotype der Kritik sind letztlich nichts anderes als der Ausdruck eines Verlustes gesellschaftlicher Akzeptanz für Institutionen, in denen Wissen produziert, dokumentiert und durch akademische Lehre und Publikationen verteilt wird. Die praktisch grenzenlosen Möglichkeiten des Wissenszugangs für jeden haben in der Öffentlichkeit zu dem Gefühl geführt, dass eigentlich genug gewusst wird; jedenfalls ist der Respekt vor dem gelehrten Wissen verloren gegangen, nachdem Friseure, die »Keralogie« betreiben, sachverständig über Lymphome parlieren und Schornsteinfeger als Ökologen geheimnisvolle Emissionsmessungen in dunklen Schloten vornehmen.

Das Prinzip wissenschaftlicher Wahrheit selbst ist durch die Kommunikation unterschiedlicher wissenschaftlicher Ergebnisse ins Gerede gekommen. Es wird oft schlicht nicht mehr an dieses Prinzip geglaubt. Wozu soll man also eine Veranstaltung, die Unsicherheit erzeugt, die das produziert, was man in der Regenbogenpresse schon gelesen zu haben glaubt, und die noch dazu nicht das tut, was man braucht, nämlich die nachwachsende Generation zu ordentlichen Menschen zu erziehen, wozu soll man das alles alimentieren?

In dieser Situation stehen die deutschen Universitäten vor der Frage, ob sie die Stereotype der Kritik Erfolg versprechend abwehren können oder ob sie, um der Frage der Existenz willen, dem Erwartungsdruck nachgeben müssen. Das ist nicht irgendeine Handlungsalternative, sondern die Frage, ob das Universitätsideal des klassischen Idealismus, auf dem die deutsche Universität immer noch beruht, geopfert werden muss und ob eine utilitaristische Konzeption an dessen Stelle treten soll.

Der durchschnittliche Studierende hat heute, vom Angebot der Universitäten her betrachtet, die Chance, das Zigfache der Wissenselemente des 19. Jahrhunderts zu adaptieren, und hat folglich das Gefühl, hinsichtlich seines Wissens immer unzulänglich zu sein. Dieses ist übrigens auch eine der wesentlichen Ursachen für überlange Studienzeiten. Die Studierenden, die bis nach der Zwischenprüfung programmgemäß studieren, schrecken vor der Wahl eines Themas für ihre wissenschaftliche Hausarbeit zurück, weil sie das Gefühl haben, angesichts des vielen nicht Gewussten versagen zu müssen. In derselben Lage sind übrigens auch die höheren Schulen, und dieses nicht erst in den letzten Jahren. In periodischen Abständen fanden Konferenzen und Kongresse zum Thema der Wissensüberforderung statt, die mit immer neuen (und alten) Bildungstheorien beantwortet werden. Da wird einmal vom Exemplarischen gesprochen, von der Selektion und Beschränkung auf das Klassische, auf das Szientifische, oder es wird von der Beschränkung auf formales Wissen geschwärmt oder das Heil in funktionaler Bildung gesucht. Jedoch sind dieses hilflose Versuche, das Problem der richtigen Selektion des »richtigen Wissens« zu lösen. Es ist nicht lösbar. Sobald sich eine Institution wie die Universität daranmacht, wird das Problem zum Gegenstand der Revierkämpfe zwischen Professoren, Arbeitsbereichen, Instituten, deren Existenz durch Politik und Verwaltung fatalerweise an den Nachweis geknüpft wird, dass dieses spezifische Gebiet für einen bestimmten Anteil in der Studienordnung wesentlich ist. Also ist jedes Fachgebiet jedes Professors Gegenstand der Studienordnung. Das so selegierte Wissen richtet sich wenig nach den beiden Elementen der Biografie, in der Wissen relevant ist für das gelingende tägliche Leben im Privaten und vor allem für die Anforderungen einer akademischen Berufstätigkeit.

Das Grundproblem besteht darin, dass die Wissensbestände eines Faches aus der Logik des Faches, aus der Struktur der Disziplin heraus, auf ihre Repräsentanznotwendigkeit in den Curricula betrachtet werden. Für die Berufstätigkeit des künftigen Wissenschaftlers, für die Tätigkeit des Rechtsanwaltes, Arztes oder Lehrers selegiert das Kriterium »Struktur der Disziplin« indessen nicht scharf genug. Trotzdem werden die Inhaber solcher Berufsrollen mit dem gesamten Fach konfrontiert. Dieses zeigt sich besonders virulent zum Beispiel in der Lehrerausbildung, wenn künftige Physiklehrer eine kondensierte, aber nicht an der Lehrtätigkeit orientierte Form des Studiums der Diplomphysiker hinnehmen müssen. Das Resultat sind spezialistisches Halb- oder Viertelwissen, wenig Berufskompetenz und das dauerhafte Gefühl, entweder ein unzulänglich ausgebildeter Fachwissenschaftler zu sein oder ein solcher, der – weil schließlich ausgebildet wie ein solcher – für die Tätigkeit des Lehrers eigentlich zu schade ist. Diese Selektion von Wissensbeständen für das Universitätsstudium (wie auch für die Lehrpläne der Schulen, hat zu einer fatalen lernpsychologischen Implikation geführt: der Vorstellung nämlich, adäquates Lernen sei die Aufnahme von Wissensinhalten im Gedächtnis als einer Art Zisterne des Wissens, aus der bei Problemlösungsbedarf durch Öffnung geeigneter Ventile Wissen als Problemlösungsressource abfließen könne. Das so zum Wissenstank degenerierte Bewusstseinssystem befindet sich aber bei einer konkreten Handlungsaufgabe in einer schwierigen Lage: Es kann nicht einfach die Schleusen seines Wissens öffnen, sondern es muss seine Bestände daraufhin absuchen, ob sie Modelle für die Lösung eines Problems enthalten. So ist der durchschnittliche, erfolgreiche, kognitiv-reproduktiv ausgebildete Fachstudent in der Regel in der Lage, auf geeignete Fragen nach den wichtigsten Sozialisationstheorien diese zu benennen, an einem Skelett auf den Knochen zu zeigen, der auf den Namen »Ulna« hört, oder den Unterschied zwischen Zen-Buddhismus und Schintoismus zu beschreiben. Für den Umgang mit einem konkreten Menschen, dessen Herkunft er nicht kennt, dessen Arm gebrochen ist oder der offenkundig Verwahrlosungssymptome zeigt, hilft ihm das alles wenig; dieses Wissen ist losgelöst von realen Kontexten erworben, problemfrei und Produkt eines Bücher- oder Vorlesungsstudiums, in dem rezipiert, aber nicht produziert wurde. Dieses Studium folgt nämlich letztlich einem theologischen Muster, welches in der Introspektion, der Meditation, der Exegese von Symbolen den einen richtigen Weg zur Wahrheit zeigt. Die klösterliche Herkunft des Gelehrtenstudiums, Einsamkeit, Isolation, Zweckfreiheit sind immer noch die geheimen Ideale von Teilen des Universitätsbetriebs, der so auf die Bearbeitung von Problemen nicht vorbereiten kann.

Auf diese keineswegs neue Einsicht ist außerhalb der Universität im Bildungswesen immer wieder mit Unterrichtsverfahren geantwortet worden, die Offenheit, Projektorientierung und die Sozialität des Lernens in den Vordergrund stellten. Blieben sie sogar im Schulbereich die Ausnahme, so ist ihre Existenz im Hochschulwesen noch weniger verbreitet. Ein Bewusstseinssystem benötigt aber zu seiner Ausdifferenzierung (das heißt zum Lernen) Herausforderungen aus der Umwelt, die mehrere Bedingungen erfüllen müssen: Sie müssen wirkliche Herausforderungen sein, also schwer zu lösen, sie müssen ein erhebliches Irritationsmoment, wenn nicht sogar eine Infragestellung des Bewusstseinssystems, enthalten, sie müssen einen hohen Ernsthaftigkeits- und Realitätsgehalt besitzen, dürfen also nicht Simulationen von Wirklichkeit sein, wie es der gewöhnliche Unterricht ist, und sie müssen zu ihrer Bearbeitung angewiesen sein auf Kommunikation, weil Kommunikation schon wegen der Möglichkeit des assoziativen Sprechens potenziell mehr Lösungswege produziert. Diese Bedingungen sind für universitäres Lehren und Lernen häufig nicht gegeben. Dort, wo ein Arbeitsbereich, ein Institut, sei es als Auftrag, sei es aus freien Stücken, sich daranmacht, Probleme zu bearbeiten, die tatsächlich existieren, deren Lösung bedeutsam ist, deren Nichtlösung unangenehme Implikationen hat und deren Bearbeitung in Teams aus Studierenden und Lehrenden erfolgt, in solchen Einheiten findet universitärer Unterricht statt, wissenschaftsorientiertes Handeln. In solchen Problembearbeitungsprozessen stellt sich das Problem der Wissensselektion nämlich nicht mehr. Die als Handelnde Lernenden selektieren unter dem Gesichtspunkt nicht der Struktur ihres Faches, sondern der Struktur ihrer Probleme.

Dagegen lässt sich einwenden, dass damit das Problem der Selektion von Wissensbeständen auf die Selektion von Problemen verschoben werde. Das ist richtig. Es kommt also darauf an, Lernen an Problemlagen zu vollziehen, die hinreichend allgemein sind, so dass die in ihnen erworbenen Wissensbestände, weil an allgemeine Kontexte gebunden, in vergleichbaren Lagen reaktiviert werden können. Das wirft die Folgefrage auf, welches denn die allgemeinen Bedingungen von Handlungssituationen einer Zukunft sind. In den

1970er Jahren hat es Versuche gegeben, diese Frage systematisch dadurch zu beantworten, dass aufgrund futurologischer Prognosen eine Antizipation künftiger Lebenssituationen versucht werden sollte, um daraus die erwartbaren Qualifikationen und daraus wiederum die erforderlichen Wissensbestände abzuleiten. Diese Versuche sind im breitesten Maße gescheitert. Das bedeutet aber nicht, es sei unmöglich zu sagen, wie Qualifikationsprofile für Arbeitnehmer sich entwickeln, wenn man zum Beispiel berücksichtigt, dass die Bedeutung der Eigeninitiative für die Bestreitung des Lebensunterhaltes wachsen wird. Beschäftigungsmöglichkeiten im öffentlichen Dienst gehen dramatisch zurück. Die private Beschäftigung wird der Normalfall sein. Dabei werden auf der einen Seite sehr große Unternehmen spezifische Anforderungen formulieren und kleine und mittelständische Unternehmen die Orte sein, an denen Menschen künftig ihren Lebensunterhalt verdienen. An diesen Orten – egal, ob als Unternehmer in einem eigenen Start-up-Betrieb oder in einem Großkonzern – werden in breitestem Maße Qualifikationen erwartet, die im weitesten Sinne unternehmensorientiert sind.

Was heißt das? Auch in großen Unternehmen wird von dem »Lohnabhängigen« aufgrund des Umbaus in flache Hierarchien, durch Budgetierung auch kleinster Bereiche sowie durch eine Verantwortungsverlagerung selbst auf einzelne Personen in der Peripherie eines Unternehmens unternehmerisches Handeln erwartet. Viele Unternehmensbeschäftigte werden so agieren müssen, als ob sie – in ihrem Bereich – als Unternehmenseigner handeln, sie müssen sich an Unternehmenszielen orientieren, die in Zielvereinbarungen verabredet werden, sie müssen Budgets zielorientiert verplanen und verwalten und nach Möglichkeit erweitern. Sie müssen ihnen persönlich zuschreibbare Unternehmenserfolge zeigen. Darin unterscheiden sie sich nicht von dem Inhaber einer Bäckerei oder dem Betreiber eines Schlüsseldienstes. Soweit diese künftigen Arbeitnehmer aus einer akademischen Ausbildung hervorgehen, sind sie für diese Tätigkeit derzeit nicht vorbereitet. Abgesehen von den einschlägigen Studiengängen der Wirtschaftswissenschaften sind Studien, die sich an der Lösung konkreter unternehmerischer Probleme orientieren, eher die Ausnahme als die Regel. Weit davon entfernt sind Studierende in der Lehrerausbildung, die künftig ihre Schule auch wie einen »Betrieb« werden verstehen müssen, sind zum Beispiel künftige Verlagslektoren in den Geistes- und Sozialwissenschaften, sind Mathematiker oder Informatiker als künftige Mitarbeiter kleiner I&K-Unternehmen.

Es ist deshalb ernsthaft zu prüfen, inwieweit die dafür erforderlichen so genannten Schlüsselqualifikationen wie Teamfähigkeit, Kreativität, Kommunikationsfähigkeit, Frustrationstoleranz, Konzentrationsfähigkeit, Problemverarbeitungsvermögen durch einen Lerntypus vermittelt werden können, der die beschriebene Handlungsorientierung umschließt. Bei diesem Lerntypus handelt es sich um das so genannte »situierte Lernen«, das Lernen in realen Kontexten, kooperativ und »problem-based«, wie das Erfolgsmodell in den USA genannt wird, Eine konsequente Aufnahme dieses Gedankens würde bedeuten, dass Universität sich in viel stärkerem Maße zur Übernahme konkreter Problembearbeitungsaufträge aus der Unternehmenswelt entschlösse und – fächerübergreifend – Beiträge zu deren Lösung böte. Dazu bietet sich, problem- und auftragsbezogen, die Gründung kleiner GmbHs und AGs unter Universitätsbeteiligung in strategischer Partnerschaft mit Unternehmen oder Stiftungen an, in denen nicht nur handlungsorientiert wirkliches Leben simuliert, sondern auch wissenschaftlich lernend gehandelt wird.

Ein Beispiel: Eine Universität gründet gemeinsam mit einer oder mehreren Firmen ein Unternehmen, das sich mit Personaldienstleistungen beschäftigt. Diese Personaldienstleistungen werden klein- und mittelständischen Unternehmen offeriert, die sich entsprechende eigene Entwicklungsabteilungen nicht leisten können. Gegenstand des Geschäfts ist die Entwicklung von Personalkonzepten innerhalb der Betriebe auf breitester Ebene. So kann dazu die Entwicklung einer Konzeption für Teilzeitarbeit in einer Brotfabrik gehören, die Ausarbeitung eines familienfreundlichen Arbeitszeitmodells in einem 24-Stunden-Unternehmen oder die Durchführung von Personalentwicklungsmaßnahmen für ein Unternehmen, das sich erstmalig im außereuropäischen Bereich, zum Beispiel in Japan, engagiert. Für die Entwicklung solcher Konzeptionen werden unterschiedliche Fachkompetenzen nachgefragt. Das umfasst außer dem nahe liegenden Bereich der Wirtschaftswissenschaften die Psychologie, die Erziehungswissenschaft, die Japanologie, die Soziologie, die Politologie und andere. Eine Universität besitzt die einzigartige Chance, über Qualifikationen unterschiedlicher Provenienz zu verfügen, und Betriebe bieten konkrete Forschungs- und Entwicklungsaufgaben, die Chance für eine Wissens- und Lernselektion, die problemorientiert verläuft. Dieser

Gedanke kann nicht dahingehend missverstanden werden, dass situiertes problembasiertes Lernen frei von kanonischem Wissen sein könnte. Niemand kann, um bei den Beispielen der angesprochenen Fächer zu bleiben, Japanologie studieren, ohne chinesische Schriftzeichen zu pauken, ohne Hiragana und Kanji, niemand kann Psychologie studieren ohne eine solide Ausbildung für die Durchführung glasharter empirischer Untersuchungen, und niemand sollte sich in den Wirtschaftswissenschaften mit Geld beschäftigen, der mathematische Unsicherheiten aufweist. Aber die Chance situierten Lernens besteht darin, Problemorientierung und ein obligatorisches Grundwissen so miteinander in Verbindung zu bringen, dass systematisch gelerntes Handeln genutzt und handelndes Lernen wissenschaftlich selektiv wirksam wird.

Bleibt die Frage nach dem Können. Kann man Studierenden zutrauen, Probleme zu lösen, bei denen es um wirkliches Geld geht, nicht um das eigene, sondern um das Dritter? Noch schlimmer: Können Studierende beraten, heilen, teure technische Entwicklungen riskieren? Die Antwort ist einfach: Sie können es noch nicht. Aber sie werden es auch nicht können, wenn man ihnen nicht die Gelegenheit gibt, das Können zu lernen. Davon ist die heutige Universität am weitesten entfernt. Da sie sich in ihren Gründungsstunden das Handeln als im Wissen impliziert dachte, musste sie sich über das Können des Handelns keine Gedanken machen. Zum Können gehört aber mehr, als mit Handlungserwartungen konfrontiert zu werden. Zum Können gehört das Üben. Eigentlich ist es nur noch die Kapazitätsverordnung für die Universitäten, die den Terminus »Übung« als Lehrveranstaltung pflegt, und dieses deshalb, weil die Übung sich in ihrem kapazitären Wert von der Vorlesung negativ unterscheiden soll. Darin drückt sich die ganze Geringschätzung der Vermittlung des Könnens schon aus. Mit dem Üben werden die Studenten allein gelassen, es ist unter der Würde eines deutschen Universitätslehrers, mit Studenten zu üben. Es kann ja sein, dass dieser in der Tat dafür zu teuer bezahlt ist. Aber: Üben ist nicht nur die monologische Tätigkeit des einsamen Lernenden, sondern kann auch im kommunikativen Kontext wesentlich befördert werden. Und wenn die Universität schon keine Kapazitäten dafür bereithalten mag, dann sollte sie wenigstens eines tun: darauf bestehen, dass geübt wird. Auch dazu eignet sich situiertes Lernen hervorragend: Nichts übt so sehr wie der Vollzug. Jeder, der eine Fremdsprache erlernt hat, weiß, dass er in drei Monaten Auslandsaufenthalt mehr lernt als in drei Jahren Sprachstudium. Es muss nur eines gewährleistet sein: die Einsicht, dass in einer konkreten Situation nur noch Übung weiterhelfen kann, wenn man in ihr nicht versagen will. Man kann für eine Prüfung üben und unter Umständen auch versagen. Dann kann die Prüfung wiederholt werden. Im wirklichen Leben gibt es keine Wiederholungen. Wer in eine Lernsituation schlittert, die eine Ernstsituation ist, darf nicht versagen. Wer unvorbereitet kommt, den bestraft das Leben.

Wissen, Handeln, Können werden deshalb die Qualifikationserwartungen sein, die sich (nicht nur!) an künftige Universitäten richten werden, die im hart werdenden Wettbewerb und Konkurrenzkampf auch mit privaten Institutionen überleben wollen. Es ist sehr unwahrscheinlich, dass die globalisierte oder doch auf Globalität angewiesene Gesellschaft ihren Hochschulen noch einmal gestatten wird, sich unter dem Hinweis auf reine Bildung auf bloßes Vermögen ohne den Vollzug des daraus erwachsenden Handelns zu beschränken. Dann werden Gesellschaften mit Hochschulen alteuropäischer Prägung es im Wettbewerb mit dem neuen Bildungsmarkt anderer Nationen schwer haben, die ohne ausgeprägtes Identitätsbild und ohne Individualitätskultur auf den globalen Märkten offenkundig überlegen sind. Das heißt aber nicht, die europäische Bildungsidee zu zerstören, die ja keineswegs ohne wünschenswerte Effekte ist. Wenn die deutsche, wenn die europäische Universität es aber vermag, höhere Bildung wegzuführen von dem Bild des im umfassenden Wissen göttlichen Ebenbildes zum »motion picture« der dynamischen, verantwortungsbewussten, kreativen, handlungsfähigen und dabei aufgrund der europäischen Tradition humanen Persönlichkeit, dann hat sie eine gewisse Chance des Überlebens.

LEITBILDER – BILDERLEID?
2001 (FORSCHUNG UND LEHRE)

Was dürfen wir von Leitbild-Debatten an deutschen Hochschulen erwarten?

Die Rede von der »Idee der Universität« gehörte zum Grundinventar der Universitätstheorie. Heute ist es um diesen, meist mit Pathos besetzten Begriff stiller geworden. Heute wird eher der Begriff des Leitbildes bevorzugt. Ist die Leitbilddiskussion unvermeidlich? Wie könnte sie sinnvoll geführt werden?

Der Weg ist das Ziel: Selbstreferenzialität der Wissenschaft. Wenn man der postmodernen Kultur zu Recht prädiziert hat, dass sie durch wachsende Selbstreferenzialität gekennzeichnet war, und wenn man bereit ist, das Wissenschaftssystem in der Nähe des Kunstsystems und des Systems der Medien zu betrachten, dann könnte man zu dem Schluß kommen, dass Leitbilddiskussionen ihren Sinn darin haben, geführt zu werden. Denn in der Tat scheinen die Wege dahin lang zu sein. So hat beispielsweise die Universität Hamburg 1998 mit einer Auftaktveranstaltung zum Leitbild der Universität den »festlichen Beginn einer zielorientierten Entwicklung der Universität« gefeiert. Der Prozess hat erhebliche Zeit in Anspruch genommen und konnte in einer Broschüre »Lebendiges Leitbild« dokumentiert werden, deren Deckel eine baumgeschmückte Festgemeinde ziert. Eine vergleichbare Anstoß- und Selbstverständigungs-Broschüre liegt auch von der Humboldt-Universität aus Berlin unter dem Titel »Universität des Mittelpunkts« vor, zusammengestellt von der »AG Leitbild«. In sechzig Schritten wird vom »Reformimpuls 1810« zu »Den Enthusiasmus der Studenten wecken« vorgegangen, ein durchaus nicht anspruchsloser Text, dessen Durchsetzung innerhalb der Universität laut Berliner Morgenpost im Juli dieses Jahres aber auf Widerstände gestoßen ist: »Die Zukunft liegt in der Vertagung« titelte Uwe Schlicht unlängst im Tagesspiegel seinen Bericht über eine sehr strittige und am Ende vertagte Debatte.

Warum lassen sich erwachsene Wissenschaftler in solche Auseinandersetzungen zwingen und von wem? In den meisten Fällen reagieren sie mit der Ablieferung eines Leitbildes auf ministeriale Anweisung, hinter der ein nicht selten in Länderparlamenten und Provinzparteien ausgeheckter Gedanke steckt: Die Wissenschaftseinrichtung soll sich inhaltlich positionieren, damit sie an ihrem Leitbild gemessen werden kann. Wenn nämlich die Outputs des Betriebes der Selbstbeschreibung nicht entsprechen, dann hat die Hochschule ein Legitimationsproblem. Ein ebensolches hat sie auch, wenn sie Haushaltsmittel für Aktivitäten verlangt, die nicht selbstbeschreibungskonform sind. Konsequenterweise fallen diese Selbstbeschreibungen sensu Leitbilder so allgemein aus, dass derartige Legitimationsprobleme nicht auftauchen können: Anything goes. Umso erstaunlicher ist es, dass angesichts der Pragmatik dieser Verhältnisse dennoch leidenschaftliche Debatten darüber losgetreten werden können, ob in einem Leitbild vom akademischen oder eher vom wissenschaftlichen Nachwuchs die Rede sein soll, ob den Lehr- und Lernzielen das Epitheton »kritisch« beigegeben werden darf, soll oder muss und ob zu den Zielen eher eine Gleichstellung der Geschlechter oder der Frauen gehören soll. Offenkundig eignen sich Leitbild-Debatten also zur Führung von Stellvertreterauseinandersetzungen, die in der Gruppenuniversität noch vor zwanzig Jahren an allfälligen Resolutionen zur Tagespolitik festgemacht werden konnten. Mit anderen Worten: Es gibt in den Universitäten einen Auseinandersetzungsbedarf über Wertorientierungen auf allgemeinstem Niveau. Das ist besorgniserregend und erfreulich zugleich. Besorgniserregend ist es deshalb, weil sich die Frage stellt, ob im regulären Alltagsbetrieb der Universität Selbstverständigungs- und Wertfragen keinen Platz mehr haben, und folglich erfreulich ist die Tatsache, dass sie denn wenigstens hier einen solchen finden. Aber: Die Resultate, auf die man sich sensu Leitbild schlussendlich einigt, sind abstrakt und üben wenig Einfluß auf Lehre und Forschung aus.

Aus Leitbildern »folgt« nichts

Wenn man den Begriff Leitbild wörtlich nimmt, so dient selbiges ja wohl dafür, Handeln und Verhalten anzuleiten. Es gehört zur Metaphorologie der Seefahrt, für die vor der Einführung des »Global Positioning System« (GPS) bei der nächtlichen Navigation Fixsterne und Sternenbilder einen lebenserhaltenden Stellenwert besaßen. Wenn ich weiß, dass das Sternbild des Großen Wagen auf der nördlichen Halbkugel, sagen wir im August in der Lübecker Bucht etwa Nord-Nordwest liegt, kann ich mich für eine Überfahrt nach

Dänemark daran ungefähr orientieren. Aber: Das Leitbild des Großen Wagen dient nicht dazu, um zu diesen Sternen zu fahren. Eine derartige Verwechslung liegt bei der Bedeutungszuschreibung von Leitbildern öffentlicher Einrichtungen indessen nicht selten vor. Also: Ein Leitbild liefert eine Orientierung für im Konkreten noch festzulegende Ziele. Auf dem Weg dorthin mag es arge Deviationen verhindern. Nicht aber folgt aus dem Leitbild die Formulierung einzelner Handlungsziele, und schon gar nicht folgt aus der freien Sicht auf den Großen Wagen, dass man mit seiner Jolle dort hinfahren muss. Dieser grundlegende Irrtum begleitet übrigens großräumige Diskurse der Religionsgeschichte wie der Geschichte der Erziehung: Bis ins 20. Jahrhundert hinein und auch heute immer wieder hält sich unausrottbar die Vorstellung, dass aus obersten Normen konkrete Handlungsanweisungen »ableitbar« seien. Dieses logische Informationsdefizit bei ihrer Klientel haben sich Priester und Pädagogen immer wieder zunutze gemacht, wenn sie behaupteten, dass aus dem Ziel des gottgefälligen Lebens oder des sozialistischen Menschen konsequent abzuleiten sei, dass eine bestimmte Anzahl von Gebeten pro Tag zu sprechen oder der Partei immer Recht zu geben sei. Eine solche Sequenzierung ist für akademische Einrichtungen natürlich indiskutabel, nicht nur wegen des logischen Unfugs, sondern deshalb, weil sie das Grundrecht auf Wissenschaftsfreiheit unmittelbar berühren kann. Daher kann auch ein Teil der Leidenschaftlichkeit von Debatten erklärt werden, dass Wissenschaftler befürchten, ein Leitbild würde sie bei der Wahl ihrer Forschungsgegenstände und -methoden sowie ihrer Lehrinhalte und -meinungen eingrenzen. Diese Befürchtung ist nicht ganz unberechtigt, weil Leitbilder in der Tat, intentionswidrig ausgelegt, zur Legitimation von Verhaltenserwartungen und -verboten herangezogen werden können. So könnte beispielsweise ein Gremium beschließen, aus dem Leitbildelement der Internationalität folge die Überprüfung aller Forschungsgegenstände daraufhin, ob sie global relevant seien, oder befürchten, dass Forschungsprojekte innerhalb einer Universität dann bessere Chancen hätten, finanziell gefördert zu werden, wenn sie sich beispielsweise mit einem Leitbildelement »Nachhaltigkeit« befassen. Naturgemäß müssten solche Ableitungen Veterinärmediziner auf den Plan rufen, die sich mit Krankheiten des deutschen Schäferhundes befassen, oder Sudan-Archäologen, zu deren Tätigkeit eine Brücke vom Nachhaltigkeitsgebot her nur unter Aufbietung extremer Anstrengungen in einem semantischen

Kräfteparallelogramm denkbar sind. Mit anderen Worten: In dem Augenblick, in dem die »Auslegung« eines Leitbildes und die Entscheidung von handlungsrelevanten, weil zum Beispiel finanziellen Konsequenzen der organisierten Verantwortungslosigkeit von Kollektiven überlassen wird, muss jeder Einzelwissenschaftler befürchten, dass er entweder zu inhaltlichen Orientierungen gezwungen wird, die er nicht verantworten will oder kann, oder dass er alternativ zur Bedeutungslosigkeit verurteilt wird. Denn, noch einmal: Konsequenzen aus Leitbildern folgen nicht zwangsläufig, sondern dezisionistisch. Selbstverständlich kann, um im Beispiel zu bleiben, eine Universität ihre Internationalisierungsabsicht auch durch die Erhöhung der Zulassungsquote für ausländische Studierende erfüllen und ihre Nachhaltigkeitsbereitschaft durch die Beschaffung von Recyclingpapier.

Für die mit einem Leitbild in Zusammenhang gebrachten Entscheidungen und Handlungen kann deshalb immer nur gelten: Sie müssen dem Leitbild subsumierbar sein, zumindest dürfen sie ihm nicht widersprechen. Aber eines ist auch dabei deutlich: Die Formulierung von Leitbildern, die ja, wenn auch nur im geringen Maße, eine Nivellierung und Äqualisierung mit sich bringt, ist ohne Optionsverluste nicht zu haben.

Von der Beliebigkeit zur Freiheit

Optionalität hat keinen Verfassungsrang. In der europäischen Geistesgeschichte ist der Freiheitsbegriff mit einer Reihe von Elementen verknüpft, die einer Diskussion um das Selbstverständnis der Universität nicht vorenthalten bleiben dürfen. Dazu zählen Sittlichkeit, Reflexivität und Spielraum als die drei auf Bildung bezogenen Äquivalente der drei Kritiken Kants (praktische Vernunft, reine Vernunft, Urteilskraft).

Freiheit als Sittlichkeit ist bereits bei Platon und Aristoteles begründet in der Idee des Guten (Platon), der Verpflichtung zum Guten (Aristoteles) und später der daraus erwachsenden Verpflichtung, Verantwortung zu übernehmen (Kant). Wenn Wissenschaft ihren Anspruch auf Freiheit begründet erhalten will, dann kann sie dieses nur in Abgrenzung von Beliebigkeit, Willkür und bloßer Optionalität. Denn: Freiheit muss rückgebunden bleiben an die Selbstverpflichtung aller Beteiligten zur Übernahme persönlicher Verantwortung.

Der zurückliegende Prozesder Formalisierung und Verrechtlichung der meisten die Wissenschaft betreffenden Entscheidungen hat diese Möglichkeit sehr erschwert und wissenschaftliches Handeln nicht selten in bloßes Verwaltungshandeln deformiert. Ebenso ist die Verlagerung persönlicher Verantwortung auf juristisch kodifizierte Gremienentscheidungen nicht gerade geeignet gewesen, das Verantwortungsbewußtsein des Wissenschaftlers zu stabilisieren, dessen Gelehrsamkeit in der europäischen Universitätstradition seine Verantwortungsfähigkeit immer umschloß.

Mit dem Postulat absoluter Reflexion appelliert der Mitbegründer der Berliner Universität, J. G. Fichte, an die Verpflichtung von Wissenschaft zur Reflexivität. Was Fichte im Jahre 1807 als »Schule der Kunst des wissenschaftlichen Verstandesgebrauchs« bezeichnete, enthielt die Verpflichtung, das »Erlernte (...) auf die vorkommenden Fälle des Lebens anzuwenden« und zwar ausnahmslos. Die theoretische Verselbständigung der Wissenschaft war nie Bestandteil der deutschen Universitätsidee. Und noch mehr: In Fichtes Ausführungen über Heilkunst verdeutlicht sich, dass der Anwendungsgedanke nicht nur ausnahmslos war, sondern die Verpflichtung umschloss, das Erforschte und Erlernte auch auf seine möglichen negativen Folgen hin zu antizipieren.

Die häufig fälschlich mit dem Kinderspiel konnotierte Formel Schillers aus den Gründungsjahrzehnten der deutschen Universitätsidee, wonach »der Mensch nur da ganz Mensch (sei), wo er spielt«, ist gewissermaßen das Schlußstück auf die beiden vorangegangenen. Es richtet den Spielbegriff auf das Spiel als (Spiel-)Raum, der dem Lehrenden, Lernenden und Forschenden geschaffen werden muss. Universität hat also, eingedenk der Verpflichtung zur Verantwortung und der Verpflichtung zur Reflexivität, nur dann einen an die Idee des Guten rückgebundenen Sinn, wenn sie »Spielräume« für Lehren, Lernen und Forschen auf jeder Mikroebene schafft. Auf dieser Ebene erfüllt sich dann der Tendenz nach, was mit dem freiheitlichen Bildungsbegriff gemeint war, wenn der Mensch als Ursacher seiner selbst gesehen wurde (Albertus Magnus), als ein solcher, der »bei sich« (Hegel) und durch Selbstwirksamkeit (Scheler) gekennzeichnet sei.

Was bedeutet das für das Bedenken, Wissenschaftsfreiheit könnte durch ein Leitbild eingegrenzt werden? Wissenschaftliches Tun als Forschen und Lehren war immer schon und muss eingegrenzt bleiben. Es gibt keine Universitätskonstitution in der Tradition des alteuropäischen Denkens, die Wissenschaftsfreiheit durch optionale Beliebigkeit oder Willkür definiert hätte. Insofern hat die deutsche Universität und in der Regel auch eine europäische ein Leitbild per definitionem immer schon bei sich. Bereits die in der Bezeichnung dieser Institution enthaltene Universitas war ein Programm. Sie unterstellte nämlich und trat dafür ein, dass (wissenschaftliche) Wahrheit als eine universale gedacht werden sollte, dass somit Gegenstand von Wissenschaft der gesamte Orbis sein musste und dass die Resultate von Wissenschaft universale Gültigkeit haben würden. Wozu braucht man angesichts dieser ewigen Wahrheiten dann noch Leitbilder für die Universität, die selbst ein Leitbild ist, also wozu ein Leitbild des Leitbilds?

Leitbilder als zeitgemäße Auslegungen des Universitätsideals

Die Universitas-Vorstellung speiste sich historisch gesehen aus theologischen Quellen. Ihm lag die Vorstellung zugrunde, dass eine monomane zentrale Gottheit als Urheberin allen Seins diesem unterhalb aller augenfälligen Veränderlichkeit Konstanten, Universalien eingehaucht habe, deren Schau einst als Angelegenheit der Offenbarung und im Säkularisierungsprozess als Aufgabe methodisch kontrollierter wissenschaftlicher Fragestellungen begriffen wurde. Aus diesem geistesgeschichtlichen Zusammenhang hat sich die Vorstellung einer Möglichkeit von Objektivität und Wahrheit sehr lange hartnäckig gehalten, bis man sich in die Naturwissenschaften hinein an die alte Einsicht erinnerte, dass alles im Flusse sei: panta rhei. Aus der sozialphilosophischen Provokation, derzufolge Erkenntnis interessengeleitet ist und damit eben auch Wahrheit, hat die (deutsche) Universität Konsequenzen noch keineswegs an jedem ihrer Elemente gezogen. Obgleich in den 1970er Jahren in aufwendigen wissenschaftssoziologischen Projekten die Interessensteuerung selbst der objektivsten physikalischen Großforschungsprojekte vom Typus Cern minutiös dargelegt wurde, zog niemand eine denkbare Konsequenz daraus: Wenn nämlich Interessenabhängigkeit von Forschung und Lehre unvermeidlich ist, dann bedarf sie vielleicht einer Kontrolle. Kontrolle kann als Außen- oder als Innenkontrolle vollzogen werden. Außenkontrolle läuft in der Regel über das Medium der Haushaltszuweisungen, Innenkontrolle wurde in den zurückliegenden dreißig Jahren eher über Universitätsgremien versucht. In dem Maße, in dem Universitäten eine höhere Autonomie über ihre Budgets zu Recht verlangen, die Möglichkeit der Interessenkontrolle des Souveräns also eingeschränkt wird, erwartet dieser nicht ohne Berechtigung, dass wenigstens ein zuverlässiges Selbstkontrollsystem errichtet wird. Dieses kann zwar durch Binnenbudgetierung innerhalb einer Universität geschehen, jedoch ist ein solcher Mechanismus der Binnenbudgetierung an Entscheidungskriterien gebunden, um Willkürlichkeit bei der Verteilung von Haushaltsmitteln auf Fachbereiche und Institute zu vermeiden. Da gegenüber der Handlungsrationalität von Gremien inzwischen wegen des Verdachts partikularer Interessen und »Seilschaften« erhebliche Skepsis besteht, suchen Universitäten auch deshalb nach Orientierungsnormen, vor deren Hintergrund Verwaltungs- und Finanzhandeln begründet und legitimiert werden kann. Die Idee der Universitas als solche oder auch der bloße Appell an Verantwortung und Reflexivität reicht dafür nicht aus. Auch verfügen akademische Einrichtungen im Gegensatz zu Wirtschaftsunternehmen nicht über eine systeminterne Steuerungsgröße, die unstreitig messbar ist, nämlich Geld im Sinne von Profit. Das denkbare funktionale Äquivalent für Profitmaximierung wäre Wahrheitsmaximierung. Es ist leicht einsehbar, dass auf dieser Grundlage Haushaltsentscheidungen nicht zu treffen sind.

Ein Leitbild könnte also eine Legitimationsfunktion für Verwaltungs- und Finanzierungshandeln innerhalb einer akademischen Einrichtung wahrnehmen, wenn ein solches Leitbild bestimmte Bedingungen erfüllt. Es muss auf der einen Seite rückbezogen sein auf den normativen, auch verfassungsrechtlichen Freiheitsgrundsatz, es muss also Universitas sein und Universitas gleichzeitig so konkret auslegen, dass zwischen zu bevorzugenden und zurückzustellenden Entscheidungen, Förderungen usw. unterschieden werden kann. Im Sinne einer Ableitung ist dieses, wie gezeigt, nicht möglich, im Sinne einer subsumptiven Überprüfung der »Leitbildgemäßheit« von Entscheidungen aber sehr wohl. Insofern kann das Leitbild also nicht primär als Folge knapper Ressourcen, sondern auch und gerade als Ausdruck eines Autonomiegewinns der Universität gegenüber der Politik gewertet werden, aus dem Legitimationsprobleme für Entscheidungen folgen. Dabei wird grundsätzlich davon ausgegangen, dass eine akademische Einrichtung ihre Budget-Entscheidungen intern sachgerechter treffen kann als ein Landtag. Dieser wiederum verlangt aber Rechtfertigung der nach unten verschobenen Entscheidungsresultate. Das bedeutet, dass ein Leitbild konkret genug sein muss, um diese Entscheidungen für die Legislative nachvollziehbar zu machen. Eine solche Voraussetzung erfüllt sich allerdings weniger in einem Leitbild als in einem Universitätsprofil. Angesichts der Vielzahl höherer Bildungseinrichtungen, der wachsenden Ressourcenknappheit und dem mit beiden verbundenen gestiegenen Wettbewerb ist zudem Unterscheidbarkeit der Einrichtungen erforderlich. Das heißt, es müssen Entscheidungen getroffen werden, was eine bestimmte Universität künftig nicht mehr anbieten, beforschen und lehren möchte und was anstelle dessen in verstärkter Weise. Das Leitbild der Universitas im Sinne einer Zuständigkeit für alles ist also umzudeuten. Zwar besteht weiterhin eine Zuständigkeit für alles im Sinne der Wahrheitsfindung, aber es muss in legitimationsfähiger Weise entschieden werden, wo Schwerpunkte für einen überschaubaren Zeitraum liegen sollen. Bei diesen Entscheidungen über Profilelemente, zum Beispiel im Sinne der Einführung oder Abschaffung neuer bzw. alter Fächer, wird implizit »Universitas« neu ausgelegt. Das geht nicht ohne beizuziehende zusätzliche Werte, die aus dem Zusammenhang der Interessen derjenigen gewonnen werden, die das ganze Unternehmen bezahlen: die Bürger. Diese haben einen Anspruch darauf, dass die von ihnen unterhaltenen Einrichtungen sich nachvollziehbare, im Zweifel diskutier- und korrigierbare Orientierungen geben. Dabei ist es das Privileg akademischer Einrichtungen, dass sie dieses selbst tun können, was für Polizei, Wasserwerke und Stadtreinigung bekanntlich nicht gilt.

Neben dieser zentralen Legitimationsfunktion, die auch das Resultat einer Entstaatlichung öffentlicher Einrichtungen ist, laufen andere Funktionen mit, die eher von interner Bedeutung sind. Sie unterscheiden sich aber oftmals von analogen Funktionen privater Unternehmen. So muss ein Produktionsunternehmen Wert darauf legen, dass, wie es in einer einschlägigen Darstellung heißt, eine »einheitliche Grundauffassung für das Verhalten der Mitglieder beschrieben« wird und »insofern handlungsleitend und richtungsweisend« wird. Eine solche Einheitlichkeit des Verhaltens der Mitglieder einer akademischen Einrichtung wäre für diese eher kontraproduktiv. Das gilt allerdings nicht für minima moralia, wie beispielsweise für Normen der Sicherung wissenschaftlicher Qualität. Auch hat die Identifikationsfunktion in einem Unternehmen eine andere Bedeutung als in einer wissenschaftlichen Einrichtung.

Ein Mitarbeiter eines Kfz-Herstellers kann sich mit einem überall bekannten gleichförmigen Produkt natürlich auf andere Weise identifizieren als es füglich von den Angehörigen einer Universität erwartet werden kann, die diese Produkte in ihrer Breite gar nicht kennen können. Eine auch in Produktionsunternehmen erkannte Motivationsfunktion von Leitbildern, im Sinne gesteigerter Leistungsbereitschaft, eine Kohäsionsfunktion im Sinne eines größeren Zusammenhanggefühls gegenüber äußerlichen Angriffen gegen Wissenschaft im Allgemeinen und im Besonderen kann auch einer akademischen Einrichtung nicht schaden. Zur Orientierung ihres alltäglichen Handelns benötigen hingegen Wissenschaftler Leitbilder wiederum weniger. Solche im System mitlaufenden Effekte wirken sich in einer intellektuellen Dienstleistungseinrichtung anders aus als in einem Produktionsunternehmen. Empirisches Wissen existiert darüber kaum. Dieses hängt auch damit zusammen, dass Untersuchungen zum Qualitätsmanagement in Bildungseinrichtungen nur schleppend anlaufen. Für ein solches können Leitbilder und konkretere Profile allerdings durchaus eine Steuerungsfunktion wahrnehmen.

Erwartungen senken – Bereitschaft steigern

Vergleicht man Funktion und Folgen von Normierungsversuchen in höheren Bildungseinrichtungen also international, historisch und durchaus auch mit dem privaten Unternehmenssektor, dann lässt sich resümierend plakatieren:

1. Leitbild-Debatten und -formulierungen sind unvermeidlich.
2. Aus Leitbildern ist konkretes wissenschaftliches Handeln nicht ableitbar.
3. Leitbilder dienen als Steuerungsgrößen, vor deren Hintergrund Entscheidungen justiert werden können.
4. Konkrete Entscheidungen über die Verwendung öffentlicher Mittel und abgeleiteter hoheitlicher Gewalt im Sinne von Verwaltungshandeln benötigen zusätzliche Wertorientierungen.
5. Leitbilder können jenseits einer Legitimationsfunktion nach außen sowie einer Funktion bei der Entscheidungsunterstützung mitlaufende Effekte für die Disposition, die Kommunikation und das Verhalten von Mitgliedern einer Universität haben.

6. Debatten über Leitbilder schaffen einen Raum für Sinnvergewisserungen.
7. Leitbild-Debatten dürfen dementsprechend leidenschaftlich, aber nicht zerstörerisch sein.
8. Leitbilder haben einen notwendigerweise hohen Abstraktionsgrad und bedürfen der Konkretisierung durch Profile.
9. Leitbilder sollten in der europäischen Tradition rückgebunden bleiben an ein jeweils neu auszulegendes Verständnis von Universitas.

Wir haben keine Zeit zu verlieren – Die Universitäten müssen sich endlich den Aufgaben der Zukunft stellen
2003 (Der Tagesspiegel)

Die Zukunft einer Universität ist angewiesen auf Utopien statt defätistischer Betrachtungen des Niedergangs. Allerdings kann ich mich nicht erinnern, eine Phase erlebt zu haben, die so durch ein kollektives Lebensgefühl der Unsicherheit gekennzeichnet ist und dabei gleichzeitig von einer Massenamnesie begleitet zu sein scheint wie diese. Die großen Transformationsereignisse von der so genannten Wende bis zu maßlosen Millenniumsfeiern haben bei breiten Kreisen der Bevölkerung einen Suff der Gegenwärtlichkeit hinterlassen, der nicht einmal Platz für eine Zukunftssorge auf mittlerem Niveau lässt. Diese Indifferenz hat fatale Folgen für eine Reihe gesellschaftlicher Systeme: an erster Stelle für die Wissenschaft.

Als neuzeitliche Wissenschaft in den Raum des Sakralen eindrang, veränderte sie das Verhältnis der Menschen zur Zukunft fundamental. An die Stelle der Zukunftserwartung trat die Idee der Zukunftsgestaltung. Grundlage war der Wunsch, Prognose an die Stelle von Ahnung, Gewissheit an die Stelle von Zukunftsangst und den Willen zur Macht über das eigene Leben an die Stelle der Ohnmacht des Schicksals zu stellen. Dieses alles ist angewiesen auf Wissen und Wissenschaft.

Wo aber steht Wissenschaft heute, wo stehen Wissenschaftspolitik und Wissenschaftsfinanzierung, insbesondere in Berlin? Sie sind konfrontiert mit Planungschaos, Selbstbetrug und dem Egoismus der ewig Heutigen. Seit etlichen Monaten wird die Berliner Öffentlichkeit mit Zahlensalven beschossen – offenbar von jemandem, der nicht weiß, dass 600 Millionen Euro zweieinhalb Universitäten sind und noch 200 Millionen Euro immerhin eine ganze. Oder wusste er es doch?

Den drei Universitätspräsidenten ist es inzwischen gelungen, die maßlosen Erwartungen des Finanzsenators zurückzudrängen. So sind daraus nun 75 Millionen zusammen für alle Hochschulen und nicht nur für die Universitäten geworden, die von 2004 bis zum Jahre 2009 zu erbringen sind. Das ist ein kleiner Erfolg für die Vernunft. Dennoch: Auch dieser Schnitt beraubt die Stadt eines Stücks ihrer Möglichkeiten. So wäre es Selbstbetrug, den Bürgern zu suggerieren, ihre Kinder und Enkelkinder hätten noch dieselben Chancen auf einen Studienplatz in ihrer Heimat wie zuvor. Es wäre ein Selbstbetrug zu behaupten, mit erhöhten Lehrverpflichtungen, schlechteren Ausstattungen und nicht konkurrenzfähiger Bezahlung könnte man die gleichen hervorragenden Wissenschaftler nach Berlin locken wie zuvor. Es ist ein Selbstbetrug zu glauben, dass die Arbeits und Leistungsmotivation in den Universitäten dieselbe bliebe, wenn das Planungschaos zum Normalfall wird.

Es darf niemanden wundern, wenn der Egoismus der Gegenwärtler irgendwann auch vor den Universitäten und Hochschulen nicht Halt machen wird. Die harmloseste Ausprägung werden innere Kündigung und Mentalreservation sein.

Was ist zu tun?

Wir müssen das Planungschaos abwenden, indem wir uns den Bedingungen stellen, unter denen unsere Universität künftig existieren wird. Zwischen 2010 und 2020 wird der Globalisierungsdruck weiter zunehmen. In der Forschung werden die Länder Vorteile haben, die heute massiv in Forschung investieren und die juristischen Restriktionen für die Forschungsfreiheit minimieren. Wissenschaft in Deutschland wird diesen Vorsprung der anderen nur durch Kreativität und höhere Arbeitsbelastung kompensieren können. Sind wir dazu fähig?

Die größte nationale Herausforderung ist die demographische Entwicklung. Bis 2020 wird die Zahl der Geburten so weit zurückgegangen sein, die Lebenserwartung so weit gestiegen, dass rund dreißig Prozent der Bevölkerung die übrigen siebzig Prozent versorgen müssen. Das ist nicht möglich. Also werden ältere Menschen in vielen Fällen bis zu ihrem Lebensende arbeiten, soweit es etwas für sie zu tun gibt. Damit es etwas für sie zu tun gibt, müssen sie so weitergebildet werden, dass ihre Kompetenz erhalten bleibt.

Das heißt: Auf die Universitäten kommt eine einzigartige Herausforderung zu: mehr als fünfzig Prozent eines neuen Altersjahrgangs zum Hochschulabschluss zu führen, um den Status quo zu halten, und weiteren dreißig Prozent der gesamten Bevölkerung durch Weiterbildungsmaßnahmen die Erwerbs- und Beschäftigungsfähigkeit in akademischen Berufen zu erhalten.

Es hat noch niemand ausgerechnet, was das kostet, wie viele Studienplätze man dafür benötigt und wer das bezahlen soll. Sicher ist: Es wird massivste soziale Auseinandersetzungen um diese

Frage geben, und zwar nicht zwischen den sozialen Schichten, sondern zwischen den Generationen.

Regional ist die größte Herausforderung an die Wissenschaft die Tatsache, dass Berlin und Brandenburg keine Industriestandorte sind und es auch nicht wieder werden. Dieses bedeutet, dass die Region sich auf ihre wenigen Wachstumsfelder konzentrieren muss. Dieses sind Medien, Biotechnologie, Elektronik, Verkehrstechnik und Tourismus. Hinzu könnten treten Umwelttechnik, Medizintechnik, Multimedia- und Informationstechnologie sowie Pharmazie, Ernährung und Umweltschutz.

Eine besondere Rolle wird, nicht nur im Rahmen des Tourismus, der Kultur zukommen. Sie durchzieht Tourismus, Medien, Multimedia, Informationstechnologie und andere Bereiche wie ein roter Faden, der dick genug sein muss, um das alles zusammenzuhalten, was ohne sinnhafte Orientierungen konzeptionslos auseinanderstrebt.

Wahrhaftige Wissenschaft

Universitär – und das ist die wichtigste Aufgabe für die nächsten vier Jahre – wird es darauf ankommen, die Stärken unserer Universität in diesen Feldern im Hinblick auf die unterschiedlichen Herausforderungen zu identifizieren und Schwerpunkte, auch in Abstimmung mit den anderen Universitäten, zu identifizieren, die die Kompetenz-Cluster der Freien Universität Berlin sein werden.

Noch nie ist eine Universität dazu genötigt gewesen, sich selbst nicht nur aus der Logik ihrer Disziplinen und deren Geschichte zu begründen, sondern auch vor dem Hintergrund gesellschaftlicher Erwartungen. Aber genau das ist die Pflicht von Wissenschaft: für Gesellschaft da zu sein, aber nicht in gefälliger Art, sondern so, wie es das Wahrhaftigkeitsgebot von Wissenschaft verlangt. Die Arbeit an der Identifikation möglicher Cluster im Sinne einer Stärkenanalyse der Universität hat bereits begonnen. Wir haben keine Zeit zu verlieren.

Übertragbar auf viele Berufe
2003 (Handelsblatt)[1]

Heute benötigen wir mehr denn je Überführungsriten, wenn wir vermeiden wollen, dass Indifferenz, Verantwortungslosigkeit, Pflichtwidrigkeit und Ignoranz zum Standardverhalten vieler Gesellschaftsteilnehmer werden, glaubt der Präsident der Freien Universität Berlin.

Um es gleich vorweg zu sagen: Ich halte die Einführung eines hippokratischen Eides für die Absolventen von betriebswirtschaftlichen Studiengängen für einen guten Gedanken, aber nicht nur für diese.

Welches war der historische Sinn eines hippokratischen Eides? Eine Gesellschaft verpflichtet per Schwur Menschen auf bestimmte Verhaltensweisen, wenn sie die Befürchtung hegt, dass Menschen ihr Wissen und ihre Kompetenz missbrauchen könnten. Diese Befürchtung hegt sie besonders dann, wenn ein Beruf überkomplex und damit unübersichtlich geworden ist. Sie tut es besonders dann auch, wenn die Umgehensweise einzelner Berufsvertreter mit ihrem Wissen und ihrer Fähigkeit zum Schaden ihrer Kunden wurde.

Bei den Ärzten in der griechischen Antike war genau dieses der Fall. Sie experimentierten, nicht nur fahrlässig oder gar böswillig, sondern naiv mit Substanzen und Manipulationen, die auf dem damaligen Stand des Wissens für manchen Patienten lebensgefährlich waren. Folglich lag der Verdacht nahe, dass unlautere Motive die ärztliche Verhaltensweise beeinflussen könnten und dass diese, womöglich als korrupte Verfolger fremder Interessen, ihr Wissen dazu nutzen könnten, unbequeme Gesellschaftsmitglieder ins Jenseits zu befördern.

Der Eid war natürlich nie geeignet, den Vorsatz zu solchen illegalen Handlungen zu verhindern, wohl aber ein Bewusstsein dafür zu schaffen, dass schon Fahrlässigkeit fatale Folgen haben kann und so weit wie möglich unterbunden werden muss. Gleichzeitig definiert der Eid den Beginn einer Berufstätigkeit, die von dem Besitz einer »Stelle« ganz unabhängig ist. Arzt ist, wer eine Ausbildung erfolgreich abgeschlossen hat. Zu jedem Zeitpunkt seines künftigen Lebens darf er als solcher handeln.

Der Eid hat, anthropologisch gesehen, also die Funktion eines Transitionsritus. Der Nicht-Arzt wird zu einem Arzt gemacht. Von

---
[1] © Handelsblatt GmbH. Alle Rechte vorbehalten.

diesem Zeitpunkt an ist er ein Anderer. Er hat ein anderes Verhältnis zum Leben seiner Mitmenschen und ein (hoffentlich) gefestigtes Pflichtbewusstsein.

Heute benötigen wir mehr denn je solche Überführungsriten, wenn wir vermeiden wollen, dass Indifferenz, Verantwortungslosigkeit, Pflichtwidrigkeit und Ignoranz (weiter) zum Standardverhalten vieler Gesellschaftsteilnehmer werden. Dieses gilt für Lehrer(innen), wenn ihnen das Schicksal der nachwachsenden Generation gleichgültig ist (PISA hat es gezeigt), dieses gilt für Juristen, damit sie ihre Aufgabe in der Schlichtung, nicht in der Entfachung von Streit sehen, dieses gilt für Molekulargenetiker, für Psychotherapeuten, für Tragwerksingenieure, für Elektriker, Bauarbeiter, Steuerberater und natürlich auch für künftige Manager.

Unsere Gesellschaft ist funktional hoch ausdifferenziert, hyperkomplex und unübersichtlich, so dass die Folgen des Handelns in vielen Berufen gravierender sind als noch vor hundert Jahren. Gleichzeitig sind die zurückliegenden 35 Jahre durch eine Erosion des Egoismus, Hedonismus und des Anspruchsdenkens gekennzeichnet, die in der durchgreifenden Abschaffung ritueller Handlungen in den 1970er Jahren durchaus ihre Entsprechung fand.

Fazit: (Nicht nur) Hochschulabsolventen sind in feierlichen Zeremonien zu verabschieden und auf ihr zukünftiges Verhalten zu verpflichten. Dazu müssen sie während ihrer Hochschulausbildung gelernt haben, wie man sich verantwortlich verhält. Das bedeutet, dass Persönlichkeitserziehung durch Vorbild und Wissenschaft durchaus Aufgabe der Hochschule ist. Ohne Begleitmaßnahmen werden solche Selbst- und Fremdverpflichtungen allerdings nur begrenzt wirksam sein. Wir benötigen auch eine Kultur des Hinschauens im Gegensatz zum standesgemäßen Wegsehen (eine Krähe hackt der anderen kein Auge aus), und wir benötigen eine Öffentlichkeit für Fehlverhalten und dessen Diskriminierung.

Also: Mehr Verbindlichkeit statt Indifferenz.

STOLZE KLEMPNER – ERFOLGREICHE HOCHSCHULEN BRAUCHEN DEN FÄCHER-KONSENS
2003 (FRANKFURTER RUNDSCHAU)

Die Rede von der Krise der Geisteswissenschaften ist inzwischen ein literarischer Topos. In zyklischen Abständen wird sie beschworen. Daraufhin werden Argumente zu ihrer Stärkung aktiviert. Sie changieren zwischen Traditionsvergewisserung und Sinnstiftung. Einigkeit besteht schnell darüber, dass zu einer wahren Bildung Geisteswissenschaften unentbehrlich seien. Odo Marquard hat sie gar als »unvermeidlich« bezeichnet. Er hat Recht behalten: Es gibt sie immer noch. Die Zahl geisteswissenschaftlicher Professuren ist an den Unis weitaus größer als die der Naturwissenschaften. Das Verhältnis an der Freien Universität: 2:1. Dennoch kämpfen sie immer wieder mit einem Wahrnehmungs-Problem. Sie fühlen sich nicht wertgeschätzt, vernachlässigt.

Keiner muss sich verstecken

Ich bin Geisteswissenschaftler, zumindest im alltagssprachlichen Sinne. Ich fühle mich nicht vernachlässigt. Warum nicht? Seit Mitte der 1960er Jahre hat sich, mindestens 20 Jahre später als in den USA, aus den Geisteswissenschaften heraus und neben ihnen der Typus »Sozialwissenschaften« entwickelt. Dies war in manchen Fächern eine Art Kulturkampf zwischen Sinndeutern und Erfahrungswissenschaftlern. Jürgen Henningsen hat die Differenz despektierlich als die zwischen Schwätzern und Klempnern bezeichnet. Tatsächlich haben die »Klempner« in den letzten 30 bis 40 Jahren methodische Instrumentarien entwickelt, die in ihrer Komplexität und Aussagezuverlässigkeit denen der Naturwissenschaften nicht nachstehen. Das gilt für die Makrosoziologie, wenn sie Zusammenhänge zwischen Sozialstatus und Lebenserfolg untersucht. In der Erziehungswissenschaft sind die Untersuchungen des PISA-Konsortiums mit ihrer Analyse der Qualifikationslevels und -bedingungen ein bekanntes Beispiel. Ergänzen ließen sich Jugendforschung (Shell-Studien), Altersforschung (Berliner Altersstudie des Max-Planck-Instituts), Migrationsforschung. Niemand, der ernst genommen werden will, würde die Legitimität und Unentbehrlichkeit dieser Wissenschaften spätestens seit ihrem

»Empirical Turn« in Frage stellen. Für die Steuerung komplexer sozialer Systeme, für politische wie wirtschaftliche Entscheidungen und vieles mehr ist sozialwissenschaftliches Wissen die Entscheidungsvoraussetzung par excellence. Und: Ohne empirisches bildungswissenschaftliches Wissen wäre selbst die Thematisierung der Bedeutung von Geisteswissenschaften in objektiver Weise kaum mehr möglich. Darauf sind die Geisteswissenschaften im engeren Sinne allerdings heute vermehrt angewiesen. Zu ihnen gehören Geschichtswissenschaft, die Philologien, Theologie und Religionswissenschaft, Philosophie und viele der Wissenschaften, die in einer Mischung aus Fürsorge und Spott gelegentlich als »Orchideen-Fächer« bezeichnet werden. Manche Universitäten sind dazu übergegangen, sie unter »Kulturwissenschaften« zusammenzufassen. Vielleicht trifft diese Bezeichnung besser das, um was es heute geht. Es ist eine unverzichtbare Lebensgrundlage jeder Kultur, sich selbst bewusst zu sein, dass sie wissenschaftliche Reflexionsformen vorhalten muss, in denen der Zustand und die Möglichkeiten einer Kultur rekonstruiert beziehungsweise entworfen werden. Geisteswissenschaften in diesem Sinne schützen eine Kultur vor dem Erinnerungsverlust. Geschichtswissenschaft wiederum sichert das Wissen dessen, was tatsächlich der Fall war. Die Befassung mit Religion oder Philosophie verdankt sich einem noch elementareren Bedürfnis: Auch wenn unsere gegenwärtige Kultur dazu neigen mag, die Tatsache der menschlichen Endlichkeit buchstäblich totzuschweigen, darf Wissenschaft dies nicht durchgehen lassen. Geisteswissenschaften liefern deshalb die Möglichkeit der Vergewisserung und der Orientierung in diesem einen begrenzten Leben. Und wie steht es mit Literatur und Sprachwissenschaften? Lebensuntüchtige Schöngeister? Wer so redet, hat keine Ahnung davon, was sich in Assessment-Centers großer Konzerne abspielt: Dort werden mit Vorliebe Geisteswissenschaftler jeder Herkunft und insbesondere auch sprachlich Qualifizierte für die unterschiedlichsten Funktionen jener »Global Players« ausgewählt, die zwar fraglos angewiesen sind auf eine große Schar von innovativen Ingenieuren, aber ebenso auch auf Absolventinnen und Absolventen solcher Wissenschaften, die für Vertriebsnetze, Firmenpropaganda und Personalmanagement unentbehrlich sind. Zugegeben, nicht jeder Fachvertreter ist sich darüber im Klaren, dass auch wirklichkeitsbewusste Ausformungen des eigenen Faches nicht per se diabolisiert werden müssen. So ist es sicher nicht schädlich, wenn Studierende der Sprachen und Literaturen noch lernen, selbst zu schreiben, zu reden und Texteditionen auf hohem Niveau zu produzieren. Aber diese Nachfrage wird sich künftig ohnedies stärker entwickeln, und auch die Geisteswissenschaften werden wie die Sozial- und die Naturwissenschaften sich umschauen müssen, wo sie neben der staatlichen Alimentierung Finanzierungsquellen finden. Denn eines ist sicher: Alle Bundesländer sind ökonomisch am Ende. Darauf kann man mit Klagen reagieren und der Forderung, die Prioritäten zu Gunsten der Bildung zu verschieben. Das ist wichtig und richtig, wird aber nicht genügen, um Universitäten aufrecht zu erhalten, die den wachsenden Bedarf an hochqualifizierten Absolventen hervorbringen – auf der Grundlage eigener Forschung auf höchstem Niveau. So werden alle Wissenschaften (wie in den USA) Auftragsforschung gegen Bezahlung übernehmen müssen und Geld durch zusätzliche Bildungsangebote einnehmen.

Mitfinanzieren ist selbstverständlich

Es kann sein, dass Geisteswissenschaften dabei gegenüber anderen im Nachteil sind. In diesem Fall muss ein gesellschaftlicher Konsens greifen: dass aus den Gewinnen des Maschinenbaus Archäologie und Kunstgeschichte mitfinanziert werden muss. Bei den »Top Ten« der Weltrangliste der Unis von Harvard bis Columbia ist dies selbstverständlich. Um in dieser Liga mitzuspielen, wird es für deutsche Universitäten darauf ankommen, dass alle Fächergruppen miteinander die Universität zum Erfolg führen. Das bedeutet allerdings auch, dass die Naturwissenschaften über Ausstattungen verfügen müssen, die es erst möglich machen, Gewinne zu erzielen, mit deren Hilfe das gesamte Spektrum der Universitas aufrecht erhalten werden kann. Das Verhältnis der Fächer kann also künftig nicht nach dem Prinzip der Gerechtigkeit untereinander, sondern es muss nach dem Prinzip zielgerichteter Kooperation gestaltet werden.

Strategische Allianzen fürs Leben
2004 (Der Tagesspiegel)

Netzwerke zwischen Wissenschaft, Wirtschaft und Politik bieten Auswege aus der Finanzkrise der Universitäten

Die Metaphorik des guten Vaters verblasst, nicht nur in Deutschland. Denn wir wissen jetzt: Der gute Vater Staat hat sich die Liebe seiner Kinder mit ungedeckten Schecks erkauft. Das Geld wurde zwar auch für das Bildungssystem ausgegeben, aber leider nicht zielführend: Seit PISA wissen wir, dass von den Bildungsausgaben mehr das pädagogische Personal als die Schulkinder profitierten. Ausgerechnet sie und ihre Kindeskinder sollen nun die Schulden bezahlen.

Wir, die Generation der Schuldenmacher, haben deshalb eine sittliche Verpflichtung. Wenn wir das geborgte Geld schon nicht zurückgeben können, weil es in Mallorca zur Selbstverwirklichung oder zur Finanzierung der Bequemlichkeit verjubelt wurde, wenn wir schon unsere Kinder kaum werden weiterbilden können, weil dazu das qualifizierte Personal fehlt, dann müssen wir wenigstens etwas für die Generation der Enkel tun.

Damit sind jene gemeint, die jetzt an die Universitäten streben.

Zunächst müssen wir die Qualität des Ausbildungssystems verbessern. Zweitens gilt es, zusätzliche Geldquellen zu öffnen. Was die Qualität der deutschen Universitäten betrifft, so ist der erste Schritt gemacht: Niemand behauptet mehr, es gebe kein Qualitätsproblem. Der zweite Schritt muss die qualitätsadäquate Bezahlung von Leistungen im Bildungssystem sein. Dazu kann die Dienstrechtsreform als Rahmen dienen – wenn sie umgesetzt sein wird, wissen wir mehr.

Wichtiger aber ist, dass Lehrende wie Lernende auf Leistungserwartungen nicht mit Ansprüchen oder mit dem Hinweis auf schlechte Bedingungen reagieren, sondern sich selbst ändern: Leisten wollen und Leistungsbedingungen optimieren. Das bedeutet nicht nur zu fordern, dass es mehr Tutoren, Assistenten und Computer gibt, sondern Tutorien auch selbst zu organisieren, ohne Bezahlung, Klausuren auch als Hochschullehrer zu korrigieren und nicht auf Mitarbeiter zu verschieben und die Öffnungszeiten der Bibliotheken auszuweiten, indem Mitarbeiter und Nutzer freiwillige Aufsichten organisieren.

Leistung zur Kultur erheben

An der Freien Universität Berlin entsteht derzeit eine solche Kultur. Studenten demonstrieren nicht nur, sondern sie nehmen auch vieles selbst in die Hand. Junge Professorinnen und Professoren kämpfen um Mitarbeiterstellen nicht als Statussymbole, sondern als Partner in ihren Forschungsteams. Doch Idealismus und Engagement täuschen nicht darüber hinweg, dass das Bildungswesen unterfinanziert ist. Das betrifft vor allem die Berufung von Spitzenwissenschaftlern, teure Laborgeräte, internationale Netzwerke oder auch Unterkünfte für Tagungsgäste.

Kurz gesagt: Die Universitäten müssen ihre Einnahmen verbessern. Die Freie Universität Berlin hat dazu ein Bündel von Maßnahmen ergriffen, zum Beispiel die strategische Allianz mit der Ludwig-Maximilians-Universität in München, die durch ein gemeinsames Büro in New York belebt wird. Beide Universitäten wollen gemeinsame Forschungsanträge stellen und wechselseitig personelle Beratung leisten. Die Münchener Universität als Spitzenreiter und die Freie Universität als Nummer Drei im nationalen Ranking können daraus zusätzliche Stärke gewinnen.

Ein weiteres Beispiel: Das erste große Fundraising-Dinner einer deutschen Universität in den USA fand unter der Schirmherrschaft des Bundeskanzlers statt: Die Friends of Freie Universität Berlin, dankbare Absolventen in den USA und viele Sympathisanten waren im Februar zusammengekommen, um zu helfen. Einnahmen verspricht sich die Universität darüber hinaus durch die Gründung eigener Firmen wie das Institut für Personalmanagement, das Unternehmen berät und Konzepte für Personalfragen anbietet. Es wurde gemeinsam mit der Vereinigung der Unternehmerverbände in Berlin und Brandenburg ins Leben gerufen. Andere Beispiele stammen aus den Naturwissenschaften: So meldeten allein die Biowissenschaften der FU acht Ausgründungen. Zu den Maßnahmen gehört auch gebührenpflichtige Weiterbildung wie das »Weiterbildende Studium Technischer Vertrieb«, das jährlich sechsstellige Einnahmen verbucht.

Mehr Geld aus Forschung und Weiterbildung

Ein frischer Forschungsvertrag mit dem größten Arzneimittelhersteller der Welt, der britischen Pfizer, Inc., wird helfen, den Spitzenplatz der FU in der pharmazeutischen Forschung auszubauen. Pfizer investiert in den kommenden drei Jahren rund 1,62 Millionen Euro in das Institut für Pharmazie der FU Berlin, an dem innovative Arzneiformen mit kontrollierter Wirkstoffabgabe im Körper des Patienten entwickelt werden. Die FU will künftig 15 Forschungsschwerpunkte (Cluster) fördern, in denen sie Unternehmen, außeruniversitären Forschungsinstituten und Organisationen ihre Expertisen anbietet. Dieses Netzwerk umfasst zurzeit mehr als 100 Kooperationen in aller Welt. Dazu gehören die besten Universitäten in Europa, Amerika und Asien.

Es wird Zeit brauchen, bis dieser Umbau Früchte trägt. Er darf nicht zu der Täuschung verführen, Berlins Universitäten könnten die verantwortungslosen Budgetkürzungen des Berliner Senats irgendwie kompensieren. Es besteht kein Zweifel: Die Kürzungen haben Studienplätze vernichtet, die von privater Hand nicht ersetzbar sind. Die Folgen für die jungen Generationen sind unabsehbar. Deshalb gilt: Der Staat wird die stärkste Säule der Bildungsfinanzierung in Deutschland bleiben müssen, jedenfalls so lange, bis nicht ein völlig neues System der Verteilung öffentlicher Lasten und der Besteuerung ausreichend Spielräume für Geschenke, Stiftungen und private Förderungen öffnet.

Einen gewissen Spielraum gibt es schon jetzt: Wer in seinem Lebensherbst etwas für die nachfolgenden Generationen tun will, die Freie Universität Berlin bedenken möchte, etwas schaffen möchte, was sich auch mit seinem eigenen Namen verbindet, findet ein herzliches Willkommen und zahlreiche Vorschläge, wie das eigene Engagement dauerhaft, wirksam und sichtbar wird. Für solche Gespräche steht der Präsident Tag und Nacht zur Verfügung. Bürger dieser Stadt: Wir brauchen Sie!

GELD FÜR DIE JUNGEN WILDEN: EXZELLENZFÖRDERUNG SOLLTE SACHE DER WISSENSCHAFT SEIN, NICHT DER POLITIK
2005 (DER TAGESSPIEGEL)

Ungefähr ein Jahr ist es jetzt her, dass Jürgen Kluge von McKinsey dem Bundeskanzler vorschlug, in Deutschland für Eliteuniversitäten zu sorgen. Edelgard Bulmahn bekam den Auftrag, alles Weitere zu organisieren. Im Juli 2004 gab es ein Konzept. Es war erkennbar ein Kompromiss zwischen Wissenschaft und Politik. In einem gestaffelten Verfahren sollten zunächst Graduiertenschulen und Exzellenzcluster in den Jahren 2006 bis 2011 gefördert werden. Erst in einem zweiten Schritt sollten die Sieger des Exzellenzwettbewerbs die Chance bekommen, sich um den Status einer »Spitzenuniversität« zu bewerben.

Dann kam das Scheitern der Föderalismuskommission dazwischen.

Jetzt gibt es nur eine vernünftige Option: Überweisung der 1,9 Milliarden Euro an die Deutsche Forschungsgemeinschaft, wie die Wissenschaftsminister von Bayern und Baden-Württemberg vorschlagen.

Warum? Die Deutsche Forschungsgemeinschaft ist die nationale Förderungsagentur mit der größten Expertise, der höchsten Reichweite und den strengsten Qualitätskriterien. In etlichen Fächern muss die DFG heute hervorragende Anträge ablehnen oder zurückstellen, weil die Mittel nicht reichen. Spitzenforschung kann aber nur spitze sein, wenn sie rechtzeitig kommt, nach Möglichkeit früher als bei den Wettbewerbern im Ausland. Die DFG ist ein Garant dafür, dass Spitzenförderung nicht zum Gegenstand fauler Kompromisse zwischen dem Bund und den Ländern wird. Die Förderung von Spitzenforschung ist eine reine Qualitätsfrage, sonst nichts. Selbstverständlich kann man der DFG aufgeben, auch strukturelle Gesichtspunkte bei der Bewilligung zu berücksichtigen, also die Bündelung von Forschungsanträgen in dafür aus wissenschaftlichen (nicht politischen) Gründen geeigneten Regionen zu betreiben. Und: Es bestünde die Möglichkeit, einen Teil der Mittel so zu vergeben, dass vielversprechender junger Hochschullehrernachwuchs auch mit einer Grundausstattung so versorgt wird, dass er überhaupt antragsfähig ist. Denn eines zeigt sich deutlich: Wir müssen die jungen »wilden« Wissenschaftler halten, ihre Motivation nutzen, ihre Ideen. Dafür benötigen sie aber auch Geld.

Spitzenwissenschaft ist eine Angelegenheit der Wissenschaft, nicht der Politik. Deswegen ist gegenüber dem neuen Vorschlag, statt ganzer Universitäten nun exzellente Fakultäten zu fördern, Zurückhaltung geboten. Denn es gibt keine Fakultät in Deutschland, die ausnahmslos Spitzenwissenschaftler hervorbrächte.

Wenn jetzt weiter gezögert wird, entsteht der Verdacht, die Politik habe die Lust an der Exzellenz verloren, wenn sie sie nicht selbst definieren kann. Leidtragende sind nicht nur begabte Wissenschaftler, sondern der Wirtschaftsstandort Deutschland. Zur Erinnerung: Um im OECD-Ranking des Anteils der Bildungsausgaben am Bruttoinlandsprodukt vom derzeit 18. Platz (von 29) auf den dritten aufzusteigen, benötigt unser Bildungssystem jährlich 30 Milliarden mehr. 1,9 Milliarden für wissenschaftliche Forschung wären ohnedies nur ein bescheidener Anfang.

Nutzt Eure Chancen!
2005 (Eine Beilage der FU Berlin in Zusammenarbeit mit der Tagesspiegel)

Leser fragen, Forscher antworten

»Zweitausend Studienplätze ungenutzt« – so hören wir aus der Politik, und für Sie, liebe Schülerinnen und Schüler, und für Ihre Eltern entsteht der Eindruck, als ob die Universitäten begabten jungen Physikerinnen, brillanten Chemikern, Biologen und Informatikerinnen den berechtigten Zugang zu einem Studium verwehren.

Noch vor wenigen Semestern schrieben sich in die naturwissenschaftlichen Studiengänge zahlreiche Studierende ein, die zum größten Teil die Universität nicht als erfolgreiche Naturwissenschaftler verließen, sondern auf der Strecke blieben. Sie studierten unerkannt in dem Fach ihres eigentlichen Interesses, in das sie wegen eines hohen externen Numerus Clausus nicht gelangten. Die Folgen für die regulär Zugelassenen liegen auf der Hand: überfüllte Seminare in beliebten Fächern, obgleich es nur begrenzte Zulassungszahlen gab, und das Gegenteil in Fächern, die als schwierig gelten. Statistisch erscheinen die »No Shows« als »Drop Outs«.

Was tun? Theoretisch denkbar wäre die Schließung naturwissenschaftlicher Fächer mangels Nachfrage, der Umbau der Labors in Fast-Food-Küchen und die Verschiffung unserer Spitzenwissenschaftler in die USA oder nach China. Das ist die Vision von Finanzpolitikern. Immerhin würden die Hochschulen dann ausreichend Personal zur psychosozialen Betreuung der weiter steigenden Zahlen erwerbsloser Akademiker bereitstellen. Denn das ist klar: Wenn in Deutschland und insbesondere in Berlin nicht genügend Naturwissenschaftlerinnen und Ingenieure ausgebildet werden, verlegt die Industrie ihre Entwicklungseinheiten ins Ausland und sicher nicht in unsere geliebte Heimatstadt Berlin. Deshalb werden wir selbstverständlich unsere Labors aus- und nicht abbauen und die besten Köpfe in diesen Fächern an die Freie Universität holen. Die besten Köpfe: Professoren und Studierende. Das sind Sie!

»Was, ich – mit meiner ausgeprägten Sprachbegabung und dem Wunsch, anderen Menschen zu helfen?« – Ja, Sie! Denn Sie haben ein Vorurteil gegenüber Naturwissenschaftlern: Das sind keine autistischen Tüftler mit sozialer Inkompetenz, sondern klar denkende

Menschen, die verantwortungsvoll für die materiellen Grundlagen unserer Gesellschaft wirken. Sie haben die besten Beschäftigungschancen und keineswegs alle einen Notendurchschnitt von 1,0 im Abitur. Sie arbeiten an der Freien Universität als Biologen, Chemikerinnen oder Physiker an der Untersuchung der Moleküle, die unsere Welt zusammenhalten, als Geowissenschaftler an der Entdeckung und Beseitigung von Giftstoffen in unserer Umwelt oder als Veterinärmedizinerinnen daran, unsere tägliche Nahrung, Eier, Milch und Fleisch, vor Krankheitserregern zu schützen. Das sind Beispiele von vielen Tätigkeiten, die übrigens während der »Langen Nacht der Wissenschaften« in Dahlem (11. Juni 2005, 17 bis 1 Uhr) gezeigt werden.

Kommen Sie deshalb zu uns und lassen Sie sich nicht einreden, Sie seien kein Einstein und deshalb ungeeignet. Denn Sie wissen ja: Er war in der Schule kein Einser-Kandidat. Aber Achtung: Umkehrschlüsse sind nicht erlaubt! Sie haben die Logik verstanden? Dann steht einem Studium der Mathematik nichts mehr im Wege. Ich freue mich auf Sie!

Was vor der Bewerbung an einer Universität zu beachten ist
2005 (Berliner Morgenpost)

Der Wettbewerb ist härter geworden. Das gilt auch für den Kampf um einen Studienplatz. Die meisten Bundesländer, Berlin allen voran, haben die Zahl der Studienplätze zum Teil drastisch reduziert. Wer die Budgets der Hochschulen um zehn Prozent kappt, senkt die Zahl der Neuzulassungen um den gleichen Prozentsatz. Erfreulicherweise steigt mit der Einführung der internationalen Studiengänge (BA und MA) die Betreuungsdichte. Es sinkt damit aber die Zahl der Studierenden, weil ein Seminar nicht mehr als 30 Teilnehmer haben darf. Sodann: Die Verlagerung von Studienplätzen an Fachschulen verkleinert die Studienplatzzahl an Universitäten. Damit wird es unwahrscheinlicher, die Fächer der eigenen Wahl studieren zu können.

Das war nicht immer so. Wer in den 1960er Jahren sein Abitur machte, der konnte studieren, was er wollte, wenn er die Studiengebühren bezahlte, eine erhebliche Grundgebühr plus fünf D-Mark »Kolleggeld« für jede Semesterwochenstunde.

Der Numerus clausus für eine ständig wachsende Zahl von Fächern kam in den 1970er Jahren auf, heute ist er an vielen Hochschulen total. Die Abiturdurchschnittsnote wurde entscheidend, die Wahl der Leistungskurse in der Oberstufe eine strategische, nicht eine Neigungsentscheidung.

Beginnend mit diesem Wintersemester, spätestens im nächsten ändert sich etwas: Die Hochschulen können sich 60 Prozent ihrer Studenten selbst aussuchen. Das werden sie mit Hilfe der Abiturnote, mit Eignungstests, der Analyse von Bewerbungsschreiben und Interviews machen.

Was ist zu tun? Schülerinnen und Schüler: Weiter auf beste Noten achten, aber Neigungsfächer wählen, weil ein Widerspruch zwischen Neigung und Eignung im Aufnahmeverfahren entdeckt wird. Was nützen beste Noten in Fächern, die mit dem Studium nichts zu tun haben? Eltern: Auf Anstrengung bestehen, auf die rechtzeitige Bewerbung zum Studium achten. Wartezeiten so füllen, dass sie den Lebenslauf bereichern. Schule: Ernsthaft prüfen, damit die Aufnahmetests nicht das Abiturergebnis in Frage stellen. Politik: Auf Qualität bestehen, um Abiturienten, Eltern und Hochschulen Enttäuschungen zu ersparen.

Der High-Tech-Standort ist gefährdet
2005 (Berliner Zeitung)

Die Analyse der Herausforderungen für das deutsche Bildungswesen in den kommenden zwanzig Jahren ergibt: Deutschland wird, wie viele westliche Nationen, mit dem Globalisierungs- und Europäisierungsdruck umgehen müssen. Handlungsbeschleunigung, Multikulturalität, Vereinheitlichungsdruck und Standardisierung sind wichtige Stichworte. Technologieentwicklung in den großen wissensbasierten Technologien wird der Schlüssel für den Wirtschaftsstandort sein. Die Zahl der Selbstbeschäftiger wird zunehmen, die Lebensarbeitszeit wachsen und die Erwartung an die Eigenverantwortung für die Lernbiographie steigen. Forciert wird das Ganze durch die demographische Entwicklung. Mit einer Nettoreproduktionsrate von 1,3 (zum Erhalt der Bevölkerungszahlen wären 2,2 bis 2,3 notwendig) steht Deutschland vor dem Problem, qualifizierte Arbeitskräfte sowohl im Facharbeiterbereich als auch bei den Hochschulabsolventen gewinnen zu müssen. Scheitert das Land diesbezüglich, so ist der Hightech-Wirtschaftsstandort gefährdet. Länder wie die USA, Finnland, Frankreich, Großbritannien, Australien steigerten ihren Anteil der Menschen mit einem Hochschulabschluss von ursprünglich 20 Prozent auf zum Teil bis zu 40 Prozent, während Deutschland seit zehn Jahren mit einem Anteil von 25 Prozent herumdümpelt. Der Qualifikationsaufbau der Erwerbstätigen müsste sich bis 2020 gewissermaßen auf den Kopf stellen. Ist das deutsche Bildungssystem dafür gerüstet? Die Antwort muss skeptisch ausfallen:

- Die Bildungsbeteiligung im deutschen Bildungssystem ist unzureichend und sozial ungleich verteilt, die Leistungsspitze zu klein, die Zahl der Leistungsschwachen und Benachteiligten zu groß.
- Das Bildungssystem leidet unter einem Qualitätsproblem. Lernziele, -inhalte und -methoden befinden sich oft nicht auf dem neuesten Stand.
- Möglichkeiten individueller Verantwortungsübernahme und Anreize zu Leistung und Anstrengung sind unzureichend.
- Mit Lern- und Arbeitszeit wird verschwenderisch umgegangen.
- Das Bildungssystem ist durch ein hohes Maß an Verrechtlichung, Bürokratisierung und Staatseingriff gekennzeichnet. Im interna-

tionalen Vergleich ist es unterdurchschnittlich finanziert. Jährlich fehlen bis zu 30 Milliarden Euro.

»Bildung neu denken! Das Zukunftsprojekt« (ein von Prof. Lenzen mitentwickeltes Konzept zum Umbau des Bildungswesens, d. Red.) geht mit seinen Reformvorschlägen nicht, wie üblich, von einer Umgestaltung der Institutionen aus, die unnötigen Streit verursacht und die Reformen erschwert. Vor dem Hintergrund der Notwendigkeit lebenslangen Lernens wird das Bildungssystem für die fünf Lebensphasen (Kindesalter, Jugendalter, frühes, mittleres und späteres Erwachsenenalter) komponiert, angesichts der demographischen Entwicklung mit einer deutlichen Aufmerksamkeit für das Weiterbildungssystem. Für diese Lebensabschnitte werden Ziel- und Verfahrensvorschläge entwickelt. Dazu gehören:

- Basiskompetenzen, Weltwissen, Schlüsselqualifikationen und soziale Kompetenzen als Ziele von Bildungsprozessen;
- Maßnahmen zur Deckung des Bildungsbedarfs; Förderung privater Initiative;
- Maßnahmen zur Deregulierung im Bildungssystem;
- Kompetenzvermittlung für ein Leben in internationalen Bezügen;
- die Entwicklung minimaler Bildungsstandards; die Verbesserung von Bildungsqualität;
- die Unterstützung des pädagogischen Personals bei der weiteren Professionalisierung;
- ein sorgsamer Umgang mit Lebens- und Lernzeit;
- eine höhere Autonomisierung der Bildungseinrichtungen und Reduktion der Staatstätigkeit auf Zielvorgaben und Erfolgskontrolle.

Ein Erfolg für alle
2006 (Der Tagesspiegel)

Wenn in den vergangenen Wochen seit Bekanntgabe des Zwischenergebnisses im Exzellenzwettbewerb von Triumph und Untergang, Sieg und Niederlage und ähnlichen Kriegsmetaphern die Rede war, bin ich jedes Mal erschrocken. Natürlich: Alle, die in der Freien Universität Berlin an den Konzepten mitgewirkt haben, die jetzt Anerkennung fanden, haben Grund, sich zu freuen, können daraus Kraft schöpfen für den eigentlichen Hauptantrag. Das gilt auch für diejenigen, die in dieser Phase noch nicht das gewünschte Resultat erreichten.

Aber: Es geht doch um viel mehr. Es geht darum, Wissenschaft in und aus Deutschland international konkurrenzfähiger zu machen. Eine nennenswerte Zahl von Ländern hat, zumindest in einzelnen Wissenschaften, Deutschland überholt. Die Forschungsresultate werden dort gekauft und nicht hier. Nicht selten werden sie von hiesigen Wissenschaftlern erzielt, die mit deutschen Steuergeldern ausgebildet wurden und dann das Land verließen, weil die Rahmenbedingungen für Spitzenforschung nicht stimmten. Unserer aller Anstrengung ist ein gemeinsames Bemühen um den Wissenschafts- und Wirtschaftsstandort Deutschland. Insofern sollte sich niemand darüber freuen, wenn es im Wettbewerb viele Verlierer gibt, denn die eigentlichen Verlierer sind die Bürgerinnen und Bürger dieses Landes. Deshalb gibt es auch keinen Anlass für Häme bei der Betrachtung des Nord-Süd-Gefälles oder des Abschneidens einzelner ursprünglich höher »gehandelter« Antragssteller. Im Gegenteil: Wir müssen uns darüber freuen, dass der Exzellenzwettbewerb, eine der besten politischen Entscheidungen der letzten Jahrzehnte, so viele Ideen und Aktivitäten hervorbringt. Und wir müssen hoffen, dass diese freigesetzte Kreativität auch durch andere, durch Stiftungen, Organisationen und Unternehmen, Unterstützung findet.

Somit ist der Wettbewerb bereits jetzt von Erfolg gekrönt. Nach seinem Abschluss wird die Forschungslandschaft in Deutschland nicht wiederzuerkennen sein. Denn: Alle geförderten Maßnahmen müssen später durch die Länder weiterfinanziert werden. Das kann nur zu Lasten schwächerer Bereiche gehen. Deshalb werden die Universitäten sich auch von innen ändern und modernisieren. Dabei wird allerdings darauf zu achten sein, dass nicht ganze Fächer geopfert werden, die, wenn nicht in der Forschung, so doch in der akademischen Berufsausbildung bedeutsam sind. Dieses gilt insbesondere im Hinblick auf den zu erwartenden »Studentenberg«. Zu seiner Bewältigung wird es darauf ankommen, erhebliche Finanzmittel nicht nur in den Universitäten, sondern beispielsweise auch in den Fachhochschulen oder Berufsakademien bereitzuhalten. Eine große Aufgabe für eine konzertierte Hochschulpolitik des Bundes und der Länder.

Erziehung durch Wissenschaft?
2006 (Eine Beilage der FU Berlin in Zusammenarbeit mit Der Tagesspiegel)

Zum ersten Mal gibt es zum Beginn eines Sommersemesters keine Immatrikulationsfeier. Die Zahl der Neuimmatrikulierten reicht dafür nicht aus. Der Grund: Die Freie Universität Berlin stellt sich auf das internationale System jährlicher Zulassungen zum Winter um. Auch das ist ein Stück Europa, ein Stück der Umstellung auf die BA-/MA-/PhD-Studiengänge. Aber das ist nicht alles. Es vergrößert sich die Zahl der Studienanfänger, die im Winter bereits nach dem zwölften Schuljahr die Hochschulreife erworben haben. Es wird, wenngleich in kleiner Zahl, auch »Superschnell-Läufer« geben, die bereits nach elf Jahren so weit sind. Das heißt, unter unseren Studienanfängern befinden sich 17-Jährige. Und: Wenn sich Früheinschulungen mittelfristig auswirken, dann können es sogar 16-Jährige sein.

Die Hochschulen werden von ihnen nicht das Gleiche erwarten können wie von 20-Jährigen. Es entsteht die Frage nach der tatsächlichen Hochschulreife, die mehr ist als ein Kanon abgespeicherten Gymnasialwissens. Hochschulreife ist auch ein Habitus, der viele Facetten hat. Zu ihnen gehören die Fähigkeit und Bereitschaft zu selbstverantwortlichem Lernen und Arbeiten, zum Nachfragen, zur begründeten Kritik, zu Wahlentscheidungen im Hinblick auf Themen, Fächer und Berufsperspektiven. Zur Hochschulreife gehört aber auch die Fähigkeit, mit den Lehrenden und Lernenden im eigenen Umfeld in ziviler Weise umzugehen: zuhören zu können, nicht Recht behalten zu wollen, sondern die Wahrheit zu finden. Dazu gehört auch, das eigene Wissen in den Lernprozess einzubringen, eine Erkenntnis suchende Haltung zu gewinnen, einen Zusammenhang sehen zu wollen zwischen der Wissenschaft und dem wirklichen Leben.

Vieles fällt einem dazu ein, doch kaum wirklich Neues – denn all das ist mit dem Beginn des europäischen Universitätsideals am Ende des 18. Jahrhunderts bereits gedacht worden. In Deutschland hat es sich zu der Formel »Bildung« verdichtet. Deutsche Universitätsgründer waren am Anfang des 19. Jahrhunderts der festen Überzeugung, dass Wissenschaft von sich aus bilde. Das war richtig in einer Welt, in der so wenig gewusst und so vieles geglaubt wurde. Für die hoch spezialisierten Wissenschaften unserer Tage gilt dieses jedoch nicht in selbstverständlicher Weise. Die Hochschulen werden sich also darüber Gedanken machen müssen, wie sie einen Bildungsauftrag erfüllen wollen, wenn junge Menschen, fast noch Kinder, studieren werden.

Das wird ein weiterer Anlass sein, sich über die erzieherische Qualität des Hochschulunterrichts Gedanken zu machen und auch über ein Klima der Entschlossenheit nachzudenken, um jungen Menschen zu einem erfolgreichen und erfüllten (nicht nur Berufs-)Leben zu verhelfen. Viele von uns Wissenschaftlern sind darauf gar nicht vorbereitet, und wir müssen uns fragen, ob wirklich jeder von uns willens ist, 16- und 17-Jährige zu unterrichten. Wir werden neue Formen des Übergangs zwischen Gymnasium und Hochschule kreieren müssen, Kolleg-Formen, die beides miteinander verbinden: schulische Unterrichtstypen mit der Freiheit und gleichzeitig der (Methoden-)Strenge wissenschaftlicher Erkenntnissuche. Vielleicht werden Hochschullehrer und Hochschullehrerinnen sich auch spezialisieren müssen auf Altersgruppen, Studiengangsstufen und fachübergreifende, berufsorientierte Qualifikationen. Mit der breiten Einführung des dreistufigen Studiensystems stehen die deutschen Universitäten an einem Anfang, der noch zahllose Herausforderungen bereithält. Je früher wir uns mit der Frage befassen, wie Universität erzieht und bildet, desto besser. Die Antworten liegen nicht auf der Hand.

Der Weg zum optimalen Studienplatz
2006 (Berliner Morgenpost)

Die Abiturprüfungen sind abgeschlossen. Jetzt muss man sich entscheiden: Was und wo studieren? Zunächst: Ein Auslandsstudium, zumindest eine Zeit lang, ist ernsthaft in Erwägung zu ziehen, wobei Hochschulen der englischsprachigen Welt sicher den Vorzug genießen, da ihrem Unterricht auch mit einem »Abitur-Englisch« einigermaßen gefolgt werden kann und da in diesen Ländern Qualitätskontrolle groß geschrieben wird. Das gilt auch für Staaten, die ihr Hochschulwesen am angloamerikanischen System orientiert haben – wie die skandinavischen Länder, die Niederlande und bald viele andere europäische Staaten –, wenn die Bologna-Reform umgesetzt sein wird und der Hochschulraum Europa jeden Wechsel erleichtert.

Und in Deutschland? Nicht in die nächstliegende Hochschule. Sie ist nicht unbedingt die »Nächstbeste«. Was können also Entscheidungskriterien sein? Zunächst einmal muss man wissen, was man überhaupt studieren will. Das neue BA-/MA-System schafft gegenüber dem alten Fächerkanon zahllose neue Spezialstudiengänge, die sich an künftigen beruflichen Bedürfnissen zu orientieren versuchen. Soweit in der Schule noch keine Studienberatung stattgefunden hat, lohnt der Weg zur örtlichen Niederlassung der Bundesagentur für Arbeit (oder wie sie sich gerade nennt). Die dort zur Verfügung gestellten Materialien sind von hoher Qualität, die mündliche Beratung nicht immer. Deswegen ist es klug, andere Ratgeber hinzuzunehmen.

Wer im Bildungssystem Bekanntschaften zu Personen gepflegt hat, die ein Hochschulstudium hinter sich gebracht haben, tut gut daran, diese zu fragen. Ihr Urteil kann aber nicht ausschlaggebend sein. Es sollte ergänzt werden durch weitere Informationen. Die in den Publikumszeitungen erscheinenden Hochschul-Rankings können dabei eine Hilfe sein. Man muss allerdings sehr genau hinschauen, wie deren Daten entstanden sind. Wenn eine Zeitung erklärt, dass sie bundesweit 5 000 Studenten befragt habe und man in Rechnung stellt, dass dieses fünfzig Studenten pro Universität mit 100 Studienfächern gewesen sein müssen, dann ist das Ergebnis schlicht nicht brauchbar, weil mit einem halben Studenten pro Fach nicht repräsentativ. Der »Wohlfühlfaktor« ist für ein erfolgreiches Studium nur begrenzt. Wichtiger ist die wissenschaftliche Qualität der Hochschule. Sie drückt sich aus in der Forschungsqualität, in der Qualität der Einrichtungen (Bibliotheken, Labore) und in der Qualität der Absolventen. Eine weitere Hilfe wird der Exzellenzwettbewerb des Bundes und der Länder geben. Die Universitäten, die dort gut abschneiden, werden nicht zu den schlechtesten gehören. Universitäten, die sich gar nicht erst beworben haben, müssen sich natürlich die Frage stellen lassen, warum dies so ist.

Fachhochschulen konnten sich an dem Wettbewerb nicht beteiligen. Ihr Nichterscheinen ist also keine Aussage über ihre Qualität. Sie sind manchmal in bestimmten Fächern den Universitäten deutlich überlegen, besonders wenn das Studienziel nicht eine wissenschaftliche Karriere, sondern eine solide Ausbildung für einen akademischen Beruf ist. Zur Beruhigung: Ausgesprochen schlechte Universitäten gibt es in Deutschland nicht, weil die staatliche Kontrolle ausschließt, dass kommerzielle »Klitschen« entstehen, deren Besuch nicht nur teuer, sondern auch fruchtlos sein könnte.

Die meisten Hochschulen bieten Tage der offenen Tür, Schülerberatung und andere Formen der Information an, die man nutzen muss, lange bevor das Abitur ansteht. Insofern sollten die sich jetzt schon orientieren, die im nächsten Jahr »so weit« sind.

Multiple Choice – keine Wahl
2008 (Der Tagesspiegel)

Im Jahr 2002 hat das Oberverwaltungsgericht in Bautzen über die Klage eines Studenten der Wirtschaftsinformatik entschieden. Sinngemäß lautete der Spruch, dass eine Leistung im Studium nicht rechtens ist, wenn sie ausschließlich aus Multiple-Choice-Aufgaben besteht. Das Studium ist etwas anderes als eine Führerscheinprüfung. Die Hochschule muss versuchen herauszufinden, ob ein Student oder seine Kommilitonin mehr drauf hat, als Kreuzchen zu machen.

Natürlich sind an den Hochschulen andere Formen der Prüfung gang und gäbe. Man lässt Probleme erörtern, in Klausuren, Hausarbeiten oder im Gespräch.

Nach der Einführung von Bachelor und Master fällt den Hochschulen das aber immer schwerer.

In den neuen Studiengängen wird so häufig geprüft, dass der Aufwand gerade in den Massenfächern kaum mehr zu leisten ist. Die Gefahr besteht, dass Lehrende bald nicht mehr Forschende, sondern nur noch Prüfende sind. Außerdem droht sich das Studium schon wegen der Verfahrensdauern in die Länge zu ziehen.

Aber: Ist der nach Führerschein-Art geprüfte Eleve deshalb die einzige Alternative zum denkenden, aber sicher auch manchmal schwafelnden Studenten? Wer garantiert uns überhaupt, dass die erfolgreiche Multiple-Choicerin in der Medizin mit ihrem Wissen später auch Blinddärme operieren kann?

Es gibt einen Ausweg. In Maastricht verfolgt die Universität flächendeckend das Konzept des »problem-based learning«. Von Anfang an werden die universitären Curriculum-Inhalte weniger aus fachwissenschaftlichen Strukturen als aus solchen des pulsierenden Lebens abgeleitet. Die Studierenden arbeiten in kleinen Gruppen an der Lösung von Problemen. So üben sie, Verantwortung zu tragen, im Team zu arbeiten und selbständig zu lernen.

Das Programm deutscher Universitäten nimmt hingegen traditionell die Bedürfnisse des wissenschaftlichen Nachwuchses zum Maßstab, der dann an alle Studierenden angelegt wird. Es wird die Struktur der Disziplin gelehrt, geprüft und gebimst. Recht so. Der Nachwuchs muss lernen, selbständig wissenschaftliche Methoden auf neue Forschungsprobleme anzuwenden, dem Sein als solchem kühl und kühn ins Auge zu schauen, in Einsamkeit und Freiheit manchmal, aber auch im Team.

Jedoch künftige Apotheker, Rechtsanwälte und Unternehmensberater? Das Fach in seiner ganzen Breite, losgelöst von der Erde? Da hilft wohl nur der Glaube – oder eben doch lieber die Lösung von Maastricht.

Kein Recht auf schlechte Lehre
2008 (Der Tagesspiegel)

Nun sind sie also vertagt worden, die gut überlegten und weitreichenden Vorschläge aus dem Wissenschaftsrat zur Verbesserung der akademischen Lehre in Deutschland. Die einzelnen Vorschläge wurden diskutiert, beleuchtet und zur Revision zurückgestellt. Darüber könnte man zur Tagesordnung übergehen, wenn damit nicht der Verdacht aufkäme, dass der Entwurf für die Empfehlungen wegen seiner Reichweite nicht konsensfähig war.

Besteht die Sorge, dass der »Aufsichtsrat« des deutschen Wissenschaftssystems einen Tabubruch begehen könnte? Sagt er der deutschen Professorenschaft, dass die Auffassung ihre Grenzen hat, wonach das Verfassungsgebot der Freiheit von Forschung und Lehre auch das Recht umschließt, schlechten akademischen Unterricht zu halten? Das wäre absolut angemessen, denn der Wissenschaftsrat muss heute auf eine einzigartige Situation reagieren: Die Vereinheitlichung des Studierens in Europa nach dem Bachelor-Master-System stößt in Deutschland auf eine Rechtsordnung und ein Selbstverständnis, die dem 19. Jahrhundert entstammen.

Bildungspolitik und Hochschulen verhalten sich gegenüber den Erwartungen der Gesellschaft unbeirrt indifferent.

Eine Universität, die curricular nicht durchorganisiert war, in der Studierende jedoch einen ignoranten akademischen Lehrer ihrerseits mit Ignoranz bestrafen konnten, hat aufgehört zu existieren. Die Auswahl von Lehrveranstaltungen und damit von Lehrenden ist für die Studierenden stark eingeschränkt. Sie haben deshalb einen Anspruch darauf, dass jedes Seminar auf höchstem Niveau angeboten wird. In einem derartig durchgeregelten System müssen außerdem die Regeln dem Ziel angemessen sein und tatsächlich umgesetzt werden können, beispielsweise durch eine Kollisionsfreiheit von Pflichtveranstaltungen.

Auch im Straßenverkehr würde der Staat es niemals zulassen, dass manche Ampeln tadellos funktionieren und manche eben nicht. Solange die Studierenden-Lehrenden-Relation in Deutschland zehnmal schlechter ist als an guten ausländischen Universitäten, wird manche verkehrsreiche Kreuzung nur von Funzeln beleuchtet, und niemand darf sich wundern, wenn es kracht.

Bleibt zu hoffen, dass die Empfehlungen des Wissenschaftsrates am Ende eine klare Botschaft dazu enthalten. Etwa so: »Der

Erfolg jeder Reformmaßnahme ist an eine signifikant höhere Finanzierung der Hochschulen geknüpft.« Sonst glaubt noch jemand, die Misere der deutschen Hochschullehre sei nur eine Frage des falschen Bewusstseins der Professoren.

Keine Angst, Männer!
2008 (Der Tagesspiegel)

Es geht eine Metapher um in Deutschland: Die Versäulung des Wissenschaftssystems. Gemeint ist damit die Trennung der Forschung in Hochschulen von der Forschung in außeruniversitären Organisationen. Zu verschiedenen Zeitpunkten der deutschen Wissenschaftsgeschichte, in echten oder geglaubten Krisen der Hochschulen, entstanden außerhalb Forschungsorganisationen, die sukzessive mit sehr viel Geld ausgebaut wurden, so dass sie häufig auf höchstem Niveau arbeiten können. Pech für die Hochschulen: Nicht nur, dass ihnen das Geld für die Forschung fehlt. Auch in internationalen Rankings schneidet das deutsche System immer schlecht ab, weil die »Außerirdischen«, wie sie manchmal scherzhaft heißen, dem Hochschulsystem nicht zugerechnet werden, so als ob sie gar nicht existierten. Und: Wertvolle Möglichkeiten der Kooperation sind nicht immer selbstverständlich, sondern müssen über die Institutionengrenzen hinweg von Fall zu Fall neu vereinbart, erarbeitet und am Leben gehalten werden. Diese Versäulung ist ziemlich einzigartig in der Welt. Der gebildete Laie fragt sich, warum die Außeruniversitären nicht einfach den Universitäten zugeordnet werden. Eine Art Wiedervereinigung.

Aber damit ist es wie mit der Kleinstaaterei im alten Deutschland. Man braucht eine große Gemeinsamkeit, die eine Bundesrepublik der Wissenschaft leichter möglich macht. Die Opportunitätskosten jedes Tages, an dem die Versäulung erhalten bleibt, sind immens.

Jüngstes Beispiel: Die Deutsche Forschungsgemeinschaft (DFG) legte ein Konzept zu »forschungsorientierten Gleichstellungsstandards« vor, mit dem endlich ein großer Schritt in die Richtung von mehr Gerechtigkeit für weibliche Wissenschaftler beim Zugang zu den Forschungsmitteln der DFG geschaffen werden sollte. Längst überfällig. Lediglich eine Selbstverpflichtung der DFG-Mitglieder, Hochschulen wie außeruniversitäre Organisationen und ihre Einrichtungen voranzubringen im Bemühen, Wissenschaftlerinnen endlich einen effektiv gleichen Zugang zu Forschungsmitteln zu verschaffen, versehen mit dem sanften Hinweis, dass die Einhaltung von Gleichstellungsstandards auch entscheidungsrelevant sein kann.

Und da war sie wieder, die Versäulung, deren Beendigung gern dann besprochen wird, wenn für außeruniversitäre Forschungseinrichtungen zusätzlicher Zugang zu Geldmitteln oder die begehrten

Möglichkeiten der Hochschulen winken, Abschlüsse zu vergeben. So stimmten die Universitäten unisono für die Gleichstellungsstandards und die großen vier Außeruniversitären dagegen. Begründung: Angst vor Autonomieverlust, Berichtswesen und womöglich Qualitätseinbußen. Die Folgen reichen weit. Soll grundständige Lehre in den Universitäten künftig eher etwas für Frauen sein, harte Forschung in teuren Laboren außerhalb der Universitäten etwas für harte Männer? Durch eine solche Entwicklung ist das gesamte Bildungssystem in Deutschland seit dem ausgehenden 19. Jahrhundert gekennzeichnet: Je jünger die Lernenden, desto weiblicher das Personal – je wichtiger und teurer die Einrichtungen, desto männlicher dasselbe. Diese Entwicklung muss endlich gestoppt werden. Bleibt zu hoffen, dass die »Außerirdischen« doch noch beitreten. Keine Angst, Männer!

STIFTER, BILDET KARTELLE!
2008 (DER TAGESSPIEGEL)

Man hat sich häufig mokiert über die fehlende Stiftungsbereitschaft in Deutschland. Die stiftungsfeindliche Steuergesetzgebung gilt als Ursache. Auf der einen Seite werden mehr »Bildungsstifter« gefordert, auf der anderen bessere Rahmenbedingungen. Die Zahl der Stiftungen allein im Bildungsbereich beträgt aber bereits über 1500, nicht mitgezählt die zahlreichen im Stifterverband für die deutsche Wissenschaft organisierten Spender. Das ist gut, aber unübersichtlich.

Durch Kartellbildung im besten Sinne könnte sichergestellt werden, dass zum Beispiel wichtige Förderungsbereiche für Bildung nicht zufällig übersehen oder missachtet werden.

Mehrere Stiftungen könnten zeitbegrenzt gemeinsam größere Projekte anfassen und durch ihr Vorbild auch eine politische Wirkung erzeugen: den Finger auf die Lücken legen, die der Staat durch seine völlig unzulängliche Finanzierung des Bildungssystems in ignoranter Weise hinterlässt.

Synergetische Effekte setzen einen gemeinsamen Willen bei gleichzeitiger Sichtbarkeit der individuellen Spender voraus. Der ist im Engagement der Stifter im Grunde enthalten, sonst würden sie sich nicht für identische Ziele einsetzen. Strategisches Handeln erfordert aber mehr: einen Konsens darüber, welches die richtigen Strategien sind, um das hyperträge System in Bewegung zu bringen und das Geld nicht zu »verballern«.

Stiftungsmanagement ist eine komplexe Tätigkeit, für die sich langsam Professionalität herausbildet. Hier wird mittelfristig ein neuer akademischer Beruf entstehen. Es ist zu erwarten, dass potenzielle Stifter dann auch etwas von der Unsicherheit verlieren, die sie beschleicht, wenn sie befürchten müssen, dass die Mittel falsch eingesetzt werden, für die sie ein Leben lang gearbeitet haben.

Wenn die Sicherheit wächst, das Richtige zu tun, steigt die Stiftungsbereitschaft. Dort, wo der Staat sich in unendlichen bürokratischen Gleichheitsprozeduren verfängt, kann eine Stiftung zügig, effektiv und unkompliziert fördern, ohne Rücksicht auf allfällige Anspruchsanmeldungen Zukurzgekommener. Auf deren Verlautbarungen muss ein Stiftungsnetzwerk mit professionellen Managern schlicht nicht hören. Denn eines wollen Stifter und Spender nicht: eine Bewässerung des Gesamtsystems unter dem Vorwand der Gerechtigkeit mit einer Gießkanne, deren Inhalt nur für ausgewählte Pflanzen reichen kann.

Professoren verdienen zu wenig
2009 (Der Tagesspiegel)

Im internationalen Maßstab gehören deutsche Hochschullehrer eher zu den weniger gut bezahlten Gelehrten und sind vielleicht deshalb oftmals so bescheiden, meint Dieter Lenzen.

1975 kaufte ich eine Lampe, ohne sofort zu bezahlen. Der Verkäufer meinte, auf der sicheren Seite zu sein, weil – wie er sagte – Professoren erstens wohlhabend, zweitens bescheiden und deshalb kreditwürdig seien.

Ein sympathisches Vorurteil, das damals so wenig zutraf wie heute. Im internationalen Maßstab gehören deutsche Hochschullehrer eher zu den weniger gut bezahlten Gelehrten und sind vielleicht deshalb oftmals so bescheiden. Derzeit beträgt das Einkommen eines W1-Professors (W wie Wissenschaft) in Berlin monatlich 3 405,34 Euro brutto. Sie sind bei der Einstellung durchschnittlich 35 Jahre alt, haben einen oder mehrere Hochschulabschlüsse, eine Promotion, haben also mindestens ein Buch geschrieben, zahlreiche Sonntags- und Nachtdienste gemacht, wenn sie Mediziner sind, haben als Chemiker erste Vergiftungserscheinungen oder leiden unter Skoliose, wenn sie sich als Geisteswissenschaftler täglich stundenlang über kleingedruckte Bücher beugen.

Nach sechs Jahren als W1-Professor müssen sie gehen, im besseren Fall in eine andere, leicht besser bezahlte Professur oder zur Arbeitsagentur. Als »W2er« erhalten sie 3 890,03 Euro Grundgehalt, und wenn sie irgendwann, im fünften oder sechsten Lebensjahrzehnt, zu den etwa 30 Prozent »W3ern« gehören: 4 723,61 Euro mit der Chance auf leistungsgebundene Zulagen.

Ihre Kollegen in den USA starten demgegenüber bereits mit Ende zwanzig, Anfang dreißig als Professoren und nehmen das Doppelte und Dreifache ein. 55 Prozent von ihnen sind unkündbar.

Die Finanzkrise lockt manche nach Deutschland. Wenn sie auf das Einkommen achten, tun sie besser daran, sich zum Beispiel als Lehrer an einer staatlichen Schule zu bewerben. Mit 35 Jahren erhalten sie gleich 3 542,53 Euro, Zuschläge und Zulagen nicht mit eingerechnet. Also keine Missachtung des Bildungssektors generell, sondern nur der Hochschulen, denn im Gegensatz zu den Professoren stehen deutsche Lehrer im weltweiten Gehaltsranking ganz oben.

Neid? Nein, nur ein Hinweis: Niemand möge sich wundern, wenn in naher Zukunft Hochschullehrer die Gefolgschaft verweigern, falls man ihre Hochschulen nach Produktstückzahlen budgetiert: Studentenköpfe, gedruckte Buchstaben, zitierte Wörter. Professoren, die »anschaffen gehen« sollen, werden sich auch entsprechend verhalten: möglichst wenig Spaß für möglichst viel Geld, schnelle Nummern ohne menschlichen Bezug, kein Service ohne Schutz vor den Kunden.

Mit Bildung und Academia hat das nichts zu tun. Wer die Würde verloren hat, verhält sich wie jemand, der die Würde verloren hat: unwürdig, würdelos.

Freie Sicht: Die Autonomie verteidigen
2009 (Der Tagesspiegel)

1993 entließ das niederländische Parlament die Universitäten der Niederlande in die Freiheit. Damit war bereits in den 1980er Jahren begonnen worden, als sämtliche staatlichen Entscheidungen über das Hochschulwesen in die Hochschulen verlagert wurden.

Deutschland hat 20 Jahre länger gebraucht, um diese Schritte einzuleiten. Am fortschrittlichsten ist Nordrhein-Westfalen, das sogar das Berufungsrecht in die Hochschulen verlagert hat, während dieses zum Beispiel für Berlin nicht gilt.

In einigen Bundesländern möchte die Politik über die Geldvergabe auf die Inhalte von Forschung Einfluss nehmen, in anderen auf die administrative Struktur der Hochschulen durch ministerielle Vorgaben.

Praktisch nirgendwo definiert die Hochschule die individuelle Bezahlung. Sie ist durch Tarife oder »Vergaberahmen« für Professorengehälter festgelegt. Und es gibt bereits Tendenzen der Rückwärtsentwicklung: So veranstaltete ein Wissenschaftsministerium unlängst eine Tagung zum »Autonomieversagen« der Hochschulen, um zum staatlichen Durchsteuern zu blasen.

Wenn Bürger und Wähler, Steuerzahler und Menschen, die in den Genuss wissenschaftlichen Fortschritts kommen wollen, dabei tatenlos zuschauen, sollten sie Folgendes wissen: Hochschulautonomie war eine Errungenschaft des frühen 19. Jahrhunderts, nur in den beiden deutschen Diktaturen wurde sie unterbrochen. Autonomie heißt nicht, tun und lassen zu können, was man will, also gar Faulheit und Dummheit zu tolerieren, sondern Hochschulautonomie heißt, einer Besonderheit des Unternehmens »Wissenschaft« gerecht zu werden: dass wissenschaftliches Denken nur erfolgreich ist, wenn es nicht politisch gesteuert ist, sondern den Erfordernissen des Erkenntnisprozesses und seinen Methoden folgt.

Die wissenschaftlichen Revolutionen der Vergangenheit sind ausnahmslos in den Köpfen von Forschern und aus den Diskursen von Wissenschaftlern hervorgegangen, nicht aus bestellter Forschung. Gleiches gilt für die Lehre: Neue Fächer und Studiengänge entstehen im Dialog zwischen Arbeitsmarkt und Wissenschaft und nicht auf staatlichen Knopfdruck.

Ein schlagendes Beispiel: Noch kurz vor der Einführung der Hochschulverträge strich das Land Berlin in der Freien Universität das Fach Informatik mit der Begründung, Informationstechnologie habe keine Zukunft. Die Universitätsleitung sicherte das Fach dennoch ab, indem die anderen Fächer einen solidarischen Rettungsbeitrag leisteten. Bleibt zu hoffen, dass kein Bürger sich vormachen lässt, gewählte Politiker müssten doch darüber entscheiden, welche Forschung und welche Wissenschaft mit ihrem Geld betrieben werden.

Freie Sicht: Mehr Bildung im Studium
2009 (Der Tagesspiegel)

Der Bildungsstreik, der keiner war, ist vorbei. Er konnte keiner sein, weil man Bildung nicht verweigern kann. Sie findet immer statt und überall. Bologna indessen findet nicht überall statt und schon gar nicht so wie in Deutschland.

Ein Treffen von 20 Hochschulleitungen aus Europa, USA und Asien und von Vertretern einer Reihe von Weltunternehmen zeigte, dass zutrifft, was Max Frisch in »Biedermann und die Brandstifter« auf den Satz gebracht hat: »Deutschland ist nie ein Volk unter Völkern« – und das war nicht als Kompliment gemeint. Die politische Beschränkung vieler deutscher Bachelorstudiengänge auf sechs Semester war keine europäische Vorgabe.

Beschränkt sind deshalb auch oftmals die Möglichkeiten für deutsche Bachelorabsolventen, in anderen Ländern ein Masterstudium aufzunehmen. Die Gesamtlernzeit ist im internationalen Vergleich in Verbindung mit G 8 ein Jahr zu kurz.

Das gilt nicht für die Inhalte, denn die haben die Deutschen oft wenig reduziert, sondern in sechs Semester gepresst, auch wenn sie vorher acht oder neun Semester Regelstudienzeit beanspruchten.

Und sie glänzten durch ein weiteres Extrem: Wurden in den 1970er und 1980er Jahren Leistungsnachweise oft ohne ernsthafte Prüfung verteilt, Prüfungsthemen am Ende des Studiums so eng gefasst, dass der Notenschnitt meist über »zwei« lag, wollte man es jetzt wissen: Bis zu drei Klausuren in einem Seminar sind keine Ausnahme, gegen reine Multiple Choice-Prüfungen mussten Gerichte einschreiten. Zu Recht beklagen Studenten und Hochschullehrer eine völlige Überlastung durch Prüfungen, weil die Betreuungsrelation eben nicht wie in den USA eins zu acht, sondern eins zu 80 beträgt.

Wer es nicht schon weiß, dem leuchtet es bei Bologna-Besuchen in Europa unmittelbar ein: Deutschland braucht eine zweite Reformwelle des Bolognaprozesses – und weniger Vergessenheit im Hinblick, was »Bildung« einmal bedeutet hat, allerdings auch hinsichtlich dessen, was nach 1970 daraus gemacht wurde. Deutschland braucht in den Hochschulen mehr Gelassenheit, Normalität, Leistungsbereitschaft, aber keine Prüfungsbesessenheit. Es braucht durchaus Berufsorientierung, aber keine planwirtschaftliche Zubereitung von Absolventen, die der Staat bei den Unis bestellt. Deutschland braucht mehr Weitblick und Weltblick, damit es zumindest im Hochschulbereich einmal heißen kann: Deutschland ist ein Volk unter Völkern.

Die Bestenauslese muss besser werden
2009 (Der Tagesspiegel)

Die Zulassungsbescheide für das Wintersemester sind in den meisten deutschen Hochschulen verschickt. Es ist zu hoffen, dass das neue, von Ministerin Schavan begleitete Verfahren einheitlicher Termine die Friktion der zurückliegenden Jahre vermeiden hilft.

Gleichwohl wird es Beschwerden geben, weil das ein oder andere nicht klappt. Mag sein, dass dann alles noch einmal diskutiert wird.

Warum hört man nichts von solchen Problemen aus anderen Nationen? – Die Antwort ist einfach: Deutschland hat ein klassisches Berechtigungswesen. 1972 hat das Bundesverfassungsgericht festgestellt, dass die Teilhaberechte studierfähiger Bürger nur eingeschränkt werden dürfen, wenn alle Studienkapazitäten ausgeschöpft wurden. Damit gab man dem Staat und nicht den Universitäten die Verantwortung für die Studienzulassung. ZVS und Kapazitätsverordnung waren geboren. Zwangsbewirtschaftung. Nur das Abitur zählte.

Deutschland hatte sich aus verfassungsrechtlichen Gründen international isoliert. Bestenauslese auf der Grundlage von Abinoten mit einem aber durchaus respektablen Vorhersagewert.

Demgegenüber zum Beispiel England: universitäre Auswahlentscheidungen aufgrund individueller Leistungsprofile und Empfehlungsschreiben aus den Schulen. Oder Frankreich: Trennung des Hochschulbereichs in einen offenen mit Zugang für jeden Inhaber eines Bakkalaureats, Eignungsauswahl während des Studiums nach einem zweijährigen Probezyklus vor dem Eintritt in die Hauptphase und Grandes écoles als Eliteeinrichtungen für leistungsfähige Bewerber, die bereits einen Hochschulabschluss haben.

Der Unterschied zu Deutschland wird klar: Hier Vertrauen auf Abiturnoten bei der Verwaltung des Studienplatzmangels, dort studienbezogene Zusatzkriterien. Das ist in Deutschland inzwischen auch möglich. Aber: Viele Universitäten scheuen den riesigen Zusatzaufwand, wenn sowieso aus rechtlichen Gründen die Abiturnote dominant bleiben muss.

Zwei Züge rasen gewissermaßen aufeinander zu: die demografische Abwärtsentwicklung (jeder wird gebraucht werden) und der wachsende Eignungsdruck (aber nicht jeder ist geeignet). Ein klassisches Dilemma, für das es Auflösungen gibt: mehr Studienplätze schaffen, Studienarten stärker differenzieren und an

Eignungsgruppen orientieren, Studierfähigkeit verbessern vor und nach dem Übergang in den Hochschulbereich. Und: Hochschulen öffnen für qualifizierte Berufstätige. All das ist in den letzten Jahren politisch angelegt worden. Hoffentlich wissen die Wähler es zu schätzen, hoffentlich wird der Pfad nicht verlassen trotz Finanzkrise und hoffentlich nutzen Universitäten und Studieninteressierte die neuen Möglichkeiten.

Alles für die Lehre
2009 (Beilage der FU Berlin in der Tagesspiegel)

Das große Thema der Universitäten wird in unmittelbarer Zukunft besonders die Lehre sein. Gerade am Beginn eines neuen Semesters muss diese Botschaft mit aller Klarheit zum Ausdruck gebracht werden: Die deutschen Universitäten – und so auch die Freie Universität – benötigen eine Reform der so genannten Bologna-Reform. Auf der einen Seite kann kein Zweifel sein: Die Vereinheitlichung des Studiengangsystems in Europa ist irreversibel und Bestandteil einer Nachkriegslogik, in der zum Segen Europas und weiten Teilen der Welt Gemeinsamkeit und Kooperation an die Stelle von Krieg und Abgrenzung getreten sind. Nur zu selbstverständlich, dass dieses auch für die Ausbildung der nachwachsenden Generation gilt. Es ist schon erstaunlich genug, dass die Einführung von Freihandelszonen, Europäischem Parlament und einer gemeinsamen Währung vor einer Angleichung der Strukturen im akademischen Bereich standen, wo man doch angesichts der intellektuellen Verantwortung der Universitäten eher Umgekehrtes erwarten möchte.

Klagen, die allenthalben über die Einführung von Bachelor und Master erhoben werden, sind also entweder reaktionär und auf nationale Eigenwege und Abgrenzung gerichtet, oder sie meinen statt eines gemeinsamen Hochschulraums in Europa nicht dessen Idee, sondern seine noch unzureichende Verwirklichung. In diesem Sinne haben solche Stimmen oftmals Recht. Insofern gehören zu den dringend revisionsbedürftigen »Innovationen« diejenigen Elemente, die mit den Entschließungen von Bologna überhaupt nicht zwangsläufig verbunden sind, ja teilweise nicht einmal gerechtfertigt werden können. So ist niemals verlangt worden, dass Bachelor-Studiengänge drei Jahre und nicht mehr umfassen dürfen. Es ist niemals verlangt worden, dass in Europa alle denkbaren Studienfächer miteinander frei kombinierbar sein dürfen und dass die Einrichtungen die Pflicht haben, zur Vermeidung von zeitlichen Überschneidungen bis zu 2 000 überschneidungsfreie Curricula anzubieten. Niemand hat erwartet, dass Leistungsüberprüfungen in Form von Klausuren, am Ende gar im Multiple-Choice-Verfahren abgenommen werden müssen. Auf diese Weise werden die individuellen Qualifikationen von jungen Menschen, ihre Leistungsfähigkeit beispielsweise in mündlichen Prüfungen oder in schriftlichen Erarbeitungen darzulegen, systematisch ignoriert.

Aber genau diese und zahlreiche weitere Probleme des Umsetzungsalltags der Bologna-Reform sind es, die bei Lehrenden und Lernenden verständlicherweise Verdruss und Abwehr hervorrufen. Die Freie Universität hat deshalb beschlossen, die konkreten Rahmenbedingungen der Umsetzung von Bologna einer Revision zu unterziehen. Dieses soll nicht nur, dieses muss in engster Abstimmung mit denen geschehen, die im Unterrichtsalltag als Lehrende und Lernende zusammenarbeiten. Erwachsene Liberalität, Vertrauen darauf, dass Lernende lernen und Lehrende lehren wollen, und zwar so erfolgreich wie möglich, werden an die Stelle von kleinlicher Überwachungsmentalität und Bürokratismus treten müssen. Wenn in einer akademischen Bildungseinrichtung von vornherein unterstellt wird, dass die Beteiligten an Bildung gar nicht interessiert sind und sie deshalb an die Kandare genommen werden müssen, dann hätte eine solche Einrichtung ihr Ziel verfehlt.

Der denkbare Einwand, der Mensch sei von Natur aus faul und müsse zur Arbeit gezwungen werden, weil sonst die Zukunft der nachwachsenden Generation auf dem Spiel stehe, ist ebenso pauschal wie falsch. Über die Zukunft des Lebens entscheidet kein meritokratisches Bildungssystem, sondern nichts anderes als das Leben selbst – in seiner ganzen Fülle.

BESSER LEHREN, BESSER BETREUEN
2009 (DER TAGESSPIEGEL)

Unterrichtskompetenz ist auch bei Hochschullehrern nicht angeboren. Manches wird falsch gemacht, obgleich die Unterrichtsforschung schon weiter ist.

Dass beispielsweise der Lerneffekt um 35 Prozent steigen kann, wenn neben dem gesprochenen Wort auch optische Informationen geboten werden. Dass die Aufmerksamkeitskurve nach zehn Minuten Zuhören massiv nach unten weist und dass Leistungsüberprüfungen durch Klausuren reines Prüfungslernen hervorrufen und wenig über die tatsächliche Kompetenz der Geprüften aussagen.

Diese und Dutzende weitere Bedingungen gelingenden Unterrichts sind vielen unbekannt. Das ist nicht so, weil Hochschullehrer ignorante Besserwisser sind, sondern weil akademischer Unterricht in Deutschland noch immer stark auf dem klassischen Gelehrtenideal beruht.

Demzufolge sind das Beherrschen des Faches und die Begeisterung für seine Gegenstände eine ausreichende Voraussetzung für die Tätigkeit eines Hochschullehrers. Aber dieses Ideal ist in solchen Wissenschaften entstanden, die von der differenzierten Kunst des Wortes lebten. In der Philosophie, den Philologien, der Geschichtswissenschaft. In vielen akademischen Fächern kann jedoch auch das Handwerk des guten Unterrichts eine wichtige Grundlage sein.

International ist dies selbstverständlich. Hochschullehrer erhalten das Angebot einer professionellen Ausbildung, etwa an der Universität Oxford, die ihnen ein »Diploma in Learning and Teaching in Higher Education« anbietet, unterrichtet in einem eigenen »Institute for the Advancement of University Learning« oder an der Universität Sydney oder in Maastricht mit dem »problem-based learning«.

In Deutschland zeichnet sich nun ab, dass mit der Errichtung eines solchen – am Ende obligatorischen – Ausbildungselements für künftige Hochschullehrer zu rechnen sein wird. Dann werden vielleicht neue Erwartungen durch die Politik etabliert, die sachlich angemessen sein können. Aber die Rahmenbedingungen an deutschen Hochschulen sind andere als in den Ländern, in denen moderne Lehre bereits erfolgreich eingesetzt wird. Verbessert werden muss vor allem die Betreuungsrelation von Professoren zu Studierenden. Wer nicht bereit ist, diese Bedingungen herzustellen, kann keine weiteren Forderungen erheben. Oder er muss sich mit drittklassigem Personal begnügen, weil die Besten sich nicht drangsalieren lassen werden.

Exzellenzinitiative: Aus Fehlern lernen
(2005) Der Tagesspiegel

Mehr Transparenz, mehr Lehre: Der Elitewettbewerb muss in der zweiten Runde verbessert werden. Denn bisher wurde die Legitimität des Wettbewerbs immer wieder in Frage gestellt.

Für alle wissenschaftlichen »Exzellenzen« und für die Experten wird es diese Woche spannend: Politik und Wissenschaftsorganisationen legen die Bedingungen des nächsten Exzellenzwettbewerbs fest. Rechtzeitig erschien also das Buch der Berlin-Brandenburgischen Akademie der Wissenschaften zu den Bedingungen und Folgen der ersten Runde.

Viel Richtiges steht darin: Einerseits der Hinweis auf die hohe Mobilisierungswirkung des Wettbewerbs, andererseits auf die Überspezialisierung mancher Bereiche oder auf die Vernachlässigung von grundständiger Lehre durch Professoren, die in Exzellenzbereichen engagiert sind.

Erwähnt wird auch die Notwendigkeit der Schaffung von neuen administrativen Strukturen, die in Gegensatz zu den althergebrachten geraten können.

Diese Liste wäre zu ergänzen um Erfahrungen aus dem Umgang mit Spitzenwissenschaftlern und denen, die eher in der Breite wirken müssen. Genie und Überheblichkeit sind dabei manchmal dicht beieinander, ebenso wie Redlichkeit und Depression. Letztere resultiert bisweilen aus der Erfahrung der Geringschätzung bei denjenigen, die den ganzen Normalbetrieb schultern müssen, nachdem der eine oder andere Kollege sich in Cluster und Graduiertenschulen verabschiedet hat. Und das heißt: Mehrarbeit, vollere Lehrveranstaltungen, Stress wegen Bologna sowie der Kritik an dieser Reform – und Prüfungen, Prüfungen, Prüfungen.

Die Forderungen an die Veranstalter des Wettbewerbs liegen auf der Hand: Politik, Wissenschaftsrat und Deutsche Forschungsgemeinschaft müssen aus den zurückliegenden fast zwölf Monaten von Studenten- und auch Professorenprotesten sowie aus drei Jahren Exzellenzpraxis produktive Konsequenzen ziehen. Der nächste Wettbewerb darf sich nicht allein am naturwissenschaftlichen Forschungsparadigma orientieren, sondern muss auch die Besonderheiten von Sozial- und Geisteswissenschaften stärker berücksichtigen.

Zudem hat die Maxime zu lauten, dass eine qualitätvolle Lehre die Grundlage für qualitätvolle Forschung ist – und nicht nur umgekehrt. Modelle für die grundständige Lehre sollten ebenso ihren Platz haben wie solche für Forschung und Nachwuchsausbildung im Hinblick auf Wissenschaftskarrieren. Die Bedingungen für »Zukunftskonzepte« in der so genannten dritten Förderlinie dürfen sich nicht wieder nur auf Forschung ausrichten. Vielmehr müssen sie auch auf Lehre und vor allem auf gelingende Formen von Hochschulsteuerung und Mitbestimmung setzen. Eine Hochschule hat nur dann Zukunft, wenn sie auch die Interessen derjenigen zur Geltung kommen lässt, die sie tragen: Lehrende und Lernende.

Auch bei den Prozeduren muss nachgebessert werden. Nur ein Beispiel: Zukunftskonzepte für deutsche Universitäten sollten nicht wie bisher nur in englischer Sprache entwickelt und vornehmlich von nichtdeutschen Experten bewertet werden. Alle Muttersprachler galten als irgendwie befangen – zu Unrecht. Damit würden die Ausrichter des Wettbewerbs auf wertvolle Expertise verzichten.

Es ist darüber hinaus zu wünschen, dass die zweifellos vorhandene Transparenz, Professionalität und das Wohlwollen für die deutschen Universitäten als tragende Elemente noch besser sichtbar werden. Denn die Legitimität des Wettbewerbs wurde immer wieder stark in Frage gestellt, auch von Professoren. Letztlich müssen zur nächsten Runde alle »Ja« sagen können. Wenn das gelingt, wird es nach dem nächsten Wettbewerb vielleicht keines weiteren 300-Seiten-Buches mehr bedürfen, das Korrekturen verlangt.

Universitätssystem weg vom Projekt
2010 (Die Zeit)

Wissenschaftler sind zu kleinen Rädchen einer Maschinerie mutiert, in der vor allem eines zählt: Nutzwert. Wo bleibt die zweckfreie Gründlichkeit?

Als »projektorientierte Polis« beschrieben die beiden französischen Soziologen Luc Boltanski und Eve Chiapello die Gesellschaft, wie sie sich nach 1968 entwickelte. In dieser Polis ist das Leben nicht mehr als eine Abfolge von Projekten: zeitlich begrenzt, netzwerweiternd und darauf ausgelegt, die Umwelt ununterbrochen nach Innovationsmöglichkeiten abzusuchen. Dieser Existenzmodus dominiert inzwischen auch das Universitätssystem – mit erheblichen Folgen für das Konzept von Universität, für den Beruf des Wissenschaftlers und für die Art und Weise, Wissen zu generieren, zu verbreiten und zu tradieren.

In der projektorientierten Polis der Universität fehlt, was für die *academia* konstitutiv war: ausreichend Zeit. Forschung findet in Projekten statt, sie ist kaum mehr ein kontinuierlicher Prozess des »Bei-einer-Sache-Bleibens«. Es gibt zweckgebundene »Projektmittel«, aber praktisch keine zweckfreien Forschungsmittel mehr. Studiert und unterrichtet wird im Rahmen einer eng bemessenen »Regelstudienzeit«, beides will verwaltet sein – mit einem hohen Termindruck auf die Wissenschaft. Wenn ein Projekt beginnt, ist das nächste zu beantragen, die Vorlesung des 6. Semesters steht drei Jahre zuvor fest, neue Theorien und Erkenntnisse in der Zwischenzeit sind nicht vorgesehen.

Die projektorientierte Universität verändert die Lebensbedingungen der Menschen, die Wissenschaft machen, und damit diese selbst: Zeitlich begrenzte Projekte sind ihrer Natur nach Aufgaben für ganze Gruppen von Wissenschaftlern, die interdisziplinär, also arbeitsteilig verfahren. Dies kulminiert in der Idee des »Clusters«. Der größte Teil des Personals arbeitet inzwischen ohne Status und befristet, bis das Projekt beendet ist – und erfüllt damit unfreiwillig die 68er-Forderung nach Gerechtigkeit, die nicht durch zementierte Hierarchien behindert wird. Mehr Menschen im Universitätsbetrieb haben eine Chance, aber eine befristete. Die Folgen sind besorgniserregend: Das Personal, die gesamte Institution weist Spuren eines »organizational burn-outs« auf, höchste Leistungsmotivation und Leistungsfähigkeit kippen und führen in einen totalen Selbstverlust.

Dies ist buchstäblich tödlich für das Konzept des Gelehrten und damit für beträchtliche Teile der Geisteswissenschaften.

Zeitknappheit und Unsicherheit schlagen sich auch in den Methoden nieder: In der projektorientierten Universität ist wenig Zeit für zweckfreie Forschung, die nicht auf technologische Innovation schielen muss, es ist keine Zeit für Methodenreflexion und Kritik. Soweit Letztere geübt wird, dient sie selbst dem Zweck der Optimierung. »Einsamkeit und Freiheit« passen nicht zu einer projektorientierten Universität, die auf Kooperation und Zweckbindung fußt. Für »Bildung« durch Reflexion von Methode und Zweck der Forschung, für den klassischen Schlüssel der Rückbindung der Lehre an die Forschung, ist schwerlich Raum.

Wie wollen wir mit dieser Entwicklung zu einer projektorientierten Universität künftig umgehen? Ich schlage vor, den französischen Begriff der *souplesse,* zu Deutsch: Biegsamkeit, zur Leitlinie des Handelns der Universität zu machen – nicht im Sinne der Anpassung, sondern in dem Sinne, dass Wissenschaft sich an die Logik der projektorientierten Universität »anschmiegt«, um diese in ihrer Logik zu unterlaufen. Dazu gehört die Verlangsamung des Tempos, mit dem immer neue Projekte beantragt werden; dazu gehören Gründlichkeit in der Analyse und Veröffentlichung von Forschungsergebnissen. Beides darf Zeit beanspruchen. Dazu gehören Verfahren, mit denen mehr Stabilität in den wissenschaftlichen Lebensverhältnissen erzeugt wird, wie längere Beschäftigungszeiten und Konstanz einer Gruppe; Vertrauen in die Leistungsbereitschaft der Wissensproduzenten statt immer neuer Prüfungen und Bewährungsverfahren. Und zu alldem gehört die Kritik als Methode.

Neue Formen der Partizipation sind gefragt. Aber diese Form der *souplesse* wird nicht genügen. Die projektorientierte Universität ist Bestandteil und Produkt einer projektorientierten Politik, die sich mit ähnlichen Phänomenen konfrontiert sieht: Zeitmangel, Burn-out, Zustimmungsverlust und Zerstörung des Politischen als Ort des Ausbildens von guten Lösungen in differenzierten Interessenlagen. Daraus könnte eine Gemeinschaft von Wissenschaft und Politik entstehen.

Man müsste sich einigen: Etwa darauf, dass in der Forschung die Zeit der großen Wettbewerbe langsam in eine Zeit der Kontinuität für jene Strukturen überführt wird, die in den letzten Jahren projektorientiert entstanden sind. Man könnte sich auf die Förderung auch des Inkommensurablen verständigen: »*Blue sky research*«.

Man könnte gemeinsam zur Auffassung gelangen, dass Innovationen nicht nur technischer, sondern auch kultureller Natur sein können und darüber diskutieren, ob jedes denkbare Experiment auch wünschenswert und somit förderungswürdig ist. Und: Wenn man sich darüber einig ist, dass es das Ziel von Wissenschaft ist, Gewissheiten, *evidence,* zu generieren, aber ebenso und gleichwertig auch Wahrheiten, einen gesellschaftlichen Konsensus darüber, wie wir künftig miteinander leben wollen, dann wäre eine Gemeinschaft von Wissenschaft und Politik erreicht.

Schließlich die akademische Selbstverwaltung. Kein Zweifel: Ebenso wie die wettbewerbsorientierte Forschung und wie der Bologna-Prozess hat das New Public Management einen einzigartigen Aktivierungsschub für den tertiären Sektor des deutschen Bildungswesens mit sich gebracht. Man kann von Leistungsreserven sprechen, die »gehoben« wurden, und davon, dass Bereiche identifiziert wurden, deren Inaktivität die Frage aufwarf, ob die Verwendung von öffentlichen Mitteln dort angemessen war. Die diesem Management zugrunde liegende Output-Orientierung allerdings ist mittelfristig mit einem erheblichen Verlust an Zustimmung derjenigen verbunden, die den Output liefern sollen.

Deren Zustimmung wird man nicht erlangen können, indem man die repräsentativen Entscheidungsstrukturen der 1970er Jahre wiederherstellt, die ebenfalls mit dem Problem des Legitimationsverlustes konfrontiert waren. Deren Zustimmung erreicht man durch die Entwicklung und Erprobung neuer Formen der Partizipation, die möglichst viele Beteiligte erfassen. Denn die Grenzen der repräsentativen Demokratie zeigen sich in den letzten Jahren allenthalben, auch im Bildungsbereich, wenn beispielsweise durch Volksabstimmungen Schulreformen verhindert werden können, die – wie in Hamburg – auf einem einstimmigen Beschluss eines ganzen Parlaments beruhen. In anderen Ländern wie Dänemark hat man das Problem früher erkannt und mit einem »new circle of legitimation« darauf reagiert. Die Entwicklung solcher Konzepte wird selbst eine Aufgabe der Wissenschaft sein – auch hier also gibt es Gemeinsamkeiten zwischen dem politischen System und dem Bildungssystem.

Die Universität muss die Politik im Sinne der *souplesse* für sich nutzen, denn Bildungspolitiker sind in derselben Lage wie die »Insassen« der Universität: Sie müssen ihren finanzpolitischen »Wärtern« klarmachen, was passiert, wenn die projektorientierte Bildungsrepublik in sich zusammensinkt.

3. Bildung international

LUXUS IM LABOR
2003 (DER TAGESSPIEGEL)

*Was deutsche Hochschulen
von Amerikas Spitzenuniversitäten lernen können*

Im Fernsehen auf Kanal NY 1 muss sich der Präsident einer New Yorker Universität dafür rechtfertigen, dass seine Hochschule nur jeden zehnten Bewerber aufnimmt. Gleichzeitig schwärmen die Professoren der meisten amerikanischen Universitäten und Colleges jedes Jahr aus, um Bewerber für ihre Hochschulen zu interessieren – mit bunten Broschüren und leuchtenden Kugelschreibern. Die Unis wollen eben nicht alle Studenten, sondern bestimmte. Das ist eine der Voraussetzungen für die hohe Qualität der guten amerikanischen Hochschulen. Es gibt noch ein paar andere.

Zum Beispiel Autonomie. Zugegeben: Etliche Präsidenten beklagen Versuche des Staates, die Hochschulautonomie in Frage zu stellen, zum Beispiel, indem sie Zulassungsquoten für ethnische Minderheiten festlegen, die Höhe von Studiengebühren beeinflussen wollen oder die Unis dazu auffordern, ihre Qualitätsstandards zu senken.

Damit hat der Staat allerdings nur begrenzt Erfolg, denn er verliert an Einfluss. Der durchschnittliche Anteil des Staatszuschusses an den Hochschulhaushalten ist in den Universitäten Amerikas von 50 auf 27 Prozent gesunken, die Studiengebühren sind gleichzeitig um drei bis 30 Prozent gestiegen. Gleichzeitig stellt das Erziehungsministerium stolz fest, dass im Jahre 2000 rund 70 Prozent der Bevölkerung eine der 4 182 Hochschulen des Landes besucht haben, für die die USA jährlich 200 Milliarden Dollar ausgeben.

Drei Millionen Beschäftigte arbeiten an den amerikanischen Hochschulen. Professoren der Columbia University erfreuen sich eines Jahresgehalts von 150 000 bis 400 000 Dollar (in Deutschland: 60 000 bis 120 000 Euro), und Präsidentengehälter von einer Million Dollar sind keine Seltenheit (in Deutschland maximal 94 000 Euro). In einem einzigen Jahr hat die Columbia University zur Verbesserung der Lehr-Lern-Technologie in den Hörsälen 140 Millionen Dollar ausgegeben – das entspricht der Hälfte des gesamten Jahresetats der Freien Universität Berlin. Und in Deutschland muss die Autonomie der Universitäten vom Staat noch errungen werden. Bürokraten verteidigen ihre Macht mit Zähnen und Klauen. Kein Wunder, dass Privatunternehmen in Deutschland wenig Neigung zeigen, in derart unterentwickelte Institutionen zu investieren – anders als in den USA, wo ein einziges Fundraising-Dinner, zu dem der Präsident der Columbia-University einlädt, 2,4 Millionen Dollar an einem Abend erbringt, womit das Stiftungskapital von 4,3 Milliarden Dollar weiter angereichert wird.

Wo sind Deutschlands »big spenders«?

Wer politischerseits in Deutschland die USA als Beispiel für Exzellenz zitiert, muss zur Kenntnis nehmen, dass, um bei Columbia zu bleiben, dort der Jahresetat für eine Universität mit 17 000 Studierenden 2,3 Milliarden Dollar beträgt. Zum Vergleich: Für 43 000 Studenten stehen der FU jährlich rund 270 Millionen Euro zur Verfügung. Berlin gibt für 85 000 Studienplätze künftig nicht einmal mehr 900 Millionen Euro aus.

Wenn eine deutsche Universität amerikanische Qualitätsdimensionen erreichen soll, muss man ihr gestatten, Einnahmen zu erzielen. Der »operating plan« der Columbia zeigt, woher das Geld kommt: über 500 Millionen Dollar jährlich aus Studiengebühren (also 26 500 Dollar pro Student), 450 Millionen Dollar vom Staat, rund 140 Millionen Dollar aus Patentverwertungen und fast eine Milliarde Dollar aus verschiedenen Quellen, von Forschungsaufträgen für die Privatwirtschaft bis hin zu schlichten Geldspenden, die allein fast 100 Millionen Dollar ausmachen.

Wo sind in Deutschland die »big spenders«, die in Sorge um die Zukunft des Wirtschaftsstandortes bereit wären, jährlich mehrere Milliarden in die Hochschulen zu geben? Sie existieren nicht. Nicht einmal die Summe für die Berliner-Münchener Privathochschule ESMT kam problemlos zustande, obwohl deren Stammkapital nur ein Viertel von dem betragen soll, was Columbia allein jährlich an Geschenken und Stiftungen erhält.

Der Hinweis darauf, dass in Deutschland die Steuern zu hoch seien, ist nur die halbe Wahrheit, wenn man bedenkt, dass etliche Großkonzerne durch eine gezielte Verlustpolitik überhaupt keine Steuern bezahlen. Welche Voraussetzungen müssten also jenseits der Steuersenkung geschaffen werden, um die Finanzierungsbereitschaft der Unternehmen zu vergrößern?

Es müsste die Spur einer Aussicht geben, dass solches Geld nicht in Staatsuniversitäten vernichtet wird. Dazu gehört ein Verzicht auf jeden staatlichen Einfluss, die Etablierung starker Aufsichtsräte beziehungsweise Kuratorien, die in den USA nur eine Aufgabe haben: auf eine ausgeglichene Bilanz zu schauen. Jeder inhaltliche Einfluss auf die Wissenschaftspolitik der Universität ist verpönt. Außerdem können erfolgreiche Forschungsuniversitäten nur funktionieren, wenn sie unternehmerisch gesteuert werden. Amerikanische Unipräsidenten werden vom »board of trustees« ausgewählt und suchen sich selbst ihre Vizepräsidenten und Dekane. In den Gremien sind Studierende oder Beschäftigte nicht vertreten.

Gleichwohl gibt es Mitbestimmung an den amerikanischen Unis. Sie ist in Gewerkschaften der Beschäftigten und der Studierenden organisiert. Eine Art Tarifvertrag regelt zwischen der Leitung und den Universitätsmitgliedern, was zu regeln ist: professionelle Rechte und Pflichten, Arbeitszeit, Messung der Arbeitsleistung und Gehälter.

Eine dritte Voraussetzung für die Investition privater Mittel ist die Sicherung von Qualität. Sie beginnt bei der Auswahl der Studierenden, der mit viel Marketing-Aufwand betriebenen Suche nach »future potentials«. Bewerber müssen zum obersten Leistungsdrittel ihrer Highschool gehören, der SAT-I-Test ist zu bestehen, in einem Aufsatz, der von drei Gutachtern gelesen wird, haben die Bewerber ihre Interessen, Aktivitäten, besonderen Fähigkeiten und Qualitäten darzulegen, eine Studienberatung zu durchlaufen und in einem Interview ihre Eignung unter Beweis zu stellen. In Deutschland gibt es ein Abitur, dessen prognostischer Wert gering ist, und einen absurden Numerus clausus.

Atmosphäre des Lernens und Wissens

Qualitätssicherung findet an amerikanischen Universitäten statt durch kontinuierliche Evaluation. Besonders die Qualität der Inhalte und der Innovationsgehalt der Lehrmethoden wird beurteilt. Der Studienerfolg ist übrigens bei den sportlich aktiven Studenten am größten, weil ihr sozialer Zusammenhalt sich leistungsfördernd auswirkt. Das gilt auch für die Studierenden, die auf dem Campus wohnen. Die Campus-Universität ist ein Lebensraum, der durch eine Atmosphäre des Lernens und Wissens und ein Klima von Toleranz und Respekt gekennzeichnet ist.

Fazit: Wenn Deutschland durch sein System der Hochschulbildung den Qualitätsstandard amerikanischer Spitzenuniversitäten erreichen und seine wirtschaftliche Innovationskraft in den nächsten 20 Jahren wenigstens auf den Stand der 1960er Jahre bringen will, muss das gesamte System schnell und radikal verändert werden. Eine Investitionssteigerung um das Zehnfache des jetzigen Haushaltes muss stattfinden. Diese ist ohne schwerwiegende Einschnitte in Privilegien, Gewohnheiten und stabile Strukturen nicht denkbar. Das hieße aber auch, eine Güterabwägung zu treffen. Das hieße, eine hohe Selektivität des Bildungssystems zu akzeptieren. Das hieße auch, die Mitwirkungsrechte des Personals und der Studenten zu reduzieren, das hieße auch mehr kollektive Bildung und weniger Individualität. Und das bedeutet schließlich mehr Rigidität, Disziplin und schlicht mehr Arbeit.

Wo liegen eigentlich Yale und Princeton?
2004 (Der Tagesspiegel)

Deutschland braucht den Wettbewerb um Spitzenleistungen

Der gewesene Kulturstaatsminister Nida-Rümelin hat seine Äußerung wiederholt, nur die Humboldt-Universität käme in Frage, wenn es eine deutsche Elite-Universität geben solle. Bundeswirtschaftsminister Clement schließt sich an. Solche Äußerungen sind wenig hilfreich in der derzeitigen Situation, in der alle drei Berliner Universitäten darum kämpfen, ihre exzellenten Bestände vor den Kürzungen des Senats zu schützen. Und sie entbehrt jeder vernünftigen Grundlage. Warum? Nicht, weil nicht auch die Humboldt-Universität über das Entwicklungspotenzial verfügte, sondern weil der Ansatz, aus Mitteln des Bundes eine Elite-Universität zu erzeugen, verfehlt ist.

Was ist eigentlich eine »Elite-Universität«? In den USA, wo die Top 10 der Weltrangliste stehen, spricht man nicht von Elite-Hochschulen, sondern von »research universities«, also Forschungsuniversitäten, die sich von den 4 800 anderen dadurch unterscheiden, dass in ihnen mit sehr viel Geld (zum Beispiel 2,4 Milliarden Dollar Jahresetat für die Columbia University) zukunftsweisend geforscht und gelehrt wird. Das Budget ist zu etwa einem Drittel staatlich, der Rest kommt aus dem Vermögen der Universität und aus Einnahmen für Dienstleistungen. Eine Elite-Universität ist also auch deshalb eine solche, weil sie sich ihr Geld im Wettbewerb mit anderen verdienen muss.

Das tun auch die Humboldt- und die Freie Universität Berlin mit großem Erfolg. Die zweite Gründung der Humboldt-Universität nach der Wende hat der Freien Universität einen erheblichen Leistungszuwachs beschert. Im Leistungsvergleich der Berliner Universitäten ist die Freie Universität seit Jahren auf dem ersten Platz, im Europa-Ranking auf Platz 29 (Humboldt: Platz 53, TU: keine Nennung unter den Top 100), im Welt-Ranking auf Platz 95 (Humboldt: Platz 152, TU: Platz 301). Im Forschungsranking des Centrums für Hochschulentwicklung gehört die FU nach der HU zu den Top 10. Sie hat 15 Träger des Leibnizpreises, dem so genannten Deutschen Nobelpreis. Die HU hat vier, die TU Berlin sechs. In 2003 erhielt die FU unzählige Auszeichnungen, allein acht Humboldt-Preisträger und 48 Humboldt-Stipendiaten zählen dazu. Das schweizerische Zentrum für Wissenschafts- und Technologiestudien (CEST) nennt als beste deutsche Hochschulen die Ludwig-Maximilians-Universität in München, die Universität Heidelberg, die Freie Universität Berlin und die Universität Tübingen.

Nida-Rümelin konzediert, dass die HU heute noch nicht die deutsche Spitzenuniversität sei. Trotzdem behauptet er, nur sie komme in Betracht und hebt auf die Provinzlage von Konstanz ab (weiß er eigentlich, wo Yale und Princeton liegen?). Außerdem verweist Nida-Rümelin auf den klingenden Namen »Humboldt«. Dummerweise wurde der aber von den Kommunisten gewählt – die eigentlich Humboldtianische Universität war die Friedrich-Wilhelm-Universität von 1810. Der in dieser Konzeption enthaltene Freiheitsgedanke wurde nach 1945 in der FU gerettet.

Es geht nicht darum zu sagen: künftige Elite-Uni ja, aber bitte die FU. Beide, Freie und Humboldt-Universität, sind Spitzenuniversitäten. Mit vergleichsweise lächerlichen Mitteln vollbringen beide Höchstleistungen. Wenn sie ausgestattet wären wie ihre internationalen Schwestern, wären sie unter den Top 10 of the World – und wenn sie agieren dürften wie ein Unternehmen und nicht wie eine nachgeordnete Behörde.

Wenn der Bund wissenschaftliche Innovationen fördern möchte, dann ist das gut. Viele Aufgaben des Bundes, wie die Beratung von Politik und Verwaltungen, werden jedoch ohne Bundesmittel seit langem erfüllt, zum Beispiel in der FU durch das Otto-Suhr-Institut, das Institut für Lehr-Lern-Forschung, in dem über die Konsequenzen aus PISA geforscht wird, oder durch die Medizin, wenn es um den Schutz der Bevölkerung vor den Folgen von Terroranschlägen geht. Solche Spitzenleistungen müssten künftig mit Bundesmitteln so gefördert werden, dass sie international wettbewerbsfähig sind.

In diese Förderung des Bundes wären die Ludwig-Maximilians-Universität und die Technische Universität in München genau so einzubeziehen wie die Freie und die Humboldt-Universität in Berlin. Dann würden Berlin und München als das wirken können, was sie sind: als die Top-Leistungsträger der deutschen Wissenschaft.

Polen kommt
2004 (Der Tagesspiegel)

Intellektuelle Aufbruchstimmung: Deutschlands Nachbar mausert sich zu einem ernst zu nehmenden Konkurrenten

Mit Stolz und Optimismus präsentieren Rektoren und Führungskräfte polnischer Wissenschaftseinrichtungen ihre neu entstehenden Universitätscampusse und -errungenschaften. Zum Beispiel das gerade fünf Jahre alte Bibliotheksgebäude der Universität Warschau: eine lichtdurchflutete Stahl-Glas-Beton-Konstruktion. Oder den entstehenden Neucampus in Krakau und die weitläufigen Gebäude der naturwissenschaftlichen Fachbereiche in Posen. Ein Foucaultsches Pendel zeigt Geschichte und Weltläufigkeit zugleich, und der Rektor deutet auf umliegendes weites Brachland: Hier wird eines Tages der Campus der Universität konzentriert sein.

Keine Frage, für Deutschland wächst hier ein starker Konkurrent heran

Seit dem Zusammenbruch des Sozialismus sind die Studierendenzahlen in Polen sprunghaft gestiegen: Waren es 1980 nur 380 000, so studieren heute über zwei Millionen junge Polen. Ungefähr genauso viele Studenten hat Deutschland, nur dass Polen lediglich 30 Millionen und nicht 80 Millionen Einwohner hat. Weitere 200 000 Interessenten warten auf einen Studienplatz. Die demographische Katastrophe, vor der Deutschland mit viel zu geringen Studierendenzahlen steht – die Hälfte eines Altersjahrgangs müsste studieren, um den Rückgang der hoch qualifizierten Erwerbsbevölkerung aufzufangen –, wird Polen nicht ereilen.

Der intellektuellen Aufbruchstimmung widerspricht allerdings die ökonomische Ausstattung der Hochschulen im Alltagsbetrieb jenseits der großen Campusprojekte. In zehn Jahren ist der Wissenschaftshaushalt um ein Drittel geschrumpft. In die entstehende Versorgungslücke stürzen sich deshalb private Initiativen. Zurzeit gibt es 275 private und 128 staatliche Hochschulen. Bereits ein Viertel der Studierenden besucht private Hochschulen, deren Angebot von unterschiedlicher Qualität ist.

Schwerpunktmäßig handelt es sich um Studiengänge in den Wirtschaftswissenschaften; ein Viertel aller polnischen Hochschüler(innen) studierte ein wirtschaftswissenschaftliches Fach. Die Zeichen sind auf Privatwirtschaft und Markt gesetzt. Erfolgreiche Privathochschulen wie die Leon-Kozminski-Hochschule für Business und Management in Warschau haben daraus klare Konsequenzen gezogen. Sie bieten nicht nur englischsprachige Studiengänge wie viele staatliche Hochschulen an, sondern auch einen deutschsprachigen Master. Im Advisory Board sitzen folglich auch deutsche Manager. Dennoch ist die deutsche Sprache in die zweite Position gerückt. 62 Prozent aller polnischen Schüler lernen Englisch, nur noch 34 Prozent Deutsch.

Obwohl die polnische Verfassung eigentlich ein unentgeltliches Studium garantiert, zahlt faktisch die Hälfte der Studierenden Gebühren, durchschnittlich 700 Euro im Jahr. Sie investieren ihr Geld zur Steigerung ihrer Arbeitsmarktchancen in Zusatz-, Wiederholungs-, Fern- oder Abendstudien.

Die junge Generation hat verstanden: Ihre einzige Zukunft liegt in ihren Köpfen. Deshalb studieren viele Polen auch im Ausland, davon in Deutschland zurzeit 8 000. Neben den Hochschulen existiert eine Akademie der Wissenschaften mit 80 Instituten in Warschau, die Forschungsaufgaben wahrnimmt, welche in Deutschland insbesondere durch Max-Planck-Institute erfüllt werden.

Deutsche Hybris könnte es nahelegen, zwischen deutschen und polnischen Studien ein qualitatives Gefälle zu sehen. Doch die polnische Regierung kennt diesen Einwand und hat ein rigides Standardisierungsprogramm ins Leben gerufen: 50 bis 60 Prozent aller Hochschulinhalte werden vom Staat standardisiert.

Strikte Evaluationen des Hochschulbereichs mit negativen Sanktionen sind dagegen in Deutschland noch die Ausnahme. Polens Bildungsminister Szulc weist auch darauf hin, dass Polen den Bologna-Prozess der Umstellung auf Bachelor- und Master-Studiengänge von Anfang an konsequent verfolgt habe. Auch hier ist Polen in Europa angekommen.

Den möglichen Verdacht, über die Akkreditierung schlügen zentralistische Tendenzen durch, kann der Minister entkräften. Die Hochschulautonomie ist im europäischen Vergleich in Polen am weitesten fortgeschritten. Die Einrichtungen werden über Zielvorgaben gesteuert. Die Rektoren entscheiden in allen Angelegenheiten zwar in Abstimmung mit dem Akademischen Senat. In diesem sind die Statusgruppen aber nach einem Schlüssel vertreten, der den Verantwortlichen genügend Handlungsspielraum gestattet: die Professoren mit 55 Prozent, wissenschaftliche Mitarbeiter mit 25 Prozent, Studierende mit 15 Prozent und sonstige Mitarbeiter mit fünf Prozent.

Einen sehr positiven Anteil der deutsch-polnischen Zusammenarbeit kann der Deutsche Akademische Austauschdienst (DAAD) für sich beanspruchen. Die Außenstelle in Warschau hat es vermocht, ein dichtes Netzwerk zwischen deutschen und polnischen Wissenschaftlern zu etablieren. Der Bedarf hält an. Insbesondere fehlen deutsche Stipendien für junge Polen. Immerhin kann der DAAD auf zwei Stipendiaten verweisen, die polnische Ministerpräsidenten wurden.

Die Bedeutung solcher Arbeit kann gar nicht überschätzt werden, denn die deutsch-polnische Aussöhnung hat noch einen langen Weg vor sich, auf dem den Intellektuellen und jungen Akademikern eine besondere Rolle zukommen wird.

Der Autor ist Präsident der Freien Universität Berlin und soeben von einer Reise durch polnische Universitätsstädte zurückgekehrt.

WISSENSCHAFT AUF WELTNIVEAU
2005 (FREIE UNIVERSITÄT. NEUES AUS WISSENSCHAFT UND FORSCHUNG)

Die ETH Zürich gehört zu den erstklassigen Universitäten der Welt – Grund genug, sich die vorbildlichen Rahmenbedingungen genauer anzusehen, um für Berlin Neues zu wagen

Die ETH Zürich ist eine der erstklassigen Universitäten der Welt. Im »Academic Ranking of World Universities« der Universität Shanghai steht sie auf dem 27. von 500 Plätzen. In Europa ist der Wissenschaftsstandort Zürich vorbildlich. Das Präsidium der Freien Universität fuhr mit einer Delegation von Dekanen hin, um von der Schweiz zu lernen.

Der Berliner Finanzsenator pflegt mit seinen berüchtigten Folienpräsentationen ein Benchmarking zwischen der Freien Universität Berlin und der Universität Koblenz/Landau, einer ehemaligen TH, ohne Medizin und nennenswerte Naturwissenschaften. Sein Fazit: Die FU ist teurer. Der Leistungsvorsprung interessiert da nicht.

Keine Benchmarkings zieht die Berliner Politik zwischen Berliner Universitäten und einem Hochschulraum, der für Berlin vorbildlich sein muss: Zürich, mit seiner ETH, der Universität Zürich von 1833 und etlichen anderen Einrichtungen des tertiären Sektors.

Die Hochschulleitungen empfangen uns im alten Rektoratsgebäude und stehen der Delegation aus dem Entwicklungsland Berlin einen ganzen Tag für Führungen, Demonstrationen und Gespräche zur Verfügung. In einem Klima gelehrsamer Selbstverständlichkeit bei gleichzeitig ökonomischer Präzision und Effizienzorientierung wird gelernt, wie man Spitzenuniversitäten gestaltet. Mitten in Europa, eine vergleichbare Universitätsgeschichte in der Tradition des alteuropäischen Denkens, nur eine Autostunde von wichtigen deutschen Wissenschaftszentren entfernt – und doch so unterschiedlich. Der einzigartige Erfolg resultiert aus einer Kette von völlig anderen Rahmenbedingungen eines klug agierenden Staates, der erkannt hat, dass Wissenschaft und Forschung und nicht Enzian und Alpenkäse die Zukunft der Schweiz determinieren:

Autonomie.
Die Züricher Universitäten agieren praktisch ohne Staatseingriff. Es gibt keine Hochschulverträge mit detaillistischer Output-Steuerung, sondern Vertrauen. Von den Grundstücken und Bauten bis hin zu den Berufungen exzellenter Wissenschaftler entscheiden die Universitäten alles selbst.

Finanzen.
Die Universität Zürich verfügt über 900 Millionen Euro für 23 000 Studenten. Für rund 39 000 Studierende hat die Freie Universität heute 290 Millionen Euro zur Verfügung. Zum Vergleich: Das ist weniger als ein Fünftel. Die jährliche Steigerungsrate des Budgets beträgt vier Prozent. Die Absenkung der Universitätsbudgets in Berlin ist jährlich ungefähr gleich hoch.

Berufungen.
Die Berufungen befinden sich in der Hand der Hochschulleitungen. Dort werden die Berufungskommissionen in Abstimmung mit dem Fachbereich zusammengesetzt, der das Verfahren durchführt. Mit den vorgeschlagenen Kandidaten führt die Hochschulleitung vor deren Berufung Verhandlungen, damit sie weiß, ob die Forderungen und Kosten erfüllbar sind. Auf diese Weise ist eine strategische Steuerung der gesamten Universität möglich, ohne dass die fachliche Qualifikation der Fachbereiche in Frage gestellt wird. 50 Prozent aller Berufungen erfolgen über Headhunting.

Schwerpunktbildung.
Finanzmittel werden sehr gezielt und effizient eingesetzt. So verfügt nicht jede Professur über eigene Labors, in denen andere nicht forschen dürfen, sondern in einem Forschungshaus sind Ausstattungen auf höchstem Niveau konzentriert, die von allen Vertretern der gleichen Fachrichtung genutzt werden können. 200 Millionen Euro und 40 Professuren sind gezielt bis 2007 in die Biologie investiert worden. Es entsteht ein gemeinsames Netzwerk mit der oberrheinischen Tiefebene in Deutschland.

Studierende.
Nur 19 Prozent verfügen über ein Abitur, andere sind auf anderen Qualifikationswegen studierberechtigt geworden. 40 Prozent sind Ausländer (Berlin: ca. zwölf Prozent). Der Anteil der

Undergraduates wird bewusst klein gehalten, um auf dem Niveau von MA und Promotion junge talentierte Studierende und Doktoranden zu gewinnen. Dadurch ist es möglich, die Studierenden gezielt in die Forschung einzubeziehen, zum Nutzen der Forschung und der Nachwuchskräfte.

Drittmittel.
Bei der Einwerbung von Forschungsmitteln Dritter sind große Erfolge zu verzeichnen. Von jeder Professur wird nach spätestens zwei Jahren die Durchführung von ein bis zwei Drittmittelprojekten erwartet. Die Drittmitteleinwerbung wird strategisch betrieben. So bezahlt die Schweizer Regierung allein für die Züricher vier Lobbyisten in Brüssel, deren Aufgabe es ist, Drittmittel aufzuspüren und zu gewinnen. ETH-Präsident Kübler kann auf 40 Millionen Euro Privatmittel im Jahr, sechs bis acht Millionen Euro reines Sponsoring und auf die ETH-Zürich-Foundation verweisen, von der seine Universität drei Millionen Euro für Räume erhalten hat.

Evaluation.
Universität und ETH Zürich unterhalten ein verschränktes Evaluations-Sytem. Der Chef der Evaluationsstelle für die Universität Zürich ist nicht dort, sondern an der ETH Professor. Ihm stehen jährlich 1,5 Millionen Euro für die Anwendung ausgefeiltester Evaluationsmethoden zur Leistungsmessung und Verbesserung der Fachvertreter und Fächer zur Verfügung, der sich diese alle sechs Jahre unterziehen müssen. Dieses Instrument musste nicht gewaltsam durchgesetzt werden, sondern trifft auf große Akzeptanz, weil die Universitätsmitglieder spüren, dass sie von einer kollegialen Evaluation, die ausschließlich von ausländischen Wissenschaftlern durchgeführt wird, profitieren, weil hier nicht Noten verteilt werden, sondern aus der Stärken-/Schwächenanalyse heraus Entscheidungen vorbereitet werden.

In diesem Klima entsteht Investitionslust, Leistungseifer und Zuversicht. »Science City«, das ist deshalb auch das Schlagwort der ETH, unter dem sie Revisionen konzentriert. Die Zukunftsplanungen der Hochschule umfassen eine ganze Stadt.

Die feinfühligen und großzügigen Gastgeber lassen uns am Ende des Tages zu einer Schlussbilanz untereinander allein zurück. Die Mitglieder der Delegation versuchen, ihre Eindrücke jeweils auf eine Formel zu bringen, die den Unterschied zu den deutschen, zu den Berliner Verhältnissen markiert:

- Völlige Autonomie;
- Vertrauen des Staates in den Exzellenzwillen der Universitäten;
- ein Etat, der das Dreieinhalbfache des Berliner Etats ausmacht;
- Verantwortungsübernahme, auch auf der untersten Ebene;
- Leistungsorientierung und Verzicht auf Selbsttäuschung durch Transparenz der Leistungen;
- zentrale Berufungspolitik;
- Nutzung der Internationalisierungschance aus der BA/MA-Reform;
- eine Atmosphäre der Kooperativität und des kollegialen Miteinanders.

Letzteres spiegelt sich auch in der auffälligen Zugewandtheit der beiden Hochschulleitungen zueinander und in dem fast freundschaftlichen Verhältnis beider Präsidenten. Der Staat treibt diese Universitäten nicht in einen mörderischen Vernichtungswettbewerb, sondern er möchte beider Qualitäten blühen sehen.

Der Dekan des Fachbereichs Philosophie und Geisteswissenschaften der Freien Universität bringt es auf die treffendste Formel: Hier herrscht keine Atemlosigkeit, sondern ein frappantes Maß an Gelassenheit.

Wer nach Atem ringt und wem die Hände zittern, der kann keine Hirnoperationen durchführen, keinen Laserstrahl richten und keinen klaren Gedanken fassen. Bleibt zu hoffen, dass Berliner und Berlinerinnen als Steuerzahler und Wähler uns Politiker bescheren, die das begreifen und Verunsicherung, Unruhe, Planungswirrwarr und Entmündigung nicht mit politischer Gestaltung verwechseln.

Deutschland – China – Deutschland
2006 (Der Tagesspiegel)

Flug DI 7019, Berlin – München, zu Flug LH 726, München – Shanghai.

Eine Stunde Verspätung. Ich bitte, das Gepäck zu markieren, damit es als erstes in München ausgegeben wird und noch eine Chance besteht, den Anschluss zu bekommen. Das Gepäck kommt als letztes. LH 726, München – Shanghai, ist weg. »Wir warten nicht auf andere Fluggesellschaften.« Dieselbe Flugnummer am gleichen Tag: ausgebucht. Das Gespräch mit dem chinesischen Erziehungsminister droht zu platzen. Am nächsten Tag zurück nach Frankfurt und von dort nach Shanghai: LH 2983. Übernachtung im Flughafen München. Einen Tag warten in Frankfurt. Eintreffen in Shanghai um 13.05 Uhr.

Das Gepäck wurde in Frankfurt vergessen. Deutschland. China: Das Missgeschick ist bereits allen bekannt. Eine kleine Delegation wartet am Flugzeug. Die Formalitäten werden gleich vor Ort erledigt. Mit grünem Tee und Freundlichkeiten versorgt. Auf schnellstem Weg in das Hotel. »Zum Gespräch mit dem Minister brauchen Sie einen Anzug.« Der ist in Frankfurt. »Wir kaufen einen mit Ihnen.« Auf dem schnellsten Wege im Dienstwagen zum Kaufhaus. Der Schneider braucht 20 Minuten, um den Anzug passend zu machen. Mit neuem Hemd, Schlips und Anzug sitze ich pünktlich beim Minister. Großes Interesse am Netzwerk-Konzept der Freien Universität Berlin. Ein kenntnisreicher Gesprächspartner. Am nächsten Tag »3rd Chinese-Foreign University Presidents Forum«. 150 chinesische Universitätspräsidenten diskutieren mit den Vertretern aus den USA, Australien, Kanada und Deutschland. In Shanghai ist die Globalisierung zu Hause. Die Partner sehen die Chancen für alle, »best practice« des jeweils anderen zu lernen. China!

Rückflug LH 729. Temperatur irgend etwas zwischen 30 und 40 Grad. Luftfeuchtigkeit 100 Prozent. Ich bemerke noch im Steigflug, dass das Fieber wieder beginnt. Neben mir sitzt ein deutscher Ingenieur mit einem guten Gesicht. So um die 50. Ich erzähle ihm, dass es mich erwischt hat. Sei ihm auch schon passiert. Er redet mit mir und lenkt mich ab. Er arbeitet beim Bau von Komplett-Fabriken für die Herstellung von Gipskarton-Platten. »Das dauert im Schnitt sechs bis neun Monate.« Einsätze in Mexiko, Malaysia, Australien, Kanada und Polen. Jetzt China. Er ist auf dem Weg nach Hause für einen Monat. Dann neun Monate Tansania. Früher hatte er seine

Ehefrau und Kinder mitgenommen, als sie noch klein waren. Heute gehen sie in Kassel zur Schule. Sie sehen ihn ein bis zwei Monate im Jahr. Früher war dies das Schicksal von Kapitänskindern. Als sein Unternehmen vor 15 Jahren in Schwierigkeiten geriet, stand er vor der Frage: arbeitslos oder Arbeitsplatz mit hoher Mobilitätserwartung. Er hat sich entschieden. »Die jungen Akademiker, die glauben, sie könnten ihr Leben lang in Deutschland bleiben, haben jetzt schon verloren. Sie lassen sich lieber aushalten, als dass sie ihr Schicksal selbst in die Hand nehmen. Vor 20 Jahren haben wir die Werkzeugmaschinen noch in Deutschland gefertigt. Gastarbeiter haben das gemacht. Heute bauen wir komplette Fabriken vor Ort. Wir sind jetzt die Gastarbeiter. Die meisten haben das nicht begriffen.« Deutschland.

Als er mich fragt, erzähle ich ihm, was ich mache. Er lässt sich zwei Whiskey bringen, um mit mir anzustoßen darauf, dass auch ich ein Gastarbeiter sei. Ich nippe an dem Whiskeyglas und nehme vier Aspirin dazu. Er behält sein gutes Gesicht, auch nachdem ich ihm im Schlaf zum zweiten Mal sein Getränk auf die Beine geschüttet habe. Mein Arbeitskollege hat mich zweimal zugedeckt, wenn mir im Schlaf die blaue Lufthansa-Kuvertüre verrutschte. Ich träumte irgend etwas von Kolonien. Das ist lange her. Über dem Ural schärft mir mein Nachbar ein, von unseren Studenten Sprachkenntnisse und Weltoffenheit zu verlangen. »Wenn Sie wollen, dass sie sich selbst ernähren können.«

Im Flughafen Frankfurt versichern wir uns, einander nicht aus den Augen zu verlieren, vergessen aber, die Visitenkarten zu tauschen. Es kommen andere Zeiten.

INDIEN HAT ZUKUNFT
2008 (DER TAGESSPIEGEL)

Ein Pavian springt über meinen rechten Fuß, als ich aus der Tür trete, dicht gefolgt von einem laut bellenden verwilderten Hund. Es ist die Tür zum Dienstzimmer des Präsidenten der Jawaharal Nehru University (JNU) in Neu-Delhi. Die JNU – eine vor 38 Jahren gegründete Universität mit geistes- und sozialwissenschaftlichen Schwerpunkten – ist Partneruniversität der Freien Universität Berlin. Den Amtskollegen kenne ich aus dem kleinen Beraterkreis der Weltuniversitäten bei Kofi Annan. Indien ist da.

Abendessen in kleiner Runde mit Partnern der Freien Universität Berlin. Eine indische Physikerin an meiner Seite kommt bald mit einer Frage, die wir uns in Deutschland auch stellen: »Why don't your children get educated and sometimes even not become literate in Germany?« PISA und RÜTLI sind keine Ereignisse, die nur deutsche Bildungspolitiker interessieren und Lehrerinnen und Eltern. Indien ist da.

Ein indischer Abgeordneter hat sich im Büro gemeldet. Er hat erfahren von der Errichtung unseres Büros. Er möchte einen schnellen Termin, möchte helfen. Besuch in seinem Hause. Was er für uns tun kann? Der Umgang mit Behörden ist langwierig und Aufmerksamkeit für universitäre Anliegen nicht selbstverständlich. Ein paar Telefonate vom Sofa aus. Er ist Almnus der Freien Universität Berlin und schwärmt zwischendurch von Dahlem. Nach 20 Minuten ist ein Termin mit der Ministerin für »Human Resources Development« verabredet. Empfang bei ihr gleich am nächsten Tag. Sie hat eine Stunde Zeit! Es geht um Stiftungslehrstühle. Indien kann schnell sein.

Besuch bei der »Association of Indian Universities«, der indischen Hochschulrektorenkonferenz. Keine Illusionen über die Bedeutung Deutschlands. 80 000 Inder studieren in den USA. Die Gruppe, die in Deutschland jährlich studiert, passt in ein paar Autobusse. Grund: Die USA zahlen für die ausgewählten Studenten komplette Stipendien, die den gesamten Unterhalt einschließen. Die Gründe für das Desinteresse werden mit entwaffnender Ehrlichkeit beantwortet: »Warum sollten Inder in Deutschland studieren, wenn die besten Deutschen selbst in die USA gehen?« Europa ist ein Ausweichplatz, wenn man nicht an den Spitzenuniversitäten der USA aufgenommen wird. Und: In Deutschland dauert das Studium zu lange. Das

Durchschnittsalter indischer Ingenieur-Absolventen ist 19 Jahre, Ärzte sind mit 24 Jahren komplett ausgebildet. Indien ist schnell.

Ob die deutsche Sprache eine Barriere sei? Grundsätzlich nicht, Inder sprechen nach dem Schulabschluss bereits drei bis vier Fremdsprachen. Warum sollten sie eine fünfte dazulernen? Alles klar. Europa: Unser Büro befindet sich im Gebäude der Alliance Française. Nebenan die UNESCO. Auf der Rückseite ein frisch erbautes indisch-islamisches Kulturzentrum. Blütenarrangements auf den Fußböden zur Begrüßung. Ein »Herzlich willkommen« aus weißen Margeritenblüten auf der Treppe. Das tut gut. Die ARD-Korrespondentin kommt gerade aus Afghanistan. Ein intelligentes Gespräch. Ein winziges Stück Deutschland dort. Ein kleiner Anker der Freien Universität Berlin. Ein Empfang aus Anlass unserer Eröffnung in der Deutschen Botschaft. Die Freie Universität präsentiert sich mit einer Tagung. Indisch-deutsches Essen unter freiem Himmel. Indien hat Zukunft – Zukunft von Anfang an.

FREUNDE IN DER FREMDE
2008 (FREIE UNIVERSITÄT. NEUES AUS WISSENSCHAFT UND FORSCHUNG)

Je weiter man sich von der Heimat entfernt, desto enger und wichtiger werden Freunde in der Fremde. Karlo Grenc ist ein solcher. Bis vor kurzem war er deutscher Honorarkonsul in Split, jetzt, mit 70 Jahren, hat er aufgehört. Er ist ein weltläufiger Kroate, der der Bundesrepublik in den schweren zurückliegenden Zeiten auf dem Balkan unschätzbare Dienste erwiesen hat, indem er zu einer Instanz der Vermittlung und Verbindung wurde.

Grenc ist ein Besessener im besten Sinne, sieht zwanzig Jahre jünger aus, als er ist, sportlich, flink eilt er zwischen seinen Schätzen umher, um sie zu zeigen: fast zwei Millionen Dokumente über Split und vor allem Diokletian, den römischen Kaiser, der eine seiner wichtigsten Residenzen in Split besaß. Ein eindrucksvoller Mann, der die gesamte Familie in seine Mission integriert hat und der die Vision einer großen Ausstellung in Berlin hat. Wer wird ihm helfen?

Grenc war es auch, der den Aufbau und den Unterhalt des Zentrums für deutsches, kroatisches, europäisches Recht und Rechtsvergleichung massiv unterstützt und mitgetragen hat. Es befindet sich an der Freien Universität Berlin und der Universität Split. Ihr Leiter ist Herwig Roggemann, emeritierter Jurist der Freien Universität. Die beiden passen zueinander.

»Primär motiviert« nennt man sie »auf psychologisch«, Idealisten und Philanthropen sind sie. Sie arbeiten ohne Entlohnung, einfach nur dafür, dass Kroatien eine Zukunft hat, geschöpft aus der Vergangenheit durch den einen, geschöpft aus der Entwicklung europäischen Rechts für den anderen.

Hier wird Rechtsgeschichte des Balkan geschrieben, Gesetze werden konturiert, kommentiert, europäische Entwicklungen adaptiert, diskutiert und vermittelt. Um die Besonderheiten des europäischen Seerechts geht es in diesem Sommer, für Kroatien mit seiner zerklüfteten, hinreißend schönen Küste mit allerdings vielen Umweltproblemen ein Megathema.

Finanziert wurde das Ganze bis dato aus dem Stabilitätspakt und mit Mitteln der Europäischen Union. Nun ist Ruhe auf dem Balkan, und die Freunde sorgen sich darum, dass die Mittel für Studien, Literatur und Diskussionen, die Mittel eben für die Gestaltung einer rechtsfesten Zukunft, zu Ende gehen könnten. Wer dort gewesen ist, ist versucht, sein Konto zu plündern, damit die Sache weitergeht. Dabei geht es eigentlich um eine Aufgabe europäischen Ausmaßes und um deutsche Interessen: einen starken, zuverlässigen Partner auf dem Balkan zu haben. Für die Freie Universität Berlin ein Kleinod ihres Osteuropa-Engagements.

Bleibt zu hoffen, dass die deutsche Politik, die »Außenwissenschaftspolitik« der Bundesrepublik Deutschland, das auch so sieht. Denn: Wissenschaftsförderung im Ausland heißt, Freundschaft und Frieden zu etablieren mit solchen »Besessenen« wie Grenc und Roggemann und den jungen Kroaten, die so werden wollen wie sie.

MEHR GELD FÜR UNSERE GÄSTE
2008 (DER TAGESSPIEGEL)

Besonders viel Aufmerksamkeit hat das Deutsche Studentenwerk mit seinem Bericht zur Internationalisierung des Studiums leider nicht erregt. Dabei sind die Ergebnisse sensationell: 2,8 Millionen Studierende weltweit gehen ins Ausland, deutsche Studierende sind wesentlich mobiler als Studierende anderer entwickelter Staaten. Und zehn Prozent der Studierenden an deutschen Hochschulen sind Bildungsausländer, Tendenz steigend.

Aber wie geht es jenen, die als Gaststudenten zu uns kommen? 85 Prozent mussten ihren Aufenthalt selbst organisieren, 90 Prozent möchten einen Studienabschluss erwerben, aber nur rund 35 Prozent schaffen es.

Das muss besser werden, schon aus Gründen des demographischen Desasters in Deutschland. Und deshalb, weil ausländische Absolventen deutscher Hochschulen später Freunde unseres Landes sind. Freunde aber gehören zu dem Wertvollsten, was eine Nation besitzen kann. Mehr Stipendien werden gebraucht, mehr akademischer Unterricht in englischer Sprache, aber auch mehr Angebote, die deutsche Sprache schnell und sicher zu erlernen. Wir brauchen vergleichbare Lebensbedingungen für ausländische und deutsche Studierende auf dem Campus, gegen die Vereinsamung. Wir brauchen individuelle Betreuung, Mentoren, auch aus der Studierendenschaft. Freundschaft beginnt zwischen Menschen, bevor sie zwischen Ländern wirksam wird.

Dabei ist alles ganz einfach: Wir brauchen ausländische Studierende. Unterricht und Betreuung ausländischer Studierender ist teurer als die Finanzierung von Studienplätzen für Deutsche. Deshalb, auch als Einstieg in eine Verbesserung aller Studienbedingungen, ein konkreter Vorschlag: Ausländische Studierende werden künftig kapazitär doppelt gezählt. Das heißt: Für 75 Studierende steht nicht, wie jetzt, ein einziger Hochschullehrer zur Verfügung, sondern zwei. Kosten: Insgesamt 460 Millionen Euro mit allem Drum und Dran. Absolventenquote: 100 Prozent. Davon kann man die Kosten für alle ausländischen Studierenden abziehen, die gegenwärtig erfolglos Deutschland verlassen, rund 300 Millionen Euro. Die verbleibenden 160 Millionen Euro müssten zusätzlich aufgebracht werden. Resultat: 200 000 erfolgreiche Absolventen aus Deutschland! 200 000 Freunde für 160 Millionen Euro. Das sollte es der KMK wert sein, oder?

Ein neuer Takt für die Semester
2008 (Der Tagesspiegel)

Das Sommersemester nähert sich dem Ende. In den meisten Universitäten der Welt sind die Studierenden schon sechs oder acht Wochen in der vorlesungsfreien Zeit, um »Summer Schools« zu besuchen, Geld zu verdienen oder für Examina zu büffeln. Am 1. September werden sie zurückkommen und ihr Wintersemester um die Jahreswende herum beenden, um dann am 1. März in das Sommersemester zu starten.

Da bei uns alles anders ist, erschweren wir ihnen einen Studienaufenthalt in Deutschland ohne Zeitverlust, und umgekehrt ist es für Deutsche nicht leicht, ein Auslandssemester in den anderen Rhythmus einzubauen. Auf dem Weg zur Internationalisierung des deutschen Hochschulsystems wird sich das ändern müssen.

Die Kultusministerkonferenz und die Hochschulrektoren sind sich darin einig. Das Wintersemester 2010/2011 ist für die Umstellung vorgesehen, doch mehr als fraglich ist, ob das gelingt.

Bedenkenträger und Einwände allerorten. Bundeswehr, Zivildienst, Unternehmen, Eltern, Bafög, Schulferien – alles ist betroffen. Veränderungen bedeuten, dass man Gewohnheiten aufgibt. Vor allem in der Schule. Wenn am 1. September begonnen werden soll mit dem Studium, dann muss die Abiturnote sechs Wochen früher feststehen. Acht Länder sind dafür, acht dagegen. Baden-Württemberg, Bayern, Bremen, Rheinland-Pfalz, Thüringen, Mecklenburg-Vorpommern, Sachsen-Anhalt und, in Jahren mit frühem Ferienbeginn, auch Nordrhein-Westfalen, halten das für unmöglich.

Zurzeit werden Auswege geprüft: Vorläufige Zulassungen aufgrund der Zwischenzeugnisse, späterer Beginn nur für Erstsemester, elektronische Übermittlung der Noten in NC-Fächern. Der Föderalismus steht auch hier einem Anschluss Deutschlands an den Rest der Welt im Wege. Dabei wäre alles ganz einfach: Auch die Sommerferien könnten internationalisiert werden, wenn nun die Ganztagsschule kommt. Drei Monate von Juni bis August, ein früheres Abitur, ganz einfach, weil auch das Schuljahr früh genug beginnt und nicht unablässig durch Ferien unterbrochen würde. Kaum zu erwarten, dass das klappt. Also weiter in zwei Welten: der wirklichen großen und der kleinen deutschen des 19. Jahrhunderts mit Kartoffelferien, Halbtagsschule und Hitzefrei?

EINE CHANCE FÜR WELTBÜRGER
2008 (DER TAGESSPIEGEL)

FU-Präsident Dieter Lenzen bekommt manchmal Lust auf Guerilla-Taktik im Bildungssystem.

Zum Wintersemester 2008/09 werden an den Deutschen Universitäten rund 360 000 Neu-Immatrikulierte erwartet. Sie haben Abitur, Fachabitur, Berufsausbildung oder, insbesondere in Süddeutschland, einen anderen Quereinstieg in die deutschen Hochschulen gefunden. Nicht darunter befinden sich zahlreiche Bewerber, die im Ausland das International Baccalauréate Diploma-Programm (IB) absolviert haben. Diese jungen Deutschen und auch Ausländer studieren stattdessen in Cambridge, am weltberühmten King's College, in Sydney, in Wien oder an der Johns Hopkins University, also an den ersten Adressen der Welt. Warum?

Deutsche Behörden erkennen allenfalls mit engstirnigen Auflagen den »IB« als Hochschulzugangsberechtigung an.

Dabei verfügen diese Absolventen über eine dem Abitur vergleichbare Qualifikation in ihrer Muttersprache, einer zweiten Sprache, einer »experimental science«, der Mathematik, einem gesellschaftswissenschaftlichen Fach einschließlich Handel und Management und einem weiteren Fach aus Kunst, Sprachen, Naturwissenschaften, Film oder Musik. Das ist, zugegeben, ein bisschen moderner als das deutsche Abitur.

Und dann beginnen die Absurditäten: Ein deutscher Schüler macht den IB in Kanada, will aber in seiner Heimat studieren. Nichts da. Sein IB wird in Deutschland nicht anerkannt. Die Begründung: Er hat das Fach Englisch nicht wie verlangt auf Muttersprachniveau (A-Kurs) belegt. Und das, obwohl er Englisch als Leistungskurs wählte, sich also viel mehr Arbeit machte, und obwohl alle anderen Fächer auf Englisch unterrichtet werden, auf dem Niveau eines Muttersprachlers. Damit kann er die Sprache besser als die meisten seiner deutschen Lehrer und Professoren. Es ist wie bei einem Visum. Wer keins hat, wird nicht reingelassen.

Das ist kein fiktiver Fall, sondern das Substrat eines Berichts eines Bewerbers an einer Berliner Universität. Er schreibt, dass er nun an einer der TOP 30 Universitäten der Weltrangliste außerhalb Deutschlands studieren werde. Dazu muss er Familie und Freunde verlassen. Und er ist als weltoffener Bürger kluger Eltern, die ihn im Ausland lernen ließen, für Deutschland, und nicht nur für seinen Arbeitsmarkt, sondern auch als Botschafter deutscher Weltläufigkeit verloren.

Manchmal beschleicht einen die Lust auf Guerilla-Taktik im Bildungssystem: Solche Leute unter gezieltem Rechtsbruch einfach zuzulassen und die Administration nicht mehr zu fragen. Aber vielleicht wird man dann ausgewiesen?

DIE PÄDAGOGIK WIRD GLOBAL
2009 (DER TAGESSPIEGEL)

Man muss über die Grenzen zweier Jahrhunderte zurückschauen, um pädagogische »Erfindungen« aufzuspüren, die – in Deutschland entstanden – Weltkarriere gemacht haben. Fröbels Kindergarten gehört dazu, der in der anglophonen Welt auch häufig genauso heißt, oder eines der ersten sozialpädagogischen Betreuungsangebote, wie man heute sagen würde, das Hamburger »Rauhe Haus« aus dem 19. Jahrhundert, das der japanische Kaiser kopieren ließ. Manche sagen auch, das deutsche Universitätsmodell des 19. Jahrhunderts sei überall nachgeahmt worden, was nur teilweise stimmt – die Harvard University wurde bereits 1636 gegründet –, aber auch die weniger rühmliche antiautoritäre Erziehung der 1970er Jahre hat zumindest eine ihrer Wurzeln in Deutschland.

An der etwa zeitgleichen Reaktualisierung von Neills »Summerhill« an verschiedenen Orten der Welt zeigt sich jedoch, dass seit einigen Dekaden pädagogische Orientierungen durchaus im globalen Maßstab auch an anderen Stellen entstehen.

Verstärkt durch internationale Vergleichsuntersuchungen vom Typus PISA entstehen unversehens implizite Bildungsstandards weltweit. Denn: Wer Leistungen vergleichend messen will, muss davon ausgehen, dass auch Schule vergleichbare Ziele verfolgt in Mathe, erster Fremdsprache, Naturwissenschaft oder in der Fähigkeit, lesen und schreiben zu können. Also: Die Globalisierung von Erziehungsnormen, von Bildungsstandards, aber auch von Organisationsformen (siehe Bologna-Prozess) ist längst in vollem Gange. Deutschland ist nicht mehr die pädagogische Ideengeberin für die Welt, sondern Ziele, Inhalte des Unterrichts, Methoden und Organisationsformen von Bildung entstehen vielerorts, werden manchmal zufällig, manchmal strategisch rezipiert.

So wird – gezielt oder ungezielt – der Weg zu einem Weltbildungssystem angetreten, und kluge Bildungspolitiker werden fragen: Was hat sich in Japan bewährt, was ist vorbildlich in Kanada, welche chinesischen Erfahrungen sind übertragbar, und welche Entwicklungen in diesem oder jenem Land sollte man besser nicht nachahmen?

Grund genug für mich, in den kommenden Monaten auf der Welt Ausschau zu halten nach den besten Beispielen für Erziehung und Bildung aus allen vier Himmelsrichtungen, durchaus nach

Exotischem zu schauen, nach Vorbildern, nach Fehlentwicklungen oder Zukunftsträchtigem. Die Reihe wird beginnen mit den japanischen Jukus, den privaten Nachhilfeschulen, ohne deren Besuch japanische Jungen und Mädchen wenig Chancen haben auf eine zukunftssichere »Bildungskarriere«. Auf dann! In drei Wochen in Tokio!

Brüsseler Schildermacher
2009 (Freie Universität. Neues aus Wissenschaft und Forschung)

Wer in Brüssel Geld machen will, dem ist die Eröffnung eines Geschäfts zu empfehlen, welches Namens- und Firmenschilder herstellt. Zu den besten Kunden würden Lobbyisten gehören, darunter auch Wissenschaftslobbyisten. Zum Beispiel die Rue de Trône 98. In diesem Hause befinden sich die Koordinierungsstelle EG der Wissenschaftsorganisationen (KoWi), die Helmholtz-Gemeinschaft, das DLR, die tschechische Vertretung der Wissenschaften, Swisscore, das schweizerische Pendant, die CNRS aus Frankreich, Science Business, die International Aids Vaccine Medicine, der Research Council of Norway, die Polish Academy of Sciences, ein dänisches Research Office und andere.

Und von solchen Häusern gibt es viele. Der Grund: Die EU, noch vor wenigen Jahren nur eine Geldquelle für eingeweihte und frustrationsresistente Forschungsantragsprofis, gewinnt an Bedeutung. Diese resultiert nicht nur aus den attraktiven Quellen der EU-Rahmenprogramme, in denen sich regelmäßig zweistellige Milliardenbeträge befinden und auf antragswillige Forscher warten, sondern neuerdings auch aus den »Starting Grants« und »Advanced Grants« des Europäischen Forschungsrates. Die Antragsverfahren sind wesentlich vereinfacht, ähneln denen der Deutschen Forschungsgemeinschaft, und die Grants sind ausgesprochen opulent ausgestattet: zwei Millionen Euro für die »Starting Grants«, 3,5 Millionen Euro für die »Advanced Grants« pro Antrag stellendem Forscher.

Vor dem Hintergrund allfälliger Finanzkrisen auch in Deutschland stellt sich die Frage: Wie erfolgreich sind deutsche Wissenschaftler in solchen EU-Förderungen? Von den gesamten Forschungsmitteln des Europäischen Forschungsrates, immerhin 490 Millionen Euro, gehen 48 Grants nach Deutschland von insgesamt 600. Nicht eben viel. Aber: Das Vereinigte Königreich, bevölkerungsärmer, erhält knapp über 100 Grants. Aber: Mehr als 50 Prozent dieser Grants werden nicht von Engländern, sondern in Großbritannien von Forschern eingeworben, die aus anderen Ländern kommen, davon die absolut größte Zahl Deutsche! Also: Die besten Einwerber haben Deutschland offenbar längst verlassen. Sie haben sich mit einem System arrangiert, das darin besteht, dass die Politik definiert, welche Gegenstände erforscht werden sollen und für diese Forschungen bezahlt.

Diese Tendenz macht sich auch in Deutschland breit. Landesregierungen gehen dazu über, Forschungsgelder aus den Universitäten zu entfernen und in Form von Stiftungen und anderen Organisationen zur Verteilung zu bringen. Verständlich, denn sie wollen ihren Wählern suggerieren, dass sie Aids bekämpfen, Mondflüge ermöglichen und neue nanoskalige Salben erfinden lassen, die noch tiefer in die Haut eindringen.

Auf den ersten Blick: kein Einwand. Aber: Wo bleibt auf die Dauer die Forschung, die aus den Wissenschaften selber herauskommt, die Gegenstände, die Wissenschaftler für wichtig halten, die Entdeckungen, die nicht planbar, nicht vorhersehbar sind? Wo ist das Geld für den freien Geist, der bekanntlich weht, wo er will, und nicht dort, wo Landespolitiker es gerne hätten?

Auch diese Wissenschaftler sind es, die die wirklichen qualitativen Sprünge ermöglichen. Wenn ihnen dazu die Basis fehlt, können sie nicht einmal mehr abwandern, weil Forschungsziele auch in Europa und demnächst sicher im Weltmaßstab politisch determiniert werden. Das ist keine Frage der Opportunität, sondern der Verfassung: Wenn Forschungsgelder zunehmend inhaltlich vordefiniert sind, läuft das Gebot der Forschungsfreiheit irgendwann leer.

Brüsseler Schildermacher freut das. Um dem Gelde nachzujagen, müssen nämlich immer mehr Lobbyisten vor Ort sein und ihre Anträge und Forscher platzieren. Ein lohnenswerter Ansatz bei geplanten 57 Milliarden Euro für Forschungsförderung in den Jahren 2007 bis 2013. Sie können aber auch versuchen, Einfluss zu nehmen auf eine Denkweise, die langfristig kurzsichtig ist. Sie können sagen: Seid mutig. Wir stellen zehn Milliarden in die Mitte oder auch 20 und warten auf die besten Ideen, ungeachtet kurzfristiger Verwertbarkeit. Dazu gehört Mut. Viele Forscher warten darauf. Daher eröffnet die Freie Universität in Kürze eine Repräsentanz in Brüssel. Die Wege für die Ideen der Forscher der Internationalen Netzwerkuniversität werden kürzer.

Neugeborenes Kind
2009 (Freie Universität. Neues aus Wissenschaft und Forschung)

März. Zurückgezogen irgendwo nahe Oxford. Zirka 40 Männer und Frauen besprechen die Lage des zarten Pflänzchens »Weltwissenschaftssystem« vor dem Hintergrund der Finanzkrise. Politiker, Wissenschaftler, Hochschullehrer, Journalisten; international, aber mit besonderem Blick auf die USA und Großbritannien. Die Diagnosen sind beunruhigend. Die Finanzkrise wird das ganze internationale Wissenschaftssystem in Turbulenzen bringen und dadurch belegen, dass es bereits ein System geworden war. In den USA verlieren die großen Ivy League Universities bis zu 50 Prozent ihres Vermögens und entlassen wissenschaftliches Personal in dreistelligen Ziffern. Der Obama-Effekt könnte verpuffen. Der europäische akademische Arbeitsmarkt kann diese Wissenschaftler aufnehmen, wenn er sich jetzt antizyklisch verhält, was er kann, soweit er staatlich finanziert wird.

Das englische Budgetierungssystem, Finanzierung anhand von akademischen »Produkten«, hat das wissenschaftliche Selbstverständnis ruiniert. Seit den Thatcher-»Reformen« funktionieren zahllose Wissenschaftler so, wie es die Behavoristen weiland bei ihren Laborratten studiert haben: Die Aussicht auf ein Stückchen Käse (Haushaltsmittel) löst die Bereitschaft aus, die gewünschte Taste zu drücken. Gemacht wird vornehmlich, was Geld bringt: Absolventen, koste es, was es wolle, Publikationen nur in bestimmten Organen, statt freier Wahl der Forschungsgegenstände nur diejenigen, für die der Staat auch zahlt. Schon in den 1990er Jahren brachen gut funktionierende internationale Forschernetzwerke zusammen, weil internationale Kooperation nicht auf der Preisliste stand und nichtenglische Forscher andere Forschungsthemen für verfolgenswerter hielten als die staatlichen Geldgeber im Vereinigten Königreich. Beschwörende Warnungen an den deutschen Gast, sich mit allen Mitteln gegen den Wahnsinn einer preisorientierten Wissenschaftsfinanzierung zu wehren. »Send them to our universities to learn from the results of this nonsense.« In England beginnt man, Mitgefühl für die deutschen Unis zu empfinden, die durch die Bevorzugung der außeruniversitären Forschung an den Rand gedrängt werden. Die Leute kennen sich aus.

Frage an den einzigen Deutschen in der Runde: Warum existieren außeruniversitäre Forschungseinrichtungen immer noch, wenn doch ein wichtiger Grund längst nicht mehr gilt, nämlich die Spitzenforschung vor dem Chaos in den Universitäten zu schützen? Sie sind doch im Exzellenzwettbewerb nun restrukturiert. Wozu ist diese komplexe Struktur gut, wenn doch Topforscher genauso gut an den Universitäten arbeiten könnten? »Das kann man nur historisch erklären.« Bessere Gründe fallen einem dazu nicht ein.

Die englischen Universitäten treten energisch für eine Revision der misslungenen Reformen ein und wünschen, dass Universitäten durchaus tun, was von ihnen erwartet wird: education, basic discovery research, development of top talents, established links world-wide, cooperation with industry. Aber auch dieses: Reconsider relationships to companies and other institutions, reconsider the notion of truth, strengthen the development of leadership, morally and politically. Anerkennung und ein kleines bisschen Neid, dass Deutschland seine Mission noch nicht ganz vergessen hat: Bildung durch Wissenschaft. Was das heißen könnte? In Einsamkeit und Freiheit? Was wäre das Bild der Persönlichkeiten, die eine solche Universität hervorbrächte?

Einer der großen alten Männer der britischen Wissenschaft und Politik, der Kant noch im Original gelesen hat, fasst es zusammen: »Menschen, die ›wise‹ genug sind, evidenzbasiert zu handeln, Menschen, die ›ethical‹ genug sind, vertrauensvoll zu handeln, Menschen, die ›caring‹ genug sind, die Freiheit zu verteidigen.«

Ob das der Politik genügen werde, fragt der sarkozygeschädigte Kollege aus Paris vorsichtig. In Frankreich werde immer häufiger der Nutzen der Universitäten in Frage gestellt. Die Stimmung der Konferenz nach zwei Tagen ist entschlossen. Antworten auf solche Fragen liegen auf der Hand – zu viele. Bis die Präsidentin der Nummer drei in der Weltrangliste der Universitäten den einen entscheidenden Satz sagt, der die anwesenden Politiker zum Schweigen bringt: »A university is as useful as a new-born baby.«

Special Relationship?
2009 (Freie Universität. Neues aus Wissenschaft und Forschung)

Die so genannte Mobilität deutscher Studierender, das heißt die Bereitschaft, außerhalb Deutschlands zu studieren, ist im internationalen Vergleich höher als die akademische Reiselust ausländischer Studierender in Richtung Deutschland. Die Zahlen deutscher Studierender im Ausland stiegen von 53 000 im Zeitraum 2001/2002 auf 75 000 im Zeitraum 2007/2008. Auch hat der Anteil deutscher Studierender die soeben von 46 Nationen im belgischen Leuven verabschiedete Quote von 20 Prozent bereits jetzt bei weitem übertroffen (30 Prozent!). Aber genügt das? Genügt es umgekehrt, wenn 188 000 der rund zwei Millionen Studierenden in Deutschland im Jahr 2007 Bildungsausländer waren, also nicht einmal zehn Prozent? Zweifel kommen auf. Warum? Ein Großteil der deutschen Auslandsstudierenden macht keine allzu weiten Reisen.

Zu den bevorzugten Zielen gehören die Niederlande mit 12 000 Studierenden, das Vereinigte Königreich mit 11 800 oder Österreich mit 9 600, gefolgt von der Schweiz mit 7 500. Gerade einmal zehn Prozent von ihnen besuchen die USA. Ein George-W.-Bush-Effekt? Kann sein. Aber jetzt ist Obama an der Macht, und die USA bleiben ein spannendes Land für deutsche Akademiker. Das zeigt sich im Gegensatz zu den Studierenden bei den Wissenschaftlern. Die Ziffer ist seit dem Jahr 2000 konstant bei über 5 000 pro Jahr. Sie macht fünf Prozent der ausländischen Wissenschaftler in den USA aus; Deutschland wird nur noch von Japan mit 5,4 Prozent überboten.

Gibt es einen neuen Provinzialismus? Wohl eher nicht, denn dann wäre das große Interesse der Professorinnen und Professoren an den USA schwer erklärbar. Können uns aus akademischer Sicht die Vereinigten Staaten egal sein? Erst recht nicht. Seit fast einem Jahrzehnt ergibt sich unter der neuen Präsidentschaft nämlich zum ersten Mal die Möglichkeit einer neuen »special relationship« mit den USA auch im akademischen Bereich. Es bedeutet aber auch, dass Europa, dass Deutschland amerikanischen Bildungseinrichtungen keineswegs mehr als kleines unfertiges Geschwisterkind gegenübertreten muss, das bittstellend darauf hofft, an den Erkenntnissen einer akademischen Spitzenindustrie teilhaben zu dürfen. Nicht mehr kann es darum gehen, sich in Bewunderung und Faszination zu erschöpfen, ebenso wenig wie ein »Ruf« in die USA für deutsche

Hochschullehrerinnen und Hochschullehrer länger mit dem Aufstieg in den Pantheon gleichzusetzen ist. Inzwischen gibt es nämlich durchaus ein nennenswertes Interesse amerikanischer Gelehrter an einer Tätigkeit an deutschen Universitäten, wenngleich nicht immer mit ganz realistischen Vorstellungen.

Worauf es deshalb jetzt ankommt, auch und gerade in der Obama-Periode, ist die Etablierung eines fairen akademischen Austausches auf gleicher Augenhöhe, eine »brain circulation«, von der alle profitieren. Es umschließt auch das Verständnis von Wissenschaft als solcher: Neben aller Zustimmung zu Leistung und Qualität – und gerade wegen ihr – muss dem Glauben an die schiere Arithmetik der Qualitätsmessung eine zweite Qualitätslogik beigesellt werden, die sich auf eine Jahrtausende alte europäische Universitätsgeschichte und auf den Siegeszug der aus ihr entstandenen Humanitas berufen kann. Es ist die Logik der Reflektion, des intelligenten Arguments, der klaren Einsicht, neben und jenseits statistischer Daten, der Kraft von Visionen für das bessere Leben. Denn dafür wird Wissenschaft gemacht, sei sie evidenzbasiert oder gründend auf dem besseren Argument. Das eine darf nicht gegen das andere ausgespielt werden – Empirie gegen Theorie ebenso wenig wie US-amerikanische Wissenschaft gegen europäische Reflektionstradition.

4. Bildungspolitik

Es fehlt an Willenskraft
2002 (Der Tagesspiegel)

Als Martin Luther eine reformatorische Zwangspause auf der Wartburg einlegte, nutzte er die Zeit bekanntlich für eine Tat, die die Welt veränderte: die Übersetzung der Bibel in eine Volkssprache. Die Kultusminister hätten ihren Aufenthalt ebendort nutzen können für einen vergleichbaren Durchbruch, der den Schülerinnen und Schülern in Deutschland vielleicht zu der Fähigkeit verhelfen würde, diese deutsche Bibel zu lesen oder wenigstens eine Gebrauchsanweisung für einen Gartengrill. Stattdessen hat man sich »ausgetauscht«. Das Resultat ist eine ansehnliche Liste von Maßnahmen. Jedoch: die einen werden von einem südlichen, die anderen von einem nördlichen, diese von einem östlichen und jene von einem westlichen Bundesland ergriffen. Für sich genommen sind alle lobenswert.

Die gezielte Sprachförderung. Die Entwicklung von Diagnosefähigkeit für das pädagogische Personal. Die Einbeziehung von Vorschuleltern mit Migrationshintergrund. Die Anregung selbstregulierten Lernens. Die Formulierung curricularer Standards für die Sekundarstufe I. Die Einführung von Schulevaluationen. Die Erweiterung der Zahl von Ganztagsschulen. Eine höhere Praxisorientierung für die Lehrerausbildung.

Da fehlt kaum etwas, was wichtig wäre. Aber der Teufel, auf den Luther in später Stunde sein Tintenfass geworfen haben soll, steckt im Detail und in der fehlenden Durchorganisation und bundesweiten Reichweite der Maßnahmen. Warum ist es der KMK nicht möglich, einen einheitlichen Katalog von Bildungsnotstandsmaßnahmen zu verabreden, verbindlich für alle in Qualität, Ausmaß und Tempo der Umsetzung?

Etwa so: eine sofortige Einführung eines Fachhochschulstudiums für das Vorschulpersonal. Eine alle Vorschulkinder erfassende Sprachstandsmessung und Schulfähigkeitsuntersuchung zum Zweck der Ermittlung individueller Förderungsmaßnahmen. Eine verbindliche länderübergreifende Flexibilisierung der Eingangsstufe über zwei Alltagsjahrgänge. Eine Vereinbarung von methodischen Standards für die Einführung selbstregulierten Lernens. Die Verpflichtung aller Bundesländer auf Kerncurricula für alle Fächer in allen Schulen und Schulstufen. Eine öffentliche Evaluation der Leistungen aller Schulen wie in den Niederlanden oder in den deutschen Universitäten. Die verbindliche Einführung der Ganztagsschule. Eine obligatorische Lehrerfortbildung für alle beschäftigten Pädagogen als Voraussetzung für die Erhaltung ihres Arbeitsplatzes. Eine Fixierung der Abiturstandards in Zusammenarbeit mit den Universitäten oder ein Verzicht auf die Fiktion einer mit dem Abitur vermittelten Allgemeinen Hochschulreife.

Die Liste ließe sich fortsetzen und präzisieren. Diese Mühe kann man sich sparen. Denn es fehlt an allem, was zu einer Vereinheitlichung und einer durchgreifenden Umsteuerung erforderlich wäre: Es fehlt an politischem Einheitlichkeitswillen. Es fehlt an einer markanten Umsteuerung der öffentlichen Haushalte zugunsten des Bildungsbereichs (unterhalb einer Verdreifachung der Bildungsetats lohnt die Debatte nicht). Es fehlt an der Bereitschaft, Fachkompetenz nicht nur zur Messung der Katastrophe, sondern auch zu ihrer Überwindung heranzuziehen. Wir benötigen einen zentralen Bildungsrat mit länderbezogenen »Filialen«, die die Empfehlungen auch tatsächlich umsetzen. Wenn die Sanierung des deutschen Bildungsbereichs weiter vertagt wird, wird das Kernproblem der nachwachsenden Generation nicht darin bestehen, dass sie die Rechtschreibung nicht beherrscht.

Die Erwachsenen von morgen werden keine kreativen Produktideen und Strategien für ihre Verwirklichung in einer global merkantilisierten Welt besitzen. Das Volksvermögen wird uns ausgehen. Es bestand in diesem Lande einmal aus Ideenreichtum, Entschlossenheit und Durchsetzungskraft. Vielleicht benötigen wir ja so etwas wie eine außerparlamentarische Bildungsopposition (ABO), die einfach handelt und sich um die länderspezifischen Selbstdarstellungspirouetten nicht weiter schert. Kein Gesetz der Welt kann Eltern verbieten, die Sache der Bildung selbst in die Hand zu nehmen. Luther hat es vorgemacht: Nach seiner schöpferischen Zwangspause auf der Wartburg entstanden überall in Deutschland kleine Protestantengemeinden, die die wichtigen Dinge des damaligen Lebens schlicht anders gemacht haben. Worauf warten wir noch?

BILDUNG IST DAS GANZE LEBEN
2003 (DER TAGESSPIEGEL)

Der Clash der Generationen kann nur vermieden werden, wenn Lernen erste Bürgerpflicht wird. Die Universität bereitet sich darauf vor.

Noch ist es ruhig. Die Auseinandersetzungen über die Gestaltung unseres Landes in den nächsten zwanzig bis dreißig Jahren beschränkt sich auf den politischen Raum, auf Talkshows. Der Alltag ist noch nicht erfasst von dem Thema, das uns alle in spätestens zehn Jahren beherrschen wird: Wie sichern wir die Zukunft unseres Landes angesichts der gigantischen demographischen Krise? Die Betroffenen sind noch gar nicht geboren. Diejenigen, die in den nächsten zehn Jahren zur Welt kommen, die jetzt gerade den Kindergarten besuchen, werden es nämlich sein, die die Zeche für die Verprassung öffentlicher Mittel seit den 1970er Jahren, für eine Politik der geschlossenen Augen, für die hemmungslose Schuldenaufnahme der öffentlichen Hand bezahlen müssen.

Das einzig Tröstliche daran ist die Tatsache, dass deren Zahl gering ist. Das ist aber auch gleichzeitig das Problem: Die Nettoreproduktionsrate wird bis 2020 so gering bleiben, dass auf 1 000 Frauen nur 1 400 Geburten kommen. In rund zwanzig Jahren wird der Anteil der 0- bis 19-Jährigen um 18 Prozent sinken, der der 20- bis 34-Jährigen um 12,4 Prozent. 47 Prozent der Bevölkerung werden über 50 Jahre alt sein. Gleichzeitig steigt die Lebenserwartung und damit der Versorgungsbedarf der Menschen unaufhaltsam. Bis 2020 wird sie um weitere 2,5 Lebensjahre gestiegen sein: auf 82,2 Jahre bei Männern und auf 86,1 Jahre bei Frauen. Gleichzeitig sinkt die Wohnbevölkerung jährlich um mehr als 400 000 Einwohner.

Die Folgen dieser dramatischen Entwicklung können gegenwärtig nur erahnt, nicht aber so präzise prognostiziert werden wie die demographische Entwicklung. Diese Folgen sind bisher politisch nur im Hinblick auf das Gesundheitssystem und die Rentenproblematik diskutiert worden. Die Vorschläge einschlägiger Kommissionen konzentrieren sich bisher auf Rentenformeln, Gesundheitsleistungen und Listen erstattungsfähiger Medikamente. Tatsächlich ist der demographische Angriff auf unser Gemeinwesen aber auch eine Herausforderung für Wissenschaft und Bildung.

Exzellenz in die Schulen

Dabei sind die Geistes- und Sozialwissenschaften in doppelter Weise gefordert: So benötigen wir einerseits das prognostische Wissen der Sozialwissenschaften, um die äußerst komplexen Zusammenhänge zwischen den zahlenmäßigen Entwicklungen und politischen Handlungsoptionen zur Verfügung zu stellen. Soziologen, Politologen und Erziehungswissenschaftler tun dieses im Hinblick auf die demographische Entwicklung spätestens seit den 1980er Jahren, ohne dass ihre Warnungen im politischen Raum gehört worden wären. Der Bedarf an politischer Umsteuerung ist durch 25-jähriges Warten rasant gestiegen.

An der Freien Universität sind zahlreiche Studien erstellt worden, die die Bedeutung des Alterungsprozesses unserer Gesellschaft in allen Facetten verarbeitet haben. Bedauerlicherweise ist die brisante Mischung aus den sozialen Entwicklungen im politischen Raum nicht zur Kenntnis genommen worden. Die Brisanz ist nicht Folge einer Naturkatastrophe, sondern gezielten politischen Handelns beziehungsweise von Unterlassungen: So ist bis heute Bevölkerungspolitik, im Sinne eines Anreizes für die Bürger, Kinder zu haben, verpönt. Familienpolitik hat ihren Blick allenfalls darauf gerichtet, die Berufstätigkeit von Frauen zu erleichtern, nicht jedoch die schwerwiegenden Benachteiligungen von Familien mit Kindern (Großziehen und Ausbildung eines Kindes kosten ein Elternpaar 450 000 Euro) auszugleichen.

Bildungspolitik folgt seit Willy Brandts Forderung, mehr Demokratie zu wagen, dem berechtigte Anliegen, Deutschland dürfe nie wieder ein totaler Erziehungsstaat werden. Dagegen wurde aber die ebenso bedeutsame Einsicht ausgespielt, dass ohne Leistung, Anstrengung und Exzellenz in Schulen und Hochschulen die Zukunft weder des Einzelnen noch der Gesellschaft gesichert werden können. TIMMS, PISA und IGLU beschreiben nur einen kleinen Ausschnitt dieses Desasters. Wenn ähnliche Untersuchungen mit Lehrlingen, Studierenden und Berufstätigen gemacht werden würden, versänke die Republik in tiefe Depression.

Es wird sichtbar: Neben dem Bedarf an prognostischem und strategischen sozialwissenschaftlichem Wissen erscheint eine weitere Dimension. Eine Universität muss Reflexionsformen für die Frage bereithalten, welches Selbstverständnis vom Leben die Menschen künftig (noch) werden entwickeln können. Das Verhältnis von

Ansprüchen und Pflichten ist neu auszurichten. Der Frage nach Gerechtigkeit und Gleichheit wird diejenige hinzugefügt werden müssen, ob es überhaupt noch eine materielle Basis für überschießende soziale Erwartungen gibt.

In Deutschland hat sich die Vorstellung breit gemacht, die Gleichheitsforderung unserer Verfassung beschränke sich nicht auf eine Gleichheit vor dem Gesetz, sondern umschließe materielle Gleichheit für alle Bürger. Dieses Missverständnis ist sehr teuer geworden. Die Politik zurückliegender Jahrzehnte hat sich nämlich darauf konzentriert, materielle Ungleichheit durch Nettozahlungen an Schlechtergestellte auszugleichen. Solange sich die dafür zur Verfügung stehende Summe durch wirtschaftliches Wachstum und durch Steigerung der Zahl der Steuerzahler erhöht, ist eine solche Politik tolerierbar. Wenn indessen die Summe der zahlungskräftigen Erwerbstätigen sinkt, weil die Geburtenraten abnehmen und das Qualifikationsniveau der Erwerbstätigen sich verschlechtert, dann gerät Politik in eine paradoxe Situation: Sie soll Sozialleistungen bei sinkenden Steuereinnahmen steigern. Eine vorausschauende Politik hätte vor 30 Jahren damit beginnen müssen, den Bevölkerungsrückgang auszugleichen und das Qualifikationsniveau von Berufsanfängern und Erwerbstätigen so zu erhöhen, dass deren gesteigerte Arbeitsleistung die Wirtschaftskraft des Standortes Deutschland durch erhöhte Innovationsfähigkeit für Industrieprodukte kompensiert hätte.

Dieses wäre die Aufgabe der Bildungspolitik gewesen. Sie hätte darin bestehen müssen, den Anteil der Bildungsausgaben vom Bruttoinlandsprodukt über das durchschnittliche Niveau der Länder zu bringen, die keinen Bevölkerungsrückgang verzeichnen. Sie hätte darin bestehen müssen, das Qualifikationsniveau über den OECD-Durchschnitt zu erheben, statt weit unter dem Durchschnitt zu bleiben. Sie hätte darin bestehen müssen, den Anteil einer wissenschaftlich gebildeten Elite an einem Altersjahrgang wesentlich über 25 Prozent zu steigern. Sie hätte darin bestehen müssen, den Anteil nicht berufsbildungsfähiger Jugendlicher am unteren Leistungsrand von 20 auf fünf Prozent zu reduzieren. Sie hätte darin bestehen müssen, ein Klima der Leistungsfreude und der Wettbewerbsbereitschaft an die Stelle von Anspruchsdenken und Leistungsverweigerung zu stellen. Sie hätte darin bestehen müssen, Bildung als einen lebenslangen Prozess nicht nur zu deklarieren, sondern auch die entsprechenden institutionellen Voraussetzungen dafür zu schaffen, dass jeder Bürger seine Pflicht wahrnimmt, sich regelmäßig weiterzubilden.

Gibt es noch eine Möglichkeit, das Versäumte nachzuholen und die Schussfahrt ins Generationendesaster durch eine gezielte Bildungspolitik umzusteuern? Die Antwort heißt: Es gibt gar keine Alternative, wenngleich es für kurzfristige Veränderungen zu spät ist.

Wir dürfen nicht vergessen: Allein die Qualitätsmängel im Bildungsstand der 15-Jährigen wurden durch eine entschieden zu späte Einschulung und durch das Ausbleiben rechtzeitiger Spracherziehung (insbesondere auch bei Immigranten) sowie durch eine unzulängliche mathematisch-naturwissenschaftliche Basisausbildung verursacht. Selbst wenn man im Jahr 2004 alle Vierjährigen, wie bei manchen PISA-Siegern, einer gezielten leistungsorientierten Bildung unterzöge, die noch dazu bis zum Schulabschluss anhielte, wären Effekte erst in zwölf bis 15 Jahren spürbar. Dafür fehlt es aber an geeignetem pädagogischem Personal, an Lehrmitteln und vor allem an dem Bewusstsein, dass die Überlebensfähigkeit unserer Gesellschaft schlicht von dem überdurchschnittlichen Einsatz der nachwachsenden Generation abhängen wird.

Für diese Neuorientierung sind erhebliche Investitionen, Willenskraft und Anstrengungen erforderlich. Sie sind nur zu erbringen, wenn gleichzeitig an anderer Stelle Verzicht geübt wird. Das bedeutet, dass die Gerechtigkeitsfrage heute nicht als Querschnittsgerechtigkeit kurzgeschlossen werden darf (herrscht zum gleichen Zeitpunkt Gerechtigkeit zwischen den gleichzeitig Lebenden?), sondern als Längsschnittgerechtigkeit, als intergenerationelle Gerechtigkeit gesehen werden muss. Denn: 2020 wird ein Erwerbstätiger sich selbst und vier weitere ernähren müssen, die dazu aufgrund ihres Alters noch nicht oder nicht mehr in der Lage sind. Es ist nicht zu erwarten, dass der Einzelne dazu im Jahre 2025 in der Lage sein wird.

Schaden abwenden

Der gigantischen Bildungsanstrengung für die nachwachsende Generation muss deshalb eine noch größere Weiterbildungsanstrengung der älteren Generation hinzugefügt werden, die im Jahre 2015 bis 2030 bis zum 70. Lebensjahr und vielleicht sogar länger mitarbeiten muss. Das kann sie nur auf dem dann erreichten Stand von Technik und Wissenschaft tun. Folglich werden die Universitäten in wenigen Jahren breite Weiterbildungsangebote entwickeln müssen. Niemand hat bisher die Frage beantwortet, wer das bezahlen soll. Es wird kein Weg daran vorbeigehen, dass die jetzige Erwachsenengeneration dieses als Beitrag zur Generationengerechtigkeit tun muss, und zwar nicht aus Steuergeldern, sondern höchst individuell. Um eine gesetzliche Regelung einer Weiterbildungspflicht führt kein Weg vorbei.

Es sieht gegenwärtig nicht so aus, als ob nennenswerte Teile der politischen Klasse begriffen hätten, dass die heutige Bildungspolitik Sozialpolitik für die Zukunft ist. Materielle Schlechterstellung von Eltern, Gebühren für Bildungseinrichtungen, zu späte Einschulung, zu lange Ausbildung, fehlende Dienstleistungsorientierung im Bildungssystem und der fehlende Mut, Bildungsinvestitionen gegen die Ansprüche großer Einzeletats wie Verkehr und Soziales durchzusetzen, sind keine Zeichen, die Hoffnung machen. In den 1960er Jahren konstatierte Georg Picht einen Bildungsnotstand in der damaligen Bundesrepublik, woraufhin eine Expansion im Bildungssektor erfolgte, allerdings mit unzureichenden Mitteln und – historisch verständlich – kurzsichtigen Zielen. Heute muss von einer Bildungskatastrophe gesprochen werden. Bildung ist das Zukunftsthema schlechthin. Politiker, die das nicht begriffen haben und entsprechend handeln, verletzen ihren Amtseid, mit dem sie gelobt haben, vom deutschen Volke »Schaden abzuwenden« und zu seinem Wohle zu handeln.

Wenig Zeit für viele Defizite
2004 (Rheinischer Merkur)

Kinder sollen viel früher mit dem Lernen anfangen. Dafür müssen endlich die Voraussetzungen geschaffen werden.

Vor allem seit den 1970er Jahren war Bildungspolitik von Ideologie überlagert und nicht mehr an der Frage orientiert, was Schulen leisten müssen. Um diese Frage sehr direkt zu beantworten: Sie ist dazu da, damit wir auch künftig noch essen können. Damit wir das können, müssen wir ein Wirtschaftsstandort sein, an dem Geld verdient wird, an dem tüchtige Menschen entwickeln und produzieren.

Zusätzlich sind wir heute aber mit zwei weiteren Herausforderungen konfrontiert: Das ist zum einen der Globalisierungsprozess und zum anderen die dramatische Alterung der Gesellschaft. Die Zahl der Erwerbstätigen wird bis 2030 auf etwa 37 Millionen sinken. Immer weniger Jüngere kommen auf den Arbeitsmarkt. Umso wichtiger ist es, diesen Nachwuchs optimal auszubilden.

Unser Bildungssystem muss dazu erstens den Anteil der Hochqualifizierten höher treiben und gleichzeitig zweitens den Anteil derer, die schlicht nicht berufsbildungsfähig sind, deutlich senken. Dieser Anteil liegt heute bei fast 20 Prozent. Das ist ein katastrophales Versagen unseres Bildungssystems. Schon der gesunde Menschenverstand sagt, dass wir in der Wissensgesellschaft nicht damit leben können, dass jeder fünfte Schulabgänger nicht in der Lage ist, eine Ausbildung zu absolvieren.

Wo genau liegen die Defizite im Bildungssystem? Zunächst: Seine Inhalte sind wirklichkeits- und berufsfern. Zwei große Kompetenzblöcke fehlen: Basiskompetenzen und Schlüsselqualifikationen. Basiskompetenzen umschließen folgende Fähigkeiten: schriftliches und mündliches Beherrschen der Verkehrssprache, mathematische Modellierungsfähigkeit, IT-Qualifikation und das Beherrschen von mindestens einer Fremdsprache. Schlüsselqualifikationen sind das, was wir unser Leben hindurch im Beruf, aber auch im Privatleben benötigen: beispielsweise die Kommunikationsfähigkeit, wie man sie in einer Familie lernen sollte.

Ein weiteres Defizit: Die Lehr- und Lernmethoden hierzulande liegen unter internationalem Niveau. Zudem fehlt es den Schulen an unternehmerischer Orientierung: Der Gedanke, für sich selbst verantwortlich zu sein, wird seit dreißig Jahren für eher nebensächlich gehalten. Den Lehrenden fehlt es an Professionalität. Der Grund: Zu lange wurde die Beziehung zwischen Lehrern und Schülern im Wesentlichen als pädagogische Begegnung betrachtet. In den Hintergrund gerückt sind dabei die inhaltliche Seite und der Leistungsaspekt.

Ein weiteres Problem: Wir fangen zu spät an, unsere Kinder systematisch zu beschulen. Wir sind eines der wenigen Länder der Welt, das keine Ganztagsschule hat, mit dem Effekt, dass ein Kind in der Sekundarstufe I etwa 2 800 Stunden weniger unterrichtet wird als in anderen Ländern. Die Zukunft der jungen Generation lässt sich aber eben nicht per »Halbtagsjob« vorbereiten.

Zudem haben wir hierzulande zu wenig Wettbewerb im Bildungswesen – auch mit privaten Schulen und Hochschulen. Diese würden auch die Leistungsbereitschaft unserer staatlichen Schulen erhöhen, aber von Seiten des Staates sowie auch der Lehrergewerkschaften, die um Einfluss fürchten, werden Privatinitiativen ausgebremst.

Zustand und Ausstattung deutscher Schulen und Hochschulen sind oft jämmerlich.

WARUM SIND DEUTSCHE SCHÜLER NUR MITTELMÄSSIG?
2004 (DER TAGESSPIEGEL)

Vor wenigen Tagen ist die zweite PISA-Studie erschienen, die Deutschland ein mittelmäßiges Ergebnis bescheinigte: Im globalen Vergleich schneiden deutsche Schülerinnen und Schüler diesmal mittelmäßig ab. Wir haben Erziehungswissenschaftler und Psychologen unterschiedlicher Fachrichtungen befragt, wo die Gründe für das schlechte Abschneiden liegen.

Wenn die Diagnose bekannt ist

Was muss geschehen? Viele Reformversuche des deutschen Bildungswesens sind seit 2002 angelaufen: Vorträge, Modellversuche, Papiere. Die Diagnose ist bekannt, die Therapie oftmals halbherzig und unentschlossen.

Auch bei mutigen Schritten im Einzelnen gilt: Zögerer und Zauderer sind in der Mehrzahl. Die vor einiger Zeit vom ehemaligen Bundespräsidenten Herzog geforderte Bildungsrevolution ist noch nicht in Sicht. Was zu tun ansteht, ist eine »3-G-Strategie«: Ganzheitlichkeit – Geschwindigkeit – Geld.

Ganzheitlichkeit: Unser Bildungswesen muss aus einem Guss, von der Vorschule bis zur Seniorenbildung, reformiert werden: als nationales Projekt und als bildungsbiographisches Vorhaben für jeden Einzelnen.

Geschwindigkeit: Unser Bildungswesen muss sofort verändert werden, und es gilt: Bildung dauert ein Leben lang, Ausbildung dient dazu, dieses Leben führen zu können. Das heißt: Ausbildungszeit muss überschaubar bleiben.

Geld: Um im OECD-Ranking von 29 Ländern vom 18. auf den 3. Platz aufzusteigen und ökonomisch mit den anderen gleichzuziehen, fehlen jährlich rund 30 Milliarden Euro. Wer nicht bereit ist, sie zu bezahlen, wird das Fünffache für Soziales ausgeben müssen. Bildungspolitik ist Sozialpolitik!

DIE BILDUNG MUSS ZUR KERNFRAGE EINES JEDEN WAHLKAMPFES WERDEN
2005 (BERLINER MORGENPOST)

Unser Land steuert auf eine schwirige Situation zu, wenn unser Bildungssystem nicht bald eine fundamentale Veränderung erfährt: 20 Prozent der nachwachsenden Generation werden Schwierigkeiten mit ihrer Berufsausbildung haben, weil sie grundlegende Fähigkeiten nicht besitzen. Unsere Leistungselite ist zu klein. Über 200 000 gut ausgebildete Deutsche wandern jährlich aus. 25 000 hochqualifizierte Promovierte und 80 Prozent deutscher Nobelpreisträger forschen in den USA statt in Deutschland. Gleichzeitig sind unsere Lehrer nicht berufsorientiert ausgebildet, weit über 90 Prozent von ihnen scheiden »ausgebrannt« vorzeitig aus. Unsere Kinder werden mit 6,8 Jahren zu spät eingeschult. Entsprechend spät beginnen Studium oder Berufsausbildung. Was floriert, ist die Kultusbürokratie. 16 Bundesländer verteidigen ihre exklusive Zuständigkeit für unsere Schulen mit Zähnen und Klauen: Alles existiert 16-fach: Minister, Staatssekretäre, Spitzenbeamte und Angestellte in Armeestärke. Der Bund verliert einen Prozess nach dem anderen, sobald er unser Land als Ganzes in den Blick nimmt.

Das war nicht immer so: Als das deutsche Bildungssystem florierte und maßgeblich für die ganze Welt war, wurde Deutschland zentral regiert. Der Missbrauch des Zentralismus in den deutschen totalitären Staaten hat den Bildungsföderalismus als »Gegengift« hervorgebracht. Dabei haben wir heute, in einer globalisierten Welt, ganz andere Probleme. Uns werden bereits in 15 Jahren die qualifizierten Arbeitskräfte fehlen.

Was ist also zu tun? Wir haben die Pflicht, uns dagegen zu wehren, wenn die Chancen unserer Kinder und Enkelkinder auf ein sorgenfreies Leben missachtet werden. Wir müssen dafür sorgen, dass Bildung die Kernfrage jedes Wahlkampfes wird. Aber wir müssen auch an uns selbst arbeiten. Als Eltern: Auf Leistung und Qualität bestehen, gegenüber der Schule, den Kindern und gegenüber uns selbst. Als Lehrer: nichts anderes. Als Schülerinnen und Schüler: Was sonst?

Worauf es ankommt, müssen wir wissen wollen. Ich folge deshalb gern der Einladung der Morgenpost, in dieser Kolumne künftig regelmäßig zu schreiben, zu den großen Fragen ebenso wie zu den kleinen unseres Alltags in Schule, Familie und Ausbildung.

MEHR LERNEN, WAS SONST?
2005 (HANDELSBLATT)[2]

Eine Bildungsrevolution wird nur gelingen, wenn wir begreifen: Bildung heißt zuerst Selbstdisziplin, Anstrengung, Verantwortung und Fairness gegenüber anderen.

Als vor einem halben Jahrhundert die Sowjets als Erste den Weltraum eroberten, war die westliche Welt wie gelähmt. Der »Sputnik-Schock« ließ darüber nachdenken, warum deutsche Ingenieure bei dieser Eroberung nicht beteiligt waren. Man sprach von einem Bildungsnotstand der Deutschen. Der Deutsche Bildungsrat wurde gegründet, der viele fundierte Empfehlungen erarbeitete und dann im Parteienstreit über Gesamtschule und Lesebücher 1975 versank. Es gab eine Bildungsexpansion mit dem Ziel, Arbeiterkindern den Zugang zu den Hochschulen zu öffnen.

Am Ende der 1970er Jahre beschlossen die Ministerpräsidenten, weitgehend kostenneutral, die deutschen Universitäten zu öffnen, als sie die Abiturientenberge sahen, die sich angehäuft hatten. Es gab Masse statt Klasse. Fast 40 Prozent eines Altersjahrgangs bekamen ein Abitur, doch die Zahl der studierenden Arbeiterkinder erhöhte sich nur um ein Prozent.

Die »Bildungsreform« wurde indessen von einem ganz anderen Thema überlagert: der Kritik an der »autoritären«, »spätkapitalistischen« Gesellschaft. Die Aufmerksamkeit der Schulen wurde auf gesellschaftskritische Lehrplaninhalte gerichtet, »soziales Lernen« rückte in den Mittelpunkt der Aktivitäten. Der deutsche Glaube daran war unverrückbar, dass staatliche Erziehung entweder zum Sozialismus in der DDR oder zum kritischen Staatsbürger in der Bundesrepublik eine Wiederholung der Gräuel des Naziregimes verhindern könnte. Weil die Durchsetzung von Leistungsstandards aber als ein besonderes Beispiel für autoritäres Unterrichten gehalten wurde, diskriminierte man die Prinzipien der Leistung, der Anstrengung oder gar des Wettbewerbs nicht selten als solche.

Heute muss man feststellen, dass die Situation derjenigen vor 40 Jahren nicht unähnlich ist. Nur, dass die Herausforderungen viel bedrohlicher sind: Deutschland schafft den Umstieg von der

---

2   © Handelsblatt GmbH. Alle Rechte vorbehalten.

rohstoffbasierten Produktionsgesellschaft in die wissensbasierte Dienstleistungsgesellschaft nicht schnell genug.

Bei der Entwicklung neuer Technologien im Bereich der Biowissenschaften, der Raumfahrt, der Informatik, ja sogar der ökologisch bedeutsamen Photonik hat Deutschland den Anschluss nicht halten können.

Bei der Globalisierung der Produktentwicklung können deutsche Fachkräfte häufig nicht mithalten, weil ihnen allein schon wichtige sprachliche Voraussetzungen fehlen. Die sinkende Zahl von qualifizierten Erwerbstätigen und die Alterung der Bevölkerung konnte weder durch selektive Migrationspolitik noch durch Familienpolitik und schon gar nicht durch Bildungspolitik kompensiert werden.

Der Bildungsstand der deutschen Bevölkerung ist im internationalen Vergleich deprimierend: Nur 16 Prozent verfügen über einen Hochschulabschluss (OECD-Schnitt: 26 Prozent), rund 20 Prozent sind berufsbildungsunfähig, zehn Prozent ohne einfachen Hauptschulabschluss, 30 Prozent Studienabbrecher, 25 000 deutsche Spitzendoktoranden dauerhaft in den USA.

Das deutsche Bildungssystem ist administrativ erstarrt, modernisierungsbedürftig und im pädagogischen Berufsbeamtentum leistungsfeindlich. Vielen Menschen fehlt die Einsicht in die Bedeutung von Bildung und Weiterbildung für ihre ganz existenzielle Zukunft.

Wieder einmal kommt der Bildungspolitik die Schlüsselrolle zu, an die Stelle des Sputnik-Schocks ist der PISA-Schock getreten, erneut wird nach »Bildungsreserven« gesucht, und erneut besteht die Gefahr, dass gesellschaftspolitische Debatten die eigentliche Kernfrage überlagern: Wie wird es möglich sein, Anstrengungs- und Leistungsbereitschaft schon in Familie und Schule zu kultivieren, die Freude am Wettbewerb nicht zu diskriminieren, eine möglichst große und tüchtige Leistungselite zu fördern, Dienstleistungsberufe herauszubilden und die bildungsfernen Schichten zu aktivieren?

Und all dies, ohne Wettbewerb von sozialer Kälte zu begleiten, ohne Überheblichkeit der Eliten zuzulassen und ohne Neiddebatte, ohne Dienstleistung für Sklaverei zu halten und ohne Bildung als überflüssiges Luxusgut anzusehen?

Die Antwort lautet: durch Bildung. Die Menschen müssen eine lebenslange Lern- und Arbeitsmotivation entwickeln und auch bereit sein, in ihre Bildung zu investieren. Wir müssen, wie international üblich, unsere Kinder mit vier Jahren einschulen können und sie ganztags unterrichten. Mit 14 muss eine vergütungsfreie

Berufsausbildung beginnen können, und vielfach sind zwei Jahre dafür genug. Wir benötigen ein ziviles Pflichtjahr für alle Jugendlichen als Bestandteil ihres Bildungsgangs, damit sie alle den Dienst am anderen lernen. Die Ausbildung der Pädagogen muss professionalisiert werden. Vor dem Lehramtsstudium sind Eignungstests durchzuführen, neben dem Gymnasium muss eine Sekundarschule existieren, die Haupt-, Real- und sonstige Schulen zusammenfasst. Englisch vom ersten Schuljahr an, eine weitere Fremdsprache, Modularisierung der Lernstoffe, Credit-System und die Beschleunigung der Einführung von BA/MA.

Aber das genügt nicht. Das deutsche Bildungssystem muss endlich auf internationalem Niveau finanziert werden. Das heißt rund 30 Milliarden Euro mehr pro Jahr. Und keine Illusionen: Eine Bildungsrevolution wird nur gelingen, wenn wir, die Bürger in allen Schichten, begreifen: Bildung heißt in erster Linie Selbstdisziplin, Anstrengung, Verantwortung, Fairness gegenüber den anderen und Respekt gegenüber den Erziehenden. Das heißt schließlich für uns, wenn wir Eltern oder Großeltern sind: nicht nur »Ja« zu sagen zu allem, was unsere Kinder tun, nicht wegzuschauen, wenn sie sich falsch verhalten, sondern auch »Nein« zu sagen und den richtigen Weg zu zeigen. Diesen Weg müssen wir gehen.

SUBVENTIONEN ABBAUEN UND IN BILDUNG INVESTIEREN
WIDERWORTE
2005 (FRANKFURTER RUNDSCHAU)

Offensichtlich haben sich schon viele Bildungspolitiker in die Sommerferien verabschiedet. Anders ist es kaum zu erklären, dass in vielen Manifesten und Programmen für den anstehenden Bundestagswahlkampf die Themen Bildung und Forschung – gelinde gesagt – stiefmütterlich behandelt werden. Es scheint, wie so oft zu sein: Die Parteien hoffen, die »großen Punkte« auf anderem Terrain zu machen: bei Arbeitsplätzen, Steuern, Rente. Die Stimmen der Fachpolitiker gehen im Missklang der Wahlkämpfer schnell unter. Verständlich ist es zwar, dass die Parteistrategen dort ansetzen, wo sie die größten Sorgen vermuten: Bei fünf Millionen Arbeitslosen scheinen gute Schulen und Universitäten ein nachgeordnetes Problem zu sein. Gleichzeitig ist es aber bedauerlich, dass die Wahlkämpfer ihrer Zielgruppe einen simplen Gedankengang nicht zutrauen: Bildung ist eine der wichtigsten Voraussetzungen für mehr Wachstum. Und: Ohne stärkeres Wirtschaftswachstum ist keines der zentralen Probleme zu lösen.

Es gibt andere Länder, die diese Lektion bereits gelernt haben. Und es gibt Politiker, die damit Wahlen gewonnen haben. Ein gutes Beispiel ist Schweden. Das Land findet sich seit Jahren regelmäßig in den Spitzengruppen der internationalen Schulleistungsvergleiche wieder. Die hohe Investitionsbereitschaft in Bildung, in Forschung und Entwicklung geht einher mit einem überdurchschnittlichen Anstieg des Bruttoinlandsproduktes (BIP). Zwischen 1996 und 2004 wuchs die schwedische Wirtschaft durchschnittlich mit 2,7 Prozent fast doppelt so stark wie in Deutschland. Der Lebensstandard liegt in Schweden gemessen am BIP pro Einwohner inzwischen um sechs Prozent höher als bei uns. Erfolgsrezept der Schweden war ein Reformkurs seit Anfang der 1990er Jahre, der neben Lohnzurückhaltung, Haushaltssanierung und Steuersenkungen vor allem ein klares Bekenntnis zur Bildung vorsah. Eine Investition, die sich heute auszahlt und die uns als Vorbild dienen kann. Die vom Institut der deutschen Wirtschaft erarbeitete Studie »Vision D« etwa zeigt, dass das schwedische Modell auch für Deutschland ein gangbarer Weg wäre. Würden wir das Reformszenario der Schweden auf deutsche Verhältnisse übertragen, kämen wir demnach auf ein durchschnittliches Wachstum des Bruttoinlandsproduktes von 2,5 Prozent – ein Traumwert aus heutiger Sicht.

Natürlich ist der Reformprozess der Skandinavier nicht eins zu eins übertragbar, doch einiges lässt sich von Schwedens Bildungspolitik tatsächlich abschauen. Schwedens Bildungsausgaben liegen seit Jahren weit über dem Durchschnitt der OECD-Staaten – dies gilt sowohl für den schulischen als auch für den universitären Bereich. Damit finanzieren die Schweden ein System, das konsequent auf lebenslanges Lernen setzt. In der Vorschule werden Zweijährige schon an Lesen und Rechnen herangeführt. Statt reiner Betreuung werden hier bereits Lerninhalte vermittelt. Die enge Betreuung setzt sich in den weiterführenden Schulen fort. Die Grundschulen haben viele Freiräume für selbstorganisiertes Lernen, in denen Lehrer und Schüler gemeinsam über die Entwicklung von Lehrplänen und Unterricht beraten, und zwar »maßgeschneidert« für die individuellen Lernbedürfnisse. Leistungsbezogene Entlohnung für gute und schlechte Lehrer ist üblich, genauso wie eine Überprüfung der Leistungsstandards. Dazu gehören auch Schulinspektionen und Tests, durch die regelmäßig das Wissen in verschiedenen Altersstufen überprüft wird. Die Folge: Weit über 70 Prozent der Schülerinnen und Schüler erlangen die Hochschulreife, in Deutschland sind es gerade einmal die Hälfte. Entsprechend höher fallen die Studierendenquoten aus – die Schweden sind ein Volk der Akademiker. Auch dies ist eine Voraussetzung für den Erfolg der forschungsintensiven Branchen in Schweden, wie zum Beispiel der Mobilfunkindustrie. Vorbildlich ist auch das schwedische Engagement in der Fortbildung der Arbeitnehmer. Der Staat fördert so genannte Ausbildungskonten, mit denen Angestellte gezielt auf Weiterbildungen sparen können, die sie für eine erfolgreiche Entwicklung in ihrem Berufsleben benötigen.

Diese Beispiele zeigen den Mut der Schweden zu unkonventionellen Lösungen. Kreativer Wettbewerb und sinnvolle Eigenverantwortung sind dabei die Maßstäbe für das schwedische Bildungswesen. Bezeichnend ist auch die Tatsache, dass viele der oben beschriebenen Reformen nicht in Zeiten wirtschaftlicher Stärke, sondern eher in der Krise eingeleitet wurden. Der Mut zur Erneuerung wurde in den Jahren danach aber mit einer langen Phase kräftigen Wirtschaftswachstums und einem florierenden Arbeitsmarkt belohnt. Dies könnte eine Lehre sein für unsere Politiker, die gerade an ihren Wahl- und Regierungsprogrammen feilen. Vor allem braucht es einen langen Atem, um Reformen umzusetzen, um sie wirken zu lassen und um von dem daraus resultierenden Wachstum profitieren zu können. Viele gute Ideen aus dem Ausland können wir schnell auch hier in Deutschland umsetzen, für andere braucht es hingegen mehr Geld, eine bessere Grundausstattung der Schulen und der Universitäten. Deswegen muss diese Aufgabe auf jeder politischen Agenda ganz oben stehen.

Wer sich traut, veraltete Subventionen zu streichen, den Haushalt zu sanieren und die frei gewordenen Mittel in die Bildung zu investieren, stellt die Weichen für die Zukunft. Vielleicht kommt der eine oder andere Bildungspolitiker nach seinem Sommerurlaub in Schweden ja mit ähnlichen Ideen nach Deutschland zurück. Das wären die richtigen Mitbringsel für den anstehenden Wahlkampf.

WELCHE LEHREN AUS DER JÜNGSTEN PISA-STUDIE ZU ZIEHEN SIND
2005 (BERLINER MORGENPOST)

Die wichtigen Ergebnisse der PISA-Studie 2003 stehen dieses Mal auf den letzten Seiten. Zweifellos gehört dazu die Nachricht, dass sich gegenüber PISA 2000 einiges verbessert hat. Erfreulich ist auch der Befund, dass das kognitive Potential, das Deutschland zur Verfügung steht, vergleichsweise hoch ist. Damit sind die Jubelmeldungen, die im Vorfeld der Bundestagswahlen im Sommer, politisch gewünscht, bereits vorgezogen publiziert wurden, allerdings auch schon beendet. Was muss uns demgegenüber zu denken geben? Die Leistungsdifferenz zwischen einzelnen Bundesländern beträgt bis zu 1,5 Schuljahre. Im internationalen Vergleich steht Deutschland mit 22,3 Prozent der 15-Jährigen auf der untersten Stufe der Lesekompetenz extrem schlecht da. Obwohl die Problemlösefähigkeit deutscher Kinder gut ist, wird dieses Kapital nicht in mathematische Kompetenz umgesetzt. Zwischen den Bundesländern ist die Bildungsbeteiligung im Gymnasium sehr unterschiedlich: zwischen 25,2 Prozent und 34,5 Prozent. In fast allen Bundesländern lassen die Leistungen der Jugendlichen aus den Hauptschulen erheblich zu wünschen übrig. Die Abhängigkeit der Leistungen vom sozialen Status liegt im internationalen Vergleich zu hoch. Der Migrationshintergrund der getesteten Schüler hat erhebliche Konsequenzen für die Leistungsdaten. Die Studie verweist ausdrücklich auf die Gefahr übersehener Talente.

Diese Ergebnisse sind dramatisch, und es ist schon ärgerlich, dass die Politik deren Kommunikation vor den Bundestagswahlen nicht zuließ. Denn für viele dieser Ergebnisse gilt: Politisches Handeln kann Verbesserungen bringen. So fällt zum Beispiel auf, dass so genannte aktive Schulen, in denen an einer Verbesserung der Situation gearbeitet wird, von Bundesland zu Bundesland einen sehr unterschiedlichen Anteil ausmachen. Bedeutsam ist auch die Klarstellung der PISA-Autoren, dass soziale und wirtschaftliche Faktoren die individuellen Kompetenzen der einzelnen Schüler keineswegs vorbestimmen, sondern dass diese Faktoren sich statistisch auswirken. Der vorschnelle Schluß, wer kein Geld hat, hat auch keine Chance, ist also definitiv falsch. Richtig ist vielmehr, dass ein fehlendes Bildungsklima, was in bildungsfernen Schichten mit niedrigem sozialem Status verbunden ist, sich fatal auswirkt.

Im Bundestagswahlkampf und auch bei den jetzt anstehenden Vereinbarungen über die Koalition spielt das Bildungswesen immer noch eine marginale Rolle. Auffällig wird das Thema hauptsächlich im Streit um die Kompetenzen zweier künftiger Ressorts. Darin spiegelt sich, dass deutsche Politik das Bildungsthema als Zukunftsthema nicht aufgenommen hat. Man kann das auch anders sagen: Uns Bürgerinnen und Bürgern ist es offenbar nicht geglückt, der Politik klar zu machen, was wir von ihr verlangen: Dass sie durch eine Konzentration auf Bildung wenn schon nicht unsere wirtschaftliche Gegenwart verbessert, so doch wenigstens die unserer Kinder und Enkelkinder. Das heißt aber auch, bei unserem eigenen Beitrag zum Bildungsklima beginnen: als Eltern auf Leistung bestehen, nicht nur gegenüber der Schule, sondern auch gegenüber den eigenen Kindern, uns selbst Leistung abverlangen und das Bildungsthema dem vordergründigen Parteiengezänk entziehen. Die Gemeinsamkeiten sind viel größer als das Trennende, wenn man einmal von absurden Vorstellungen wie der verfassungswidrigen Einführung einer Einheitsschule absieht. In diesen Wochen bestehen noch Möglichkeiten, dem bloßen Postengeschacher eine Rückkehr zu den Sachen entgegenzustellen. Denn auch das zeichnet ein Bildungsklima aus: Im Vordergrund hat die Sorge um unser Land zu stehen und nicht die egoistische Sorge um die eigene politische Zukunft.

Perspektiven zur Reform des Schulsystems
2006 (Hamburg macht Schule, Zeitschrift für Hamburger Lehrkräfte und Elternräte)

Spätestens seit PISA steht fest: Deutschland steht vor großen bildungspolitischen Herausforderungen. Notwendig ist, das deutsche Bildungssystem insgesamt leistungsfähiger und im internationalen Vergleich wettbewerbsfähiger zu machen. In dieser Gesellschaft gilt es auch, ethnische Spannungen zu kompensieren. Deshalb müssen die Menschen vorbereitet werden, wichtige Schlüsselkompetenzen zu erwerben. Bildung spielt hier eine hervorragende Rolle. In der Studie »Bildung neu denken!« haben 70 ausgewählte Experten aus den Bereichen Bildungspraxis, Wissenschaft und Wirtschaft Wege zu einer umfassenden Umgestaltung des deutschen Bildungssystems aufgezeigt: vom Vorschulalter bis ins späte Erwachsenenalter. Vor dem Hintergrund dieser Studie – und den damit korrelierenden, später erschienenen Gutachten zu Fragen der Finanzierung und im Hinblick auf wichtige rechtliche Fragen (siehe Literaturverzeichnis) – möchte ich an dieser Stelle Thesen zu einer grundlegenden Reform des Schulsystems in Deutschland formulieren.

Mängel des deutschen Bildungssystems

Will man heute das Bildungssystem verändern, so geht es darum, ökonomische und soziale Trends sowie Rahmenbedingungen zu berücksichtigen, die sich bis in die Zeit des Jahres 2020 erstrecken. Spätestens mit den jüngsten internationalen Leistungsvergleichs-Studien ist zum Beispiel deutlich geworden:

- Die Beteiligung im Bildungssystem ist unzureichend und sozial ungleich verteilt: Die Leistungselite ist zu klein, die Zahl der Leistungsschwachen und Benachteiligten zu groß.
- Lernziele, Unterrichtsinhalte und Lehrmethoden sind modernisierungsbedürftig.
- Das Bildungssystem schafft für Lehrende und Lernende zu wenig Leistungsanreize und fördert weder die Leistungs- noch die Wettbewerbsbereitschaft in ausreichendem Maße.

Grundmerkmale einer Reform

Die Bildungsbiografie für Menschen wird durch fünf Lebensphasen gekennzeichnet:

- Kindesalter (0 – 14 Jahre)
- Jugendalter (ca. 14 bis 21 Jahre)
- Frühes Erwachsenenalter (ca. 21 bis 35 Jahre)
- Mittleres Erwachsenenalter (ca. 35 bis 65 Jahre)
- Späteres Erwachsenenalter (ab ca. 65 Jahren).

In einem stark reformierten Schulsystem müssen grundsätzlich die Privatinitiativen gestärkt werden – im Verantwortungsbereich des Einzelnen für die Bildungsbiografie und im Hinblick auf die Erleichterung der Gründung von Privatschulen. Dabei definieren sich private Initiativen auch durch eine starke Zusammenarbeit zwischen öffentlichen Bildungseinrichtungen und dem »nicht-öffentlichen Bereich«, den Elternvereinen, Verbänden, Unternehmen etc. Das Schulsystem muss eine De-Regulierung erfahren. Das heißt beispielsweise: Der Staat hat zwar eine qualitativ hochstehende Grundbildung zunächst vom vierten bis 14. Lebensjahr zu realisieren; die Bildungsaufsicht – im »obrigkeitsstaatlichen Sinne « – wird aber weitgehend durch Management-Modelle (beispielsweise Zielvereinbarungen, Kosten-Leistungs-Rechnung usw.) ersetzt.

Den Schulen sind also mehr eigene Kompetenzbereiche zu übertragen. Im Sinne einer Internationalisierung des Bildungssystems ist zu empfehlen,

- den Fremdsprachenunterricht im allgemeinbildenden Schul-System zu intensivieren,
- mehr bilinguale Schulen einzurichten,
- Kinder mit Migrationshintergrund intensiver zu beschulen,
- den deutschsprachigen Kindern im größeren Maße Auslandsaufenthalte zu ermöglichen – im Interesse einer raschen Europäisierung ist beispielsweise anzustreben: eine Modularisierung vom zweiten bis zum fünften Bildungsbereich;
- die traditionellen deutschen Bewertungssysteme durch das (europäische) Credit-System zu ersetzen.

Bildungsziele und Bildungsinhalte sind einer Revision zu unterziehen. Wichtigste Aufgabe im Kindesalter (frühe Kindheit und Pubertät) ist es, Basiskompetenzen zu vermitteln. Hier geht es beispielsweise um das Erlernen der Verkehrssprache, die mathematische Modellierungsfähigkeit, die fremdsprachliche Kompetenz, die IT-Fähigkeiten, die Fähigkeit zur Selbstregulation des Wissenserwerbs und die motorische Koordinierungsfähigkeit.

Schwerpunktmäßig gilt dies für die Schuljahre eins bis sechs. In den Schuljahren sieben bis zehn muss »Weltwissen« (Natur und Technik, Kunst und Kultur, Wirtschaft und Gesellschaft) im Vordergrund der Arbeit stehen.

Dabei müssen – in allen Bildungsbereichen – die personalen Schlüsselqualifikationen erworben werden: soziale, emotionale, affektive und kognitive. Zur Erreichung dieser Bildungsziele sollten Kompetenzen, Wissen und Qualifikationen in einem nationalen Bildungskonzept und einem entsprechenden Curriculum (Lehrplan) länderübergreifend standardisiert werden. Schon in dieser Zeit muss das Bildungssystem ein proaktives, positives Persönlichkeitsbild verfolgen.

Der Anteil höher qualifizierter Menschen ist dringend zu steigern – im Sinne nicht des Besitzes möglichst hochwertiger Zertifikate, sondern im Sinne der Aneignung realen komplexen Wissens. Eine regelmäßige Qualitätsüberprüfung des Lehrpersonals und der Arbeit an den Schulen insgesamt muss durchgesetzt werden. Menschen, die sich um eine Stelle als Lehrer bewerben, müssen sich einer Eignungsüberprüfung unterziehen.

Die Qualität von Bildungseinrichtungen ist regelmäßig öffentlich zu dokumentieren. Die Qualität einer Leistungszertifizierung muss dringend verbessert werden. Zertifikate haben den tatsächlichen Leistungsstandard des Absolventen wiederzugeben.

Ein sparsamer Umgang mit der Lebenszeit bei gesteigerten Lerneffekten ist möglich durch:

- ein Schulleistungs-Screening der Vier- bis Sechsjährigen vor der Einschulung,
- eine Verfrühung des Lernens (Einschulung mit vollendetem vierten Lebensjahr),
- eine Begrenzung der Schulpflicht auf das vollendete vierzehnte Lebensjahr),
- den Verzicht von Klassenwiederholungen,

- eine Verdichtung des Lernens im Rahmen einer flächendeckenden Ganztagsschule sowohl im allgemeinbildenden als auch im berufsbildenden Bereich,
- die Nutzung von Teilen der Schulferien für Sommerschulen und individuelle Fördermaßnahmen,
- die Einbeziehung externer Berufsexperten im Regelunterricht,
- eine Begrenzung der Schulferien auf den Urlaubsumfang bei Auszubildenden im Jugendalter,
- eine grundsätzliche Gleichwertigkeit »beruflicher« und »allgemeiner« Qualifikationen.

Vorschulbereich

Ein anspruchsvoller Bildungsauftrag existiert bisher im vorschulischen Bereich nicht. Deutschland hat – im Unterschied etwa zu den Niederlanden – auf eine frühpädagogische Kultur im Sinne eines äußerst wichtigen ersten Lernfensters (»window of opportunity«) verzichtet. Das gilt es umgehend zu verändern. Damit Eltern ihre Auswahlrechte adäquat wahrnehmen können, ist ein »Qualitätssiegel« einzuführen.

Primarstufe (5. bis 10. Lebensjahr)

Die Arbeit im Grundschulbereich ist stark verbesserungsbedürftig. Eine einseitige Konzentration auf »soziales Lernen « zu Lasten kognitiver Ansprüche ist abzubauen. Hermann Giesecke hat schon 1998 darauf aufmerksam gemacht, dass es hier nicht um »Kindertümelei« geht, sondern vor allem um die Entwicklung von »Arbeitshaltungen« im Sinne eines erfolgreichen Übergangs zu den weiterführenden Schulen der Sekundarstufe I.

In der Primarschule werden Kinder bis zum vollendeten 14. Lebensjahr gemeinsam unterrichtet. Am Ende dieser Phase sind Leistungstests durchzuführen, die zum Beispiel weitgehend darüber mit entscheiden, ob ein Jugendlicher auf ein Gymnasium wechseln kann.

Sekundarstufe I

Heterogene Lernvoraussetzungen sollten in der Sekundarstufe I zu einer Differenzierung führen. Diese Stufe wird angeboten

- als Sekundarschulform in Form einer kombinierten Haupt- und Realschule mit allgemeinbildender Orientierung für das zweite und dritte Leistungssegment;
- als Gymnasium mit allgemeinbildender Orientierung für mindestens den obersten Leistungsbereich.

Darüber hinaus müssen Sonderschulen für Kinder mit Behinderungen und Spezialschulen für Kinder mit besonderen Begabungen geschaffen werden. Besondere Bedeutung sollten auch Schulen in Internatsform bekommen: Hier kann besonders intensiv beschult werden. Internate bekommen eine wichtige Rolle auch dadurch zugewiesen, dass immer mehr beide Elternteile einer Erwerbstätigkeit nachgehen.

Die Einführung einer undifferenzierten Einheitsschule, die das Wahl- und Bestimmungsrecht der Eltern ins Leere laufen ließe, wäre verfassungswidrig und ist strikt abzulehnen.

Sekundarstufe II

Jugendliche mit überdurchschnittlichen Leistungen in der Gymnasialen Sekundarstufe I können außer dem Besuch der Gymnasialen Oberstufe auch eine Ausbildung im berufsfeldbezogenen oder im berufsbezogenen (dualen) Bereich wählen. Jugendliche mit unterdurchschnittlichen Leistungen in der Gymnasialen Sekundarstufe I müssen sich zwischen der berufsfeldbezogenen oder der berufsbezogenen (doppelten) Ausbildung entscheiden.

Jugendliche mit überdurchschnittlichen Leistungen in der Sekundarschule können zwischen der berufsfeldbezogenen oder berufsbezogenen (dualen) Ausbildung wählen.

Jugendliche mit unterdurchschnittlichen Leistungen in der Sekundarschule werden beruflich ausgebildet. Ein späterer Wechsel in die berufsfeldbezogene Ausbildung ist ihnen bei überdurchschnittlichen Leistungen zu ermöglichen.

Von der Ochsentour, eine Rechtsgrundlage zu schaffen
2006 (Berliner Morgenpost)

Wir leben in einem Rechtsstaat. Das ist von unschätzbarem Wert. Die meisten von uns sind keine Juristen. Das ist gut und schlecht. Gut deswegen, weil wir sonst gezwungen wären, noch mehr Bereiche des Lebens zu verrechtlichen, um davon zu leben, und schlecht, weil uns in unserem Bemühen um die Reform unseres Landes häufig das von uns nicht beurteilbare Argument entgegenschlägt: »Dafür gibt es keine Rechtsgrundlage.« Ein paar Beispiele:

Ein Lehrer möchte die hervorragende Leistung eines Schülers würdigen, die dieser in einem Referat von sich aus erbracht hat. Leider passt das Thema in keinen Lehrplan. – »Dafür gibt es keine Rechtsgrundlage«. Ein Schulleiter möchte den Einsatz einer Lehrerin bei der Neugestaltung der Schulbibliothek und der Einwerbung von Sponsoren honorieren und ihr zehn Prozent der eingeworbenen Mittel privat überlassen. Pech. »Dafür gibt es keine Rechtsgrundlage«.

Die Eltern eines Kindes möchten, dass ihre Tochter den Mathematikunterricht an der einen, den Englischunterricht an der anderen Schule wahrnimmt, um das jeweils beste Lehrangebot zu nutzen. Abgesehen von organisatorischen Problemen: »Dafür gibt es keine Rechtsgrundlage«.

Wie konnte es geschehen, dass in unserem Land vieles nicht möglich ist, was sinnvoll wäre, obwohl es nicht ausdrücklich verboten ist? Der gebildete Laie fragt sich, warum man für vernünftige Absichten Rechtsgrundlagen benötigt. Die Antwort ist klar: Da unsere Verfassung uns im Gleichheitsgebot Gleichheit vor dem Gesetz garantiert, haben alle Kinder den gleichen Lehrplan, alle Studienräte die gleiche Besoldung, und alle Kinder in Klasse 5b haben dieselben Unterrichtsstunden entgegenzunehmen. Wie knackt man diese Kette der Regulierung? Wie schafft man es, dass ein engagierter und vorzüglicher Lehrer schlicht mehr Geld bekommt? Es gibt einen legalen und einen nicht immer ganz legalen Weg. Der erste ist klar: Deregulierung. Gesetze und Verordnungen abschaffen. Dafür braucht man wiederum Gesetze und Verordnungen. Bis das fertig ist, hat mein Sohn einen Beruf (oder auch keinen) und hoffentlich drei eigene Kinder. Weil das jeder weiß, haben viele die Mühe gescheut, die Ochsentour der Veränderung rechtlicher Bedingungen mit zu betreiben.

Der andere Weg wird von Verwaltungsjuristen als illegal bezeichnet. John F. Kennedy nannte es »Zivilcourage«. Machen wir ein Experiment: Was würde eigentlich passieren, wenn ein Schulleiter seiner engagierten Lehrerin zehn Prozent des eingeworbenen Geldes gäbe, natürlich abgestimmt mit den Sponsoren? Was würde eigentlich passieren, wenn ein Vater seine Tochter in die Nachbarschule zum Englischunterricht schickt, natürlich abgestimmt mit beiden Schulen? Zunächst gar nichts. Niemand würde verhaftet und vor den Richter gestellt. Es sei denn, es gibt die neidischen anderen Lehrer, die neidischen anderen Eltern, die neidischen anderen Schüler. Dabei würde der »Rechtsbruch« oder die »Zivilcourage« nur dazu dienen, eine Gewohnheit aufzubrechen, das Groteske eines Gesetzes zu zeigen oder auch die Paradoxie: Zur Veränderung der Regeln benötigten wir die Veränderung der Regeln.

Wenn ein Schulleiter, ein Lehrer, eine Mutter die Regeln unterläuft, kann das gefährlich sein. Den Gefahren kann man ausweichen. Dann verändert sich nichts. Oder ihnen gegenübertreten. Dann braucht man Mut. Wenn es genügend sind, die das tun, braucht man etwas weniger Mut. Soviel davon wird doch da sein, dass wir zusammentreten und sagen: Wir machen diesen Unsinn nicht mehr mit. Wir durchbrechen die Regeln. Wir können sicher sein, dass Politik und Rechtssystem sich sehr beeilen werden, »neue Rechtsgrundlagen« zu schaffen, damit sie nicht ihre Existenzberechtigung verlieren. Immerhin. Besser als nichts.

Alles auf Los
2006 (Eine Beilage der FU Berlin in Zusammenarbeit mit der Tagesspiegel)

Deutschland lässt sich Bildung noch immer nichts kosten: Im internationalen Vergleich fehlen jährlich 30 Milliarden Euro für eine grundlegende Reform. Mit Vorschule, Ganztagsschule, Fortbildung für jeden, mit autonomen Schulleitungen und dem Abschied vom beamteten Lehrer.

Manchmal kann man es nicht mehr hören und mag es kaum noch lesen: Forderungen nach mehr Bildung, nach »lebenslangem Lernen«, nach besseren Resultaten schulischer Bemühungen und nach mehr Geld. Das Risiko der ständigen Thematisierung besteht darin, dass für die Lösung der Probleme bereits das gehalten wird, was nicht mehr ist. Wer Bildung fordert, kann gar nicht falsch liegen. Richtig liegt man allerdings erst, wenn man bereit ist, Wahrheiten zu akzeptieren, sie den Wählern zu sagen und dann auch noch politisch zu handeln. Und damit keine Illusionen aufkommen: Sichtbar werden die Resultate einer solchen Politik erst in 20 bis 30 Jahren, wenn gut ausgebildete Menschen aus allen sozialen Schichten ihren Beitrag zur Stabilität des Landes leisten. Es ist bitter aber wahr: Die Generation derjenigen, die jetzt als Zehn- bis 20-Jährige im Bildungssystem lernen, ist am meisten benachteiligt, Reformen von Vor- und Grundschule erreichen sie nicht mehr. Für diese Generation und auch die Älteren wird das Bildungssystem der Zukunft deshalb breite Nach-, Fort- und Weiterbildungsmöglichkeiten anbieten müssen. Damit sind curricular durchkomponierte, verantwortlich gestaltete Nachschulung, Nachausbildung, Nachstudium gemeint. Diese Notwendigkeit ist von den meisten Bürgern noch gar nicht erkannt worden. Im Gegenteil sind die Beteiligungsraten an der Weiterbildung seit 2000 um 40 Prozent zurückgegangen. Die neue Bundesbildungsministerin hat eine Weiterbildungsinitiative ins Leben gerufen. Das ist zu begrüßen, und es bleibt zu hoffen, dass man ihr trotz Föderalismusreform politisches Handeln auf diesem Gebiet gestattet, das wirksam und nachhaltig ist.

Auf die bis Zehnjährigen und auf die, die noch nicht geboren, nicht einmal geplant sind, wird es also ankommen für die Zukunft unseres Landes. Das heißt aber auch für ihre Eltern, dass sie sie zwanzig Jahre lang begleiten, Tag für Tag, in engem Kontakt mit Schule und Hochschule. Die Eltern werden sich mit dem Gedanken anfreunden müssen, dass ihre Kinder mit spätestens vier Jahren in einer vorschulischen Einrichtung sind, besser in einer um Vorklassen erweiterten Grundschule, in denen sie »Basiskompetenzen« erwerben, eine Heranführung an die Schriftsprache, mathematische Vorstellungen, naturwissenschaftliche Sachverhalte, eine erste Fremdsprache und einen Umgang mit Informationsmedien. Das überfordert sie keineswegs, sondern macht ihnen Spaß und hilft ihnen, die deutsche Verkehrssprache so rechtzeitig zu lernen, dass sie eine Weiterlernchance besitzen. Das gilt besonders für Migrantenkinder. Mit dem zehnten Lebensjahr wird sich, je nach Lernfortschritt, die Frage stellen, ob sie ein Gymnasium oder eine Sekundarschule besuchen. Eine Gesamtschule wird es nicht geben, weil Artikel 6.2 des Grundgesetzes ein Wahlrecht für die Eltern vorsieht. Das dreigliedrige Schulsystem wird sich schon deshalb nicht halten lassen, weil in etlichen bevölkerungsärmeren Bundesländern nicht genug Kinder existieren. Die Debatte über die Qualität der Hauptschule wird sich erledigen, außer in Bayern und Baden-Württemberg, wo die Hauptschule den Charakter einer Sekundarschule hat. Es ist nicht sinnvoll, Streitigkeiten über die Zahl der Glieder des Schulsystems auszufechten. Die Qualität des Unterrichts ist entscheidender für die Lernqualität als die Organisationsform.

Nach dem 14. Lebensjahr, wo wegen der früheren Einschulung die formale Schulpflicht enden sollte, beginnt der Eintritt in die berufsvorbereitende Phase. Das gilt für die gymnasiale Oberstufe, die mit dem Blick auf die allgemeine Hochschulreife für akademische Berufe vorbereitet, sodann für eine Berufsfeldschule, die Schluss macht mit dem deutschen Chaos von mehr als 400 Lehrberufen und sich auf ein paar Dutzend Berufsfelder konzentriert, um die Mobilität der Ausgebildeten für verschiedene Berufe in einem 50-jährigen Berufsleben zu sichern. Das heißt, es ist Wert auf übergreifende Fähigkeiten und auf personale Schlüsselqualifikationen zu legen. Da das Handwerk weiterhin Berufsausbildungen fördern wird, die nur – wegen geringer Beschäftigungschancen – für kleinere Gruppen von Interesse sind, gibt es eine »doppelte Berufsausbildung«. Das bedeutet, dass die gesamte Lehrzeit entweder in einer staatlichen Einrichtung oder in einem Betrieb verbracht wird. Die Teilzeitberufsschule sieht ihrem Ende entgegen.

Weil der Individualismus, Hedonismus und Egozentrismus als Ergebnis eines missverstandenen Emanzipationsgedankens der 1970er Jahre nicht fortgeschrieben werden darf, wird man künftig als Bestandteil des Bildungsganges ein ziviles Pflichtjahr für alle jungen Menschen zwischen 17 und 19 vorsehen. Die Armee wird über kurz oder lang eine Berufsarmee werden. Das zivile Pflichtjahr qualifiziert charakterlich zum Dienst an Gemeinschaftseinrichtungen, die für ausschließlich hauptberufliches Personal nicht finanzierbar sein werden.

Zwischen 18 und 21 muss die primäre Ausbildung für alle einen ersten Abschluss finden. Das gilt nicht nur für die Mehrheit eines Jahrgangs, die eine Berufsausbildung erhält und sich ergänzend für den Besuch einer höheren Fachschule entscheidet. Dort erwirbt diese Gruppe ein Meisterdiplom, das in der Wertigkeit dem Bachelor an Universität, Fachhochschule und Berufsakademie gleichgestellt sein wird. Auch dieser kann mit 21 Jahren erworben sein, so dass die Entscheidung für ein weiteres Studium oder den Übergang in den Beruf früh genug liegt. Sie darf übrigens nicht endgültig sein: Es muss auch nach beruflichen Zwischenphasen möglich bleiben, ohne Umstände ein Masterstudium anzuschließen, ebenso wie berufliche Aufstiegsqualifikationen, die von staatlichen und privaten Unternehmen angeboten werden.

Die bloße zeitliche Straffungsmöglichkeit, immer abhängig vom individuellen Lernfortschritt, bliebe aber wirkungslos, wenn nicht gleichzeitig übergreifende Maßnahmen hinzuträten: Eine permanente und schnelle Revision der Curricula, eine entschiedene Durchsetzung differenzierten Unterrichts, der die individuellen Lernfähigkeiten berücksichtigt und ein Bewertungs- und Zertifikationssystem, das Beurteilungsbetrug ausschließt. Die »Vier minus – mit Rücksicht auf die Eltern« darf es nicht mehr geben. Gnadenbenotungen sind rücksichtslos gegenüber den Betroffenen und den Abnehmern, die über die Qualität von Bewerbern systematisch getäuscht werden.

Die Schule ist eine Ganztagsschule, von 9 bis 16 Uhr, mit einem Betreuungsrahmen von 8 bis 18 Uhr. Von den langen Ferien werden drei Wochen im Urlaub zugebracht, und der Rest steht für individuelle Lernunterstützung zur Verfügung. Das bedeutet, dass pädagogisches Personal seine eigenen Berufswahlmotive überprüfen muss: Die zeitliche Belastung wird steigen, und das Privileg einer weitgehend freien Arbeitszeitgestaltung wird in den Schulen ebenso verschwinden wie schon an den Hochschulen. Wie an den Hochschulen wird auch Schulpersonal leistungsorientiert bezahlt werden und sich regelmäßigen Evaluationen unterziehen. Evaluationen sind aber nicht die Aufgabe einer staatlichen Schulpolizei, sondern von Qualitätsagenturen, die ihre Testergebnisse für Verwaltungsentscheidungen zur Verfügung stellen. Der Staat, mit seiner teilweise dreifachen Fachaufsicht (Land/Bezirk/Einrichtung) wird sich auf Rechtsaufsicht reduzieren und die Verantwortung in die Hände der Schulleitungen legen, die eine autonome Entscheidungskompetenz über Budget, Personal und Liegenschaften erhalten. Der Schulleiter oder die Direktorin wird entscheiden über Leistungszulagen, Anschaffungen für die Schule, Disziplinarmaßnahmen, Drittmittelbeschaffung und Akquisition von Schülerinnen und Schülern. Die Autonomie der Bildungseinrichtungen ist das Schlüsselstück dafür, die Reste der preußischen Schulverwaltung abzustreifen. Der laufbahnbeamtete Lehrer gehört der Vergangenheit an.

Die Qualität eines Bildungssystems wird international am Anteil der Bildungsausgaben am Bruttoinlandsprodukt gemessen. Das so genannte BIP beschreibt die wirtschaftliche Gesamtleistung einer Volkswirtschaft. Davon muss das Bildungsbudget abhängig sein: Eine florierende Volkswirtschaft kann sich mehr Bildung leisten als eine schwache. Das tut Deutschland aber seit über 40 Jahren nicht. Im internationalen Vergleich fehlen jährlich rund 30 Milliarden Euro.

Auch mit dieser Illusion muss abschließend aufgeräumt werden: Eine Erfolg versprechende Reform des Bildungswesens wird es nur geben, wenn sehr viel mehr Geld in das System gelangt. Ein guter Vorsatz für ambitionierte Bildungspolitiker: den Job nur zu übernehmen mit einer entsprechenden Vollmacht des Finanzverantwortlichen. Anderenfalls gibt es keine Reform, keine Ganztagsschule, keine Aussichten für unsere (Ur-)Enkel. Das mag manchem egal sein. Mir nicht.

BILDUNGSPOLITIK PRÄGT DIE ZUKUNFT
2006 (BERLINER MORGENPOST)

Die Versuchung, in einen Wahlkampf einzugreifen und Empfehlungen zu geben, ist für manchen Autor groß. Noch größer ist indessen die Dummheit, dieser Versuchung nachzugeben und zu konstatieren, dass man die SPD wählen solle, weil sie kostenlose Kitas einführen wird, oder die CDU, weil sie das dreigliedrige Schulsystem erhält, oder die FDP, weil sie Entbürokratisierung verspricht, oder die so genannte Linke, wenn sie für die Einheitsschule wirbt, oder die Grünen oder die Elternpartei, die Bildungspartei oder, oder... Die Dummheit bestünde darin, öffentlich zu dokumentieren, dass man Wahlprogrammen glaubt. Der kluge Wähler hat sich damit immer zurückgehalten und sich gefragt, was das Leitbild einer Partei ist – in der Hoffnung, dass die ihn oder sie bewegenden Themen im Sinne dieses Leitbilds dann auch politisch bearbeitet werden.

Es gibt Menschen, für die ist ein Politikfeld das wichtigste, und sie treffen ihre Entscheidung danach, was sie von den Parteien diesbezüglich erwarten. Bildung genießt das Privileg, nach vielen Jahrzehnten endlich zu einem der wichtigsten Wahlkampfthemen geworden zu sein. Viele Menschen haben endlich begriffen, dass ihre eigene Zukunft von der Bildungspolitik eines Bundeslandes abhängt. Dieses ist umso bedeutender geworden, als der Bund seinen Einfluss auf das Erziehungs- und Bildungswesen praktisch aufgegeben hat.

Wähler, die zu diesen klugen Menschen gehören, haben nun ganz unterschiedliche Optionen. Manche interessieren sich eher für die Zukunft der Schulformen. Sie können wählen zwischen der Position der CDU, das dreigliedrige Schulsystem zu erhalten, oder der der PDS, es in ein Einheitsschulsystem zu überführen. Diese Wählerinnen und Wähler müssen berücksichtigen, dass eine Einheitsschule verfassungswidrig ist, weil den Eltern nach dem Grundgesetz ein Auswahlrecht eingeräumt werden muss. Sie müssen auch berücksichtigen, dass der Erhalt des dreigliedrigen Schulsystems die Frage nach der Hauptschule aufwirft, die in Berlin zu einer Restschule mit unendlichen Problemen geworden ist. Zwischen diesen Extremen wählend, werde ich mich fragen, wer das aus meiner Sicht beste System zu realisieren verspricht, ein zweigliedriges System mit einem Gymnasium und einer Sekundarschule. Andere Wahlberechtigte wollen wissen, wie die einzelnen Parteien es mit Gebühren im Bildungssystem halten. Hier können sie wiederum wählen zwischen der Position der extremen Linken, die jede Form der Gebühren ablehnt, sich aber fragen lassen muss, wie sie das System finanzieren will, und der Position der bürgerlichen Parteien, die zumeist für Studiengebühren eintreten. Ich werde der Partei den Vorzug geben, die sicherstellt, dass junge Familien nicht noch stärker belastet werden, dass Gebühren nur dort erhoben werden, wo eine erhöhte Nutzenerwartung besteht, wie Ökonomen das nennen. Niemand darf an der für ihn richtigen Bildung gehindert werden, weil er sie nicht bezahlen kann.

Eine interessante Frage wird auch die nach der Schulzeit sein. Die Menschen verbringen viel zu viel Zeit ihres Lebens in langweiligen Bildungsgängen, die ihnen keinen Vorteil für ihren Lebenslauf bringen.

Wut, Hoffnung und Ideologie
2006 (Der Tagesspiegel)

Was Bildungsexperten zu den Plänen von Rot-Rot zum Pilotversuch »Gemeinschaftsschule« sagen

Der Koalitionsvertrag steht: Damit ist der Weg frei für Schulen, die sich an dem von der PDS durchgesetzten Pilotversuch zur Gemeinschaftsschule beteiligen wollen. Der Tagesspiegel hat Experten um Statements zu dem Vorhaben gebeten.

Einheitsschulen sind verfassungswidrig

Für die Einrichtung eines Modellversuchs »Gemeinschaftsschule« gibt es in Berlin keinen Handlungsbedarf. Da ein Modellversuch dem Zweck dient, einen Schultyp auf seine Eignung als Regelschule zu prüfen, die Einführung einer Einheitsschule aber verfassungswidrig ist (1972: Förderstufenurteil und 1977: Oberstufenurteil des BVerfG), muss ein verfassungswidriger Schultyp auch nicht erprobt werden.

Pädagogisch geboten ist dem gegenüber ein zweigliedriges Schulsystem, bestehend aus dem Gymnasium und einer Sekundarschule, in der Haupt-, Real- und Gesamtschule vereint wären. Das Erfolgsmodell »Gymnasium« darf nicht in Frage gestellt werden. Aus Sicht der Forschung darf man zudem gespannt sein, wie der Erfolg einer Einheitsschule gemessen und bewertet werden soll. Es ist zu befürchten, dass am Ende ein weiterer Schultyp in die Welt gesetzt wird, der, weil nicht verallgemeinerungsfähig, die Unübersichtlichkeit des Berliner Schulsystems noch einmal vergrößert.

Schulen brauchen Aufstand des Bürgertums
2007 (Berliner Morgenpost)

Es ist ihr peinlich. Sie hat mich vor dem Schulgebäude bereits empfangen und will mich in ihr Dienstzimmer führen. Damit ich nicht sehe, dass die Treppenhauswände bekritzelt sind, die Stufen beschmiert, damit ich nicht sehe, dass das große Glasbild im Treppenhaus zerbrochen ist, verwickelt sie mich in ein intensives Gespräch. Sie hofft, dass ich den Zigarettengeruch aus dem Lehrerzimmer nicht bemerke und auch den aus der Jungentoilette nicht.

Wir sitzen schließlich in ihrem Amtszimmer an einem kleinen Tisch aus den 1950er Jahren, an dem maximal vier Personen Platz haben. Die Rektorin schenkt mir heißes Wasser aus ihrer Tauchsiederkanne auf einen Löffel Pulverkaffee. Eine Sekretärin gibt es nicht. Seit Monaten krank. Sie macht alles selber, zusammen mit ihrer Vertreterin. Eigentlich wollen wir über Schulentwicklung sprechen und wie eine Universität helfen kann. Die Rektorin ist erst ein halbes Jahr im Amt und möchte gestalten, alles richtig machen. Sie möchte gern Visionen haben, weiß aber nicht, welche. Sie mag Mitte vierzig sein, sieht aber älter aus.

Ich weiß, dass ich sie enttäuschen muss, weil wir dieses nicht können: Wände renovieren, Pissoirs abreißen und durch menschenwürdige Toiletten ersetzen, Lehrer dazu zu erziehen, nicht zu rauchen, Glasbilder rahmen, Sekretärinnen zum Amtsarzt zwingen, bessere Möbel vom Sperrmüll holen.

Diese Schule braucht keinen Schulentwicklungsplan, sondern etliche Hunderttausend Euro, um das Gebäude in einen Zustand zu versetzen, der der Kinderrechts-Charta der Vereinten Nationen entspricht. Diese Schule braucht einen Hausmeister, dem »seine Schule« das Wichtigste auf der Welt ist, diese Schule braucht Lehrer, die begreifen, dass der größte Teil der Sozialerziehung durch Vorbild erfolgt, diese Schule braucht Eltern, die ihren Kindern Respekt vor ihren Lehrern beibringen, diese Schule braucht eine kompetente Sekretärin.

Diese Schule hat nur eine Rektorin, die etwas verändern möchte, aber nicht weiß, wie und wo beginnen. Ich schaue in die tief geränderten Augen der Rektorin, die noch zwanzig Jahre vor sich hat und den Weg nicht sieht.

Diese Schule ist keine »Brennpunktschule«, sondern ganz normal vernachlässigt. Diese Schule braucht eine Gesellschaft, der die nachwachsende Generation nicht gleichgültig ist. Die Gesellschaft, die diese Schule zulässt, braucht eine Veränderung aus ihrer Mitte heraus, aus den Resten des verbliebenen Bürgertums, das die Einsichtsfähigkeit besitzt, dass es so nicht weitergeht, und die Kraft und die Kompetenz, etwas zu verändern. Diese Schule braucht einen Aufstand der Mitte, der die Indifferenz beendet.

DIE BILDUNGSMISERE STECKT IN UNS SELBST
2008 (DER TAGESSPIEGEL)

Auf zwei Weisen können Bildungspolitiker in Deutschland sichtbar werden: indem den Bildungseinrichtungen ihres Landes Leistungsschwäche bescheinigt wird (PISA, IGLU usw.) oder indem sie lautstark Institutionen oder Organisationen gründen. Es gibt keinen Grund, Bildungspolitiker zu beneiden. Das Bildungssystem und damit sie selbst werden in diesem Lande für fast alles verantwortlich gemacht: für Gewalt, Wirtschaftsflaute, Scheidungsquoten, Fettleibigkeit und natürlich Dummheit überhaupt. Da fast alles, was schief geht, mit Dummheit zu tun hat, sind Bildungspolitiker an allem schuld. Also erwartet man Aktionen, und immer neue Strukturen entstehen, werden wieder umgeworfen, gelobt und getadelt.

Wenn wir weiter so mit unseren Bildungspolitikern umgehen und sie sogar, wie im Fall Zöllner/Grundschule, für Entscheidungen verantwortlich machen, die getroffen wurden, als diese noch im Sandkasten spielten, dann ist das nicht nur ungerecht, sondern töricht. Es besteht das Risiko, dass auf solche Vorwürfe erneut mit Organisationsentscheidungen reagiert wird. Dabei gilt als sicher, dass die Gliedrigkeit und Organisationsform des Bildungswesens nur wenig Einfluss auf die Lerneffekte der Kinder hat.

Die Misere der Bildung in Deutschland steckt an einer anderen Stelle, sie steckt in uns selbst. Wer als Deutschlehrer nicht akzentfrei Deutsch spricht, sondern munter berlinert, wem es als Vater egal ist, ob sein Sohn Santa Barbara für eine Käsesorte hält, wer den Kindern nicht beibringt, älteren Menschen in der U-Bahn einen Sitzplatz anzubieten und wer kritisches (auch selbstkritisches!) Nachdenken dieser Art mit Ruhestörung assoziiert, sollte aufhören, über Bildung zu schwadronieren und Bildungspolitiker zu beschimpfen, die dann nicht anders können, als Strukturen zu befummeln, die nur wenig zu tun haben mit dem, was in unseren Köpfen fehlt: kollektive Verantwortungsbereitschaft.

Bildung in die Freiheit entlassen
2008 (Der Tagesspiegel)

Dieter Lenzen, Präsident der Freien Universität, über drei Dinge, die sich Bundeskanzlerin Merkel auf dem Bildungsgipfel von Ministerpräsidenten, Kultus- und Wissenschaftsministern wünschen sollte.

Als das Wünschen noch geholfen hat, so lesen wir in Märchen, war es die gute Fee, die es den Menschen erlaubte, drei Wünsche zu haben. Die Bundeskanzlerin eröffnet in Kürze einen Bildungsgipfel, von dem wir alle mit Spannung Taten erwarten. Anders als im Märchen kann aber nicht sie unsere Wünsche erfüllen, denn sie ist nur Bundeskanzlerin und nach der Föderalismusreform juristisch unzuständig. Sie wird es sein, die sich etwas wünschen muss – von Ministerpräsidenten, Kultus- und Wissenschaftsministern.

Hier die drei Wünsche, die die Bundeskanzlerin nach unserem Wunsch haben sollte. Wunsch Nr. 1: Ein deutsches Bildungssystem aus einem Guss. Dazu gehört eine Beschleunigung der vielen angefangenen Teilreformen. Bildung muss früher beginnen, um die richtigen Wege zu legen, und bis ins Alter verstetigt werden, um die Prozesse nicht abreißen zu lassen und Beschäftigungsfähigkeit zu erhalten. Die Qualität von Bildungsmaßnahmen muss auf allen Ebenen verbessert werden, von der Ausbildung bis zur einzelnen Unterrichtsstunde.

Wunsch Nr. 2: Die Kanzlerin muss gegenüber den Ländern darauf bestehen, dass sie mehr Geld in Bildung investieren. Dem Bildungssystem fehlen jährlich rund 10 Milliarden Euro, allein um die Durchschnittsfinanzierung der OECD-Länder zu erreichen. Wenn man die Versäumnisse der zurückliegenden 50 Jahre kompensieren möchte, müsste man zwischen zwei und 500 Milliarden drauflegen. Dann wären sogar die Toiletten der Schulen ohne Infektionsgefahr benutzbar.

Wunsch Nr. 3: Freiheit. Ein Blick in unser Grundgesetz, Art. 7 Abs. 1, erleichtert es, den rechten Weg in die Zukunft zu finden: »Das gesamte Schulwesen steht unter der Aufsicht des Staates.« Es steht dort nicht: »Das gesamte Schulwesen ist Sache des Staates.« Die Erfinder des Grundgesetzes hatten ein anderes Bildungssystem vor Augen: eines in privater Trägerschaft, unter Aufsicht des Staates und von ihm finanziert. Ihm fehlen häufig die Expertise und auch das Geld. Ein international wettbewerbsfähiges Bildungssystem kann aus öffentlichen Mitteln allein nicht bezahlt werden.

Merkel muss von den Ländern also verlangen: Macht abgeben, Bürger beteiligen an den Entscheidungen und an der Finanzierung. Wenn Eltern der Kanzlerin beim Wünschen helfen, hilft es vielleicht, die Länder zu bewegen. Als Zauberstab mag der Kernsatz der berühmten Bildungsrede Roman Herzogs wirken: »Entlassen wir unser Bildungssystem in die Freiheit!«

Kinder in die Kindergärten
2009 (Der Tagesspiegel)

Was in Berlin Kindertagesstätte heißt, ist in Frankreich die Mutterschule. Nur wenige Kinder gehen dort nicht in die Vorstufe zur Schule. In Verbindung mit einer engen Zusammenarbeit mit den Eltern können die »Professeurs« Schwierigkeiten des Kindes frühzeitig erkennen.

In Frankreich gibt es einen gesetzlichen Anspruch auf den Besuch eines Schultyps, der in Deutschland auf eine vegetarische Metapher anspielt, den Kindergarten, der in Berlin merkwürdigerweise Kindertagesstätte heißt. Das Wort kultiviert die Vorstellung vom Kind als Pflanze und dem Erwachsenen als Plantagenbesitzer.

In Frankreich heißt dieselbe Einrichtung, auf deren Besuch jedes französische Kind ab dem zweiten Lebensjahr einen Anspruch hat, École maternelle – Mutterschule. Das Wort gab es in der Barockpädagogik des Comenius auch hierzulande schon einmal, wird heutzutage aber peinlich vermieden, denn Schulen sind teurer im Unterhalt als Vorgärten und Kindergärtner billiger als gar akademisch ausgebildete Lehrer.

Es gibt praktisch kein dreijähriges französisches Kind, das keine École maternelle besucht. 35 Prozent aller Zweijährigen sind auch schon dabei. Das Personal genießt eine staatliche Ausbildung und die Berufsbezeichnung »Professeur«. Sie kommunizieren kontinuierlich mit den Eltern über das »Cahier de vie«, das »Lebensheft«, in welches das Kind schreibt, malt, »berichtet«, was es in der Schule tut, so dass die Eltern auf dem Laufenden sind. Das heißt: Sie sehen, wie die École mit den Kleinen den Lehrplan bis zum fünften Lebensjahr bearbeitet, der sich sehr auf die Vermittlung von Sprachkompetenzen in jeder erdenklichen Form konzentriert.

Gerade dadurch werden frühzeitig Schwierigkeiten des Kindes identifizierbar. Das Kind lernt das Lernen und erwirbt eine Arbeitshaltung, auf die Berliner Gymnasiallehrer bei ihren Schülern nicht selten noch vergebens warten. Über 80 000 Lehrerinnen und Lehrer arbeiten in den Écoles maternelle, 2,5 Millionen Kinder besuchen sie, wenn die Kinder in die Primarschule gehen, können sie alle Buchstaben lesen und schreiben und besitzen ein elementares Verständnis von Zahlen bis 20.

Die durch die École entlasteten Mütter haben einen leichteren Zugang zu beruflicher Arbeit und entschließen sich häufiger, mehr als ein Kind zu haben. Zu dieser Art der Einrichtung gibt es auch in Deutschland im Grunde keine Alternative. Die Einwände kann man mitliefern und entkräften beziehungsweise bestätigen: Es entstehe eine Distanz zu den Eltern. Richtig, aber keine emotionale, sondern eine solche der wachsenden Autonomiefähigkeit, auf die es künftig ankommen wird. Und: Ein solches System ist teuer. Auch richtig. Etwa fünf Milliarden Euro pro Jahr. Man kann es auch sein lassen und 20 Millionen Schlafsäcke für die Alten kaufen, die wegen einer schlecht ausgebildeten nachwachsenden Generation nächstens obdachlos sein werden.

GEBT DEN SCHULEN MEHR FREIHEIT
2009 (DER TAGESSPIEGEL)

Die Frage bleibt strittig, wer über die Schullaufbahn nach der Grundschule entscheidet. In den Niederlanden ist dies bereits klar gelöst.

»Mein Sohn ist elf und hat an der Berliner Grundschule keine Arbeitshaltung gelernt«, erzählt mir der Vater, leitender Mitarbeiter einer Bundesbehörde, der nach Nordrhein-Westfalen versetzt wurde. Er ist mit seiner Familie in die grenznahen Niederlande umgezogen, um von einem Grundschulsystem zu profitieren, von dem Berlin lernen könnte. Denn mit den Berliner Strukturen der Grundschule ist es vergleichbar, allerdings nicht mit den Resultaten. Niederländische Kinder werden mit vier Jahren in die »Basisschool« eingeschult und gleich in »Groep 1« gemeinsam mit Fünfjährigen unterrichtet.

Vom Schnürsenkelbinden bis zum Lesen am Computer
lernen sie viel

Die niederländische Grundschule ist achtjährig, hätte also alle Chancen, dieselbe Kritik zu erhalten wie die Berliner Grundschule mit ihren sechs Jahren. Als sie in Holland in den 1970er Jahren eingeführt wurde, gab es Protest und Empörung, die derjenigen glich, die 30 Jahre später in Deutschland bei dem Vorschlag ausbrach, Vierjährige einzuschulen.

Die in Berlin ein weiteres Mal strittige Frage, wer über die Schullaufbahn nach der Grundschule entscheidet, ist in den Niederlanden klar gelöst: Es gibt kein Grundschulgutachten, sondern einen staatlichen standardisierten Test. Und die Eltern treffen die Entscheidung über den weiteren Schulverlauf auf der Grundlage des Tests und einer Beratung. Das entspricht dem Respekt, den der Staat in den Niederlanden den Eltern entgegenbringt. Sie entscheiden nämlich auch, auf welche Grundschule ihr Kind geht.

Von ihrer Entscheidung hängt zudem die Finanzierung jeder Grundschule ab. Der Staat zahlt ihr ein »Kopfgeld« für jeden Schüler, den sie gewinnt. Dazu muss die Schule etwas leisten: Öffentliche Inspektionen erlauben den Eltern eine qualitätsorientierte Wahl. Denn über 70 Prozent aller Grundschulen sind in privater

Trägerschaft. Das ist der Schlüssel des Erfolgs: Eine Schule muss um ihr Geld kämpfen, bei gleichzeitig hoher Autonomie und Entscheidungsfreiheit – auch im Weltanschaulichen. Religionsunterricht muss nicht gegen den Staat erkämpft werden.

Peter, der Sohn des Bundesbeamten, den seine Mitschüler inzwischen »Piet« nennen, ist zufrieden und seine Eltern erst recht. Eine Schule, deren Existenz von ihrer Reputation abhängt, nimmt die Wünsche der Eltern ernst: Eine freie Schule mit hoher Verantwortung, die ganz nebenbei noch 20 Prozent kostengünstiger ist als ihre deutschen Schwesterinstitutionen. Vielleicht wird die Finanzkrise ja auch für Berlins Schulen mehr Freiheit generieren und mehr Respekt für die Eltern.

In der Bildung den Bund wählen
2009 (Der Tagesspiegel)

Zu den gelungensten Marketing-Inventionen der Bildungspolitik gehört die Marke »Bildungsrepublik Deutschland«. Sie lässt ein wenig vergessen, dass diese Bildungsrepublik aus 16 »Bildungsländern« besteht, die über 16 Ministerien verfügen, welche für das schulische Bildungswesen zuständig sind und, soweit nicht in einer Hand, über weitere 16 Ministerien, die für Wissenschaft und Forschung zuständig sind. Bis zu 32 Minister, weit über 32 Staatssekretäre und 32 Mal bis zu 2 000 Ministerialbeschäftigte kümmern sich um die Administration der Länderbildung. Das entspricht rund einem Drittel aller Soldaten der Bundeswehr.

Es gibt auch viel zu kämpfen: Territorialverteidigung gegenüber der Bildungs- und Wissenschaftspolitik des Bundes, Aufspüren, Beschlagnahmen und Sicherung von Beutegut, das dem Bund abgenommen werden soll, Abstimmung der Alliierten bei Waffenstillstands-Abkommen mit dem Bund, Aufsuchen von Bündnispartnern in der Bildungs-Rüstungsindustrie, Konzeption und Durchsetzung von möglichst solitären Strukturveränderungen im Bildungssystem jedes Landes, um die Flucht von Bildungsbürgern in andere Bildungsländer zu erschweren, Unterbindung von Gemeinsamkeiten im Auftreten gegenüber der EU.

Bei so viel Kampfgetöse ist es für die Politik der Bildungsrepublik nicht leicht, sich Gehör zu verschaffen. So hat die Bundesbildungspolitik sich auf die hohe Tonfrequenz klingender Münze konzentriert, deren akustische Kraft unversehens zu Feuerpausen führt. Von der Unterstützung der Ganztagsschulen aus UMTS-Milliarden bis zum unlängst gelungenen Hochschulpakt und zur Bereitstellung von Mitteln für Exzellenzinitiative und Innovation gelingt es immer wieder, die Waffen zum Schweigen zu bringen, allerdings nur so lange, bis die alliierten Bildungsländer-Truppen mit dem Verteilungskampf beginnen. So gesehen finanziert der Steuerzahler gleich mehrere Bürgerkriege, um am Ende, allerdings beträchtlich geschrumpft um die Kriegskosten, das gleiche Geld (um-) verteilt zu bekommen, das er zuvor bereitgestellt hat.

Wer künftig solche Art von Bürgerkriegen nicht mehr finanzieren möchte, wer möchte, dass sein Geld in ein friedvolles Bildungssystem und nicht in kriegerische Bildungsadministration investiert wird, oder wer schlicht die Nase voll hat vom provinziellen

Bildungsländerheckmeck, der sollte die noch verbleibenden Tage bis zur Bundestagswahl nutzen, um die Parteiprogramme daraufhin zu prüfen, welchen Beitrag sie zur Stärkung des Bundes in der Bildungs- und Wissenschaftspolitik vorsehen. Dann klappt es auch mit der Bildungsrepublik.

Ein Warentest für Weiterbildung
2009 (Der Tagesspiegel)

Es gibt Erfreuliches zu berichten, wenn man den international vergleichenden Blick auf die Weiterbildung richtet. So zeigen die diesjährigen EU-Statistiken, dass Deutschland mit einer Bildungsbeteiligungsrate von etwa 45 Prozent immerhin auf dem fünften Platz landet. Auch ist die Verteilung auf die Geschlechter mit nur vier Prozent Differenz zugunsten der Männer ausgeglichen. Die Beteiligung von Menschen über 55 mit fast 30 Prozent nimmt den dritten Platz in Europa ein.

Interessant auch der Prozentsatz weiterbildungsabstinenter Erwerbsloser: Mit zwar immerhin 70 Prozent steht Deutschland sehr gut da, denn in den meisten anderen EU-Ländern ist die Weiterbildungsverweigerung Erwerbsloser noch weitaus höher. Schaut man nach den Stunden, die deutsche Weiterbildungsbeflissene lernen, so stehen sie mit 900 weit an der Spitze. Erst mit 600 Stunden gefolgt von Belgien.

Und wer bezahlt die Weiterbildung? In Deutschland nur zu rund 60 Prozent die Unternehmen, und damit 10 Prozent unter dem EU-Durchschnitt. Peinlich, wenn doch gerade von dort gern auf die notwendige Erhaltung von Beschäftigungsfähigkeit gepocht wird. Und noch etwas zum Schämen: In Deutschland werden die Frauen durch Familienpflichten am stärksten im Vergleich zu allen EU-Ländern an der Weiterbildung gehindert.

Fazit: Deutschland steht vergleichsweise manierlich da – mit Auffälligkeiten bei der Spendabilität der Arbeitgeber und der hinderlichen Wirkung traditioneller Geschlechterrollenmuster.

Keine Nachricht, weil gute Nachricht? Warum aus der guten nicht eine Zukunftsnachricht machen? Etwa so: Deutschland hat die Voraussetzung dafür, mit den Skandinaviern an die Spitze der Weiterbildungsnationen zu treten. Nicht aus sportlichem Ehrgeiz, sondern weil hier erkannt wird, dass die Zukunft des Einzelnen wie der ganzen Gesellschaft daran hängt, sich auf dem Stand der Dinge zu halten. Das gilt nicht nur für berufliche Weiterbildung, sondern für die gesamte Teilhabe am gesellschaftlichen Leben.

Wie wäre es, wenn die neue Bundesregierung auch dieses Thema aufgreift, sich ein quantitatives Ziel für die Weiterbildungsbeteiligung setzt und vor allem ein qualitatives: Nur eine Art TÜV oder Warentest kann die Bürger davor schützen, unseriösen Anbietern zum Opfer zu fallen, die den Erwerb von Megakompetenzen in kürzester Zeit ohne Anstrengung versprechen. Aber das gibt es nicht: Bildung ohne Anstrengung, besonders nicht im Erwachsenenalter.

5. Bildungspolitik Berlin

18 000 Berliner drehen pro Jahr eine »Ehrenrunde«
Contra Schüler lieber gezielt fördern
2002 (Berliner Morgenpost)

Dieter Lenzen ist Vizepräsident der Freien Universität Berlin und Professor für Erziehungswissenschaft. Er gehört der gemeinsamen Bildungskommission Berlin-Brandenburg an und ist Sprecher der für Lehrerausbildung zuständigen Vizepräsidenten der Universitäten in Berlin und Brandenburg.

Ich bin dafür, das Sitzenbleiben abzuschaffen. Es basiert auf der falschen Vorstellung, dass alle Schüler einer Altersstufe auch das gleiche Leistungsvermögen haben müssen. Aus Untersuchungen wissen wir aber, dass die Lernkapazität bei Gleichaltrigen ganz unterschiedlich sein kann. Wir sollten deshalb die Kinder schon bei der Einschulung besser nach Leistungsvermögen in Gruppen einteilen als nach Alter. Zum Glück gibt es auch in Berlin mittlerweile Ansätze für jahrgangsübergreifende Klassen. Sitzenbleiben hilft einem Kind außerdem wenig. Wenn jemand sitzen bleibt, heißt das ja nicht, dass er den gesamten Lernstoff nicht beherrscht. Meistens hat er nur in zwei Fächern versagt. Trotzdem muss er das ganze Jahr noch einmal absolvieren. Er wird also wieder mit Leistungserwartungen konfrontiert, die er eigentlich schon erfüllt hat. Ergebnis ist, dass er sich langweilt und nicht mehr zuhört. Ganz abgesehen davon bekommt er durch das Zurückstufen das Schild »Der kann es nicht« umgehängt. Allein das führt nicht selten zu einem tatsächlichen Schulversagen – wie eine sich selbst erfüllende Prophezeiung. Die Zeit, die eine Ehrenrunde kostet, sollte besser dafür verwendet werden, den Schüler gezielt in den Bereichen zu fördern, in denen er Schwächen hat. Das Sitzenbleiben ist eine bequeme Form, Individualisierung und Differenzierung zu vermeiden. Gerade in Großstädten wie Berlin wäre eine solche individuelle Förderung durchaus möglich. Im Rahmen der Profilbildung könnten Schulen beispielsweise Förderkurse für Schüler benachbarter Schulen anbieten, die schwach in Englisch oder in einem anderen Fach sind. Individuelle Förderung statt wiederholen lassen setzt aber voraus, dass Lehrer auch fähig sind, auf die Leistungsunterschiede bei Kindern einzugehen. Da kann man sich nicht auf ein Schulbuch zurückziehen, das kostet Arbeit und Zeit für die Unterrichtsvorbereitung. Ein Großteil der Lehrer ist außerdem nicht in der Lage, die Fähigkeiten der

Schüler richtig zu testen. Letztlich müssen aber auch die Politiker mit der Vorstellung aufräumen, dass Sitzenbleiben etwas Positives ist. Wir müssen fragen, was wir wollen: Wollen wir Begabungsreserven in unseren Kindern wecken, oder wollen wir sie möglichst lange in der Schule verwahren?

Schlicht mehr Wissen und weniger Palaver
2002 (Berliner Zeitung)

Nachdem die vorletzte Regierungsclique Berlin als Sanierungsfall hinterlassen hat und das rot-grüne Intermezzo kaum Visionen umsetzen konnte, ist man vorsichtig geworden, Erwartungen an die künftige Politik zu richten. Der Schulsenator ist derselbe geblieben und in seinem Ressort daher mit Kontinuität zu rechnen. Die Hochschulpolitik jedoch drängte schon am Anfang zu brachialer Diskontinuität: im Versuch, den Fachbereich Humanmedizin der Freien Universität zu schließen. Nötig aber ist beides: Kontinuität und Diskontinuität. Im Schulbereich ist vieles schon auf gutem Weg, zum Beispiel die Debatte über die Flexibilisierung des Zugangs zur Grundschule (abhängig von der Schulreife, nicht vom Lebensalter), das Konzept »Computer in die Schule« oder die Abstimmung gemeinsamer Reformen mit Brandenburg, die jetzt in der Bildungskommission Berlin-Brandenburg vorbereitet werden. Aber: Nicht überall in der Administration wurde der nötige Mentalitätswandel von der Aufsichtsbehörde zu einem Dienstleister für Lehrer, Eltern und Schüler nachvollzogen. Verwaltung hat zu ermöglichen, was politischer Wille ist, nicht zu bewerten oder gar zu behindern. Schulsenator Böger und sein Staatssekretär Hertel werden daran gemessen werden, ob ihnen die Durchsetzung dieses Mentalitätswandels gelingt. Wichtige weitere Themen stehen zusätzlich an, insbesondere nach dem PISA-Desaster: eine Revision sämtlicher Lehrpläne, die schlicht mehr Wissen und weniger Palaver enthalten müssen. Die Ganztagsschule als ausdrückliche Normalform und eine gründliche Reform der Lehrerausbildung sind weitere Zukunftsprojekte. Letztere bedarf der Orientierung am europäischen Standard und an europäischen Abschlüssen: Wir benötigen auch hier kürzere Studienzeiten, verbindliche Inhalte und berufswissenschaftliche Elemente. Die Universitäten sind dazu bereit. Das Hochschulressort ist durch die konzeptionslosen Einsparungserwartungen der Finanzverwaltung vor eine harte Probe gestellt. Einsparungen ohne Bruch der Hochschulverträge – da bleibt nicht viel zu gestalten. Somit könnte die Versuchung groß sein, kostenneutrale Strukturveränderungen über eine Novelle des Berliner Hochschulgesetzes einzuführen. Hier kann der Wissenschaftssenator Flierl sich allerdings auch verdient machen, wenn er den schlimmsten Unfug der Buhlmanschen Dienstrechtsreform auffängt, Übergangsregelungen für den gegenwärtigen

»Mittelbau« schafft, die Förderung von Frauen materiell sichert, indem er Alternativen zu den knappen Juniorprofessuren schafft und insgesamt so viel Pluralität sichert, wie irgend möglich. Denn die nächste HRG-Novellierung kommt bestimmt. Abzuraten ist ihm davon, radikalen Änderungen in den Verfahren der Willensbildung an den Hochschulen die Tür zu öffnen. Was die Hochschulen benötigen, ist keine Rückkehr in die organisierte Verantwortungslosigkeit von Massengremien mit Marathonsitzungen, sondern ein Ausbau des Weges zu stärkerer persönlicher Verantwortung, wie ihn etwa die Humboldt-Universität und die Freie Universität mit ihren neuen Grundordnungen eingeschlagen haben. Und: Flierl muss peinlich darauf achten, dass auch nicht der Schatten eines Verdachts auf ihn fällt, er opfere »West« zu Gunsten von »Ost« wie bei der angedrohten Schließung des Universitätsklinikums Benjamin Franklin. Fazit: Während im Schulressort das Risiko in der Kontinuität, nämlich der Trägheit der Administration, bestehen könnte, so liegt im Hochschulbereich das Risiko in der Diskontinuität: dass Flierl und Pasternack der Versuchung nachgeben könnten, die Berliner Hochschulen auf den Zustand der 1970er Jahre zurückzurevisionieren.

Dieter Lenzen ist Erziehungswissenschaftler und Erster Vizepräsident der Freien Universität Berlin.

Vertrag und Exzellenz
2005 (Der Tagesspiegel)

In diesen Tagen stehen die Präsidenten der Berliner Universitäten vor der Unterzeichnung der so genannten Hochschulverträge. Diese Verträge sind seinerzeit von der großen Koalition aus CDU und SPD eingeführt worden, um bei sinkenden Hochschulbudgets gleichwohl eine mehrjährige Planungssicherheit zu ermöglichen. Nachdem die letzten Hochschulverträge durch den Senat von Berlin einseitig in Frage gestellt und die Universitäten zur Hinnahme von Kürzungen von jährlich 75 Millionen Euro und einer einmaligen Absenkung von 54 Millionen Euro genötigt wurden, sind die Einzelheiten nunmehr in einem Vertragswerk verabredet worden. Das Zustandekommen dieses Vertrages unterscheidet sich von der Vergangenheit indessen gründlich: Zwar wurde auch dieses Mal ein Vertrag zwischen dem Wissenschaftssenator und den Universitätspräsidenten ausgehandelt, jedoch dieses Ergebnis auf Intervention des Finanzsenators vom Senat von Berlin in zahlreichen wesentlichen Fragen verändert, ohne dass die Universitäten als Vertragspartner die Chance gehabt hätten, sich dazu vor der Weitergabe an das Parlament zu äußern. Denn auch dieses ist neu: Das Parlament selbst als Legislative hat sich vorbehalten, die Exekutivfunktion der Vertragsabschlüsse in die eigene Hand zu nehmen. Auf diese Weise wurde es notwendig, in einer Last-Minute-Aktion im Wissenschaftsausschuss die Vertragsveränderungen des Senats zu diskutieren und zu versuchen, die katastrophalen Folgen abzumildern: Dazu gehören insbesondere die erneuten Risiken im dreistelligen Millionenbereich, die sich aus der Tatsache ergeben, dass die Entscheidung des Senats zur Erhebung von Immatrikulationsgebühren sich als rechtswidrig erweisen könnte und diese Gebühren zurückzuerstatten sind. Und dieses, obgleich die Summe für diese Gebühren den Hochschulen bereits einmal abgezogen wurde! So musste der Wissenschaftsausschuss gemeinsam mit den Hochschulen versuchen, eine Interpretation der Vertragsformulierungen zu entwerfen und diese dann als Protokollerklärung notieren. Im Falle eines Rechtsstreits soll diese dann der Deutung des gesetzgeberischen Willens dienen.

Dass die Hochschulen sich trotz dieser und zahlreicher anderer Probleme im Zusammenhang der Vertragsverhandlungen dennoch für eine Vertragsunterzeichnung entscheiden werden, ist allein der Tatsache geschuldet, dass in ausweglose Situation wenigstens Planungssicherheit für einen rationalen Abstrukturierungsprozess gegeben ist.

Sollte es der politische Wille in dieser Stadt sein, Berlin zu einer Stadt der Wissenschaft zu machen, werden künftig indessen ganz andere Entscheidungen notwendig sein: Nur wenn den Universitäten und Hochschulen bedingungslose Autonomie eingeräumt wird, wenn diese Einrichtungen unternehmerisch professionell gesteuert werden können und wenn die Hochschulbudgets ein Wachstum von mittelfristig mindestens 50 Prozent erfahren, kann sich Berlin auf den Weg machen, den Wettbewerb mit internationalen Spitzenuniversitäten aufzunehmen, deren Budget in der Regel das 20- bis 30-fache ausmacht. Der erste Test auf diese Bereitschaft wird jetzt die Frage der Kofinanzierung der Universitäts-Anträge durch das Land im Exzellenzwettbewerb sein.

PISA-Ergebnis hat erneut gezeigt: Berlin fördert und fordert Schüler nicht genug
2005 (Berliner Morgenpost)

Nun wissen wir es erneut: Die Leistungen der Berliner 15-Jährigen lassen zu wünschen übrig. Im Vergleich der Bundesländer, der jetzt mit der PISA-E-Studie vorliegt, stehen sie wieder hinten, weit abgeschlagen von den Jugendlichen anderer Bundesländer. Das ist nicht nur ein Problem für die Hauptstadt und ihr Image als Stadt des Wissens, sondern auch ein handfester Standortnachteil: Investoren und Führungskräfte, die wir so dringend in dieser Stadt benötigen, haben einen weiteren Grund, sich ein Engagement in Berlin reiflich zu überlegen. Sollen sie das Risiko eingehen, dass ihre Kinder schlechter ausgebildet werden als in anderen Bundesländern, werden sie es nicht vorziehen, ihr Geld in Bayern zu investieren oder ihre Kompetenz in Baden-Württemberg einzubringen? So höre ich nicht selten dieses Argument, wenn wir mit Spitzenwissenschaftlern verhandeln, um sie z. B. für eine Professur an der Freien Universität zu gewinnen. Aber dieses Ergebnis ist auch für die jungen Menschen ein Schlag. Sie müssen befürchten, dass ihre Zeugnisse kritisch betrachtet werden, wenn sie sich bewerben, und ganz objektiv ist es so: Ihre Leistungen sind schlechter als die ihrer Altersgenossen und damit auch ihre Chancen in Ausbildung und Beruf. Das muss anders werden. Eltern und Schüler wollen wissen, woran es denn nun liegt. Sind Berliner Jugendliche dümmer oder bequemer? Natürlich nicht. Aber ihre Fähigkeiten werden in Berlin offensichtlich nicht hinreichend ausgebildet. Dafür gibt es viele Gründe. Sie sind viel zu spät mit dem Lesen vertraut gemacht worden, weil das durchschnittliche Einschulungsalter bei 6,8 Lebensjahren lag, also drei Jahre zu spät. Wenn sie zu den besonders Begabten gehörten, wurden sie nicht rechtzeitig entdeckt, oder es gab keine besonderen Lernangebote für sie. In den Klassen fünf und sechs herrschte nicht selten Stillstand und keine Arbeitshaltung, die im Gymnasium erwartet wurde. Migrantenkinder erfuhren nicht die erforderliche frühe Betreuung, ebenso Lernschwache. Und manches Mal dachte ein Lehrer oder eine Lehrerin, sie täte ihren Schützlingen einen besonderen Gefallen, wenn sie nicht »überfordert« würden und wenn man bei der Notengebung ein Auge zudrückte. Diese Probleme sind inzwischen erkannt, und vieles ist auf den Weg gebracht worden. Eine wichtige Lehre aus PISA lautet: die Schulen benötigen die

Festlegung von Mindeststandards, die alle Schüler erreichen müssen. Sie werden gegenwärtig für alle Bundesländer zentral entwickelt, und ein von Berlin und Brandenburg eigens eingerichtetes Institut für Schulqualität an der Freien Universität wird dafür sorgen, dass die Standards auch in der Schule ankommen und dass ihre Einhaltung überprüft wird. Im Alltag heißt das, dass alle Lehrenden für die Umsetzung dieser Standards persönlich verantwortlich sind. In Vergleichsarbeiten oder durch zentral gestellte Prüfungsaufgaben im Abitur wird gewährleistet, dass gleiche Bedingungen herrschen und dass nicht »geschummelt« wird. Denn Wegsehen hilft niemandem in unserer Stadt, am allerwenigsten unseren Kindern. Deshalb müssen die Eltern der Schule helfen bei ihrer Aufgabe. Lehrer können nur erfolgreich sein, wenn im Elternhaus ein Klima von Leistungsbereitschaft und Verantwortungsübernahme herrscht. Fragen wir also unsere Kinder, welche Hausaufgaben sie haben, bestehen wir darauf, dass diese sofort nach der Schule angefertigt werden, überprüfen wir, ob auch alles vollständig und sorgfältig erledigt wurde. Und fragen wir regelmäßig Lehrer nach dem Leistungsstand und danach, was wir zur Unterstützung unserer Kinder tun können. Denn eines ist klar: Unsere Kinder müssen spüren dass unsere Sorge und gelegentliche Strenge nichts anderes ist als der Ausdruck unserer Verantwortung für ihre Zukunft und der Ausdruck unserer Liebe.

»Die Folgen der Selektion sind katastrophal«
Mehr Gerechtigkeit: FU-Präsident Dieter Lenzen will die Hauptschule abschaffen
2005 (Der Tagesspiegel)

Herr Lenzen, am Donnerstag werden die Ergebnisse der vertieften Auswertung der nationalen PISA-Studie veröffentlicht. Schon die erste PISA-Studie hat gezeigt, dass unser Schulwesen im OECD-Vergleich das sozial selektivste ist: Bei gleicher kognitiver Grundfähigkeit und Lesekompetenz haben Kinder aus der Oberschicht eine viermal höhere Chance, aufs Gymnasium zu wechseln als Kinder aus unteren Schichten. Haben Sie den Eindruck, dass Konsequenzen gezogen wurden?

Die Länder haben richtige Schritte eingeleitet, die aber noch nicht alle wirksam werden können. Im Übrigen: Zur Chance, aufs Gymnasium zu kommen, gehört neben der Qualifikation auch der Bildungshintergrund. Es gibt bei vielen Familien aus der bildungsfernen Schicht keine hinreichende Einsicht darin, dass es die Lebenschancen der Kinder verbessert, wenn sie aufs Gymnasium gehen.

Können nicht auch falsche Lehrerempfehlungen schuld sein?

In der Tat gibt es Hinweise darauf, dass die Empfehlungen der Grundschule problematisch sein können. Denn über die Hälfte der Kinder, die trotz negativer Gutachten auf Wunsch der Eltern das Gymnasium besuchen, machen Abitur.

Wie kann man hier eingreifen?

Wir brauchen objektive Tests, so dass subjektive Urteile außen vor bleiben. Und wir müssen eine gute Elternarbeit einführen. Der Bildungsweg der Kinder muss mit den Eltern kontinuierlich besprochen werden. Wir dürfen nicht zulassen, dass die Schule als Zwangsbehörde begriffen wird, in die man seine Kinder schicken muss. Die Schule muss als Einrichtung in gemeinsamer Verantwortung von Eltern und Lehrern gesehen werden.

In den neuen Ländern sind die relativen Chancen eines Gymnasialbesuchs deutlich weniger sozialschichtabhängig als in den alten Ländern, so das Ergebnis von PISA 2000. Ist dies ein Erbe der DDR, das bald verloren gehen wird?

Diese Frage ist nicht zu beantworten. Dazu müsste man auf kontinuierliche Untersuchungen zurückgreifen, die in die DDR-Zeit zurückreichen. Solche gibt es aber nicht. So kann man nur spekulieren.

Entscheidend für die Entstehung von Bildungsungleichheiten sind die Gelenkstellen von Bildungskarrieren, darüber sind sich die Wissenschaftler einig. Ist es also besonders problematisch, die Kinder schon nach der vierten Klasse auf die Schultypen aufzuteilen?

Ich bin der Auffassung, dass man das zehnte Lebensjahr für diese Entscheidung beibehalten kann, wenn man mit dem Bildungsprozess früher beginnt. Wenn man damit schon bei Vierjährigen anfängt, bleiben immer noch sechs Jahre gemeinsamer Erziehung.

Sie haben sich in der Schulstandort-Kommission Brandenburg für die Abschaffung der Hauptschule engagiert. Muss jedes Bundesland diesen Schritt erwägen?

Ich gehe davon aus, dass es zu einem zweigliedrigen Schulsystem mittelfristig keine Alternative gibt. Selbst in Bayern, das eine leistungsstarke Hauptschule hat, zeigt PISA die hohe Selektivität des Systems: Bei gleichen kognitiven Fähigkeiten und gleicher Lesekompetenz liegen die Chancen eines Jugendlichen aus der bildungsnahen Schicht, ein Gymnasium zu besuchen, mehr als sechsmal so hoch wie für einen 15-Jährigen aus einer Arbeiterfamilie, hat PISA 2000 ergeben.

In Bayern sieht man das als kein so großes Problem, da ja die Haupt- und Realschulen ein sehr gutes Leistungsniveau haben.

Es ist richtig, dass das Gesamtniveau hoch ist. Diese Situation ist aber trotzdem ein Problem, denn sie hat für Bayern katastrophale Folgen wegen der Unterversorgung mit höher qualifizierten Menschen. Bayern hat fast zehn Prozent weniger Abiturienten als die Bundesländer im Schnitt. Es ist also auf Dauerimporte angewiesen. Von der bayerischen Industrie ist das erkannt, wird aber erfolglos bekämpft. Angesichts der demografischen Entwicklung muss der Anteil an Hochschulzugangsberechtigten steigen.

Migranten schnitten bei der letzten PISA-Studie deutlich schlechter ab als Kinder ohne Migrationshintergrund. Doch zwischen den Ländern gab es große Unterschiede. Die Migranten in Bayern, Baden-Württemberg und Niedersachsen erzielten deutlich höhere Leistungswerte als etwa die in Schleswig-Holstein und Bremen. Wie ist das zu erklären?

Das entspricht dem insgesamt höheren Leistungsniveau in den Ländern, das auch auf die Migranten durchschlägt. Aber man muss auch das Bildungsklima berücksichtigen, das in großen Städten signifikant anders ist. In Baden-Württemberg und Bayern arbeiten viele Migranten in kleinen Unternehmen, die außerhalb von Großstädten angesiedelt sind. Im Norden dagegen ist die Industrie in Ballungsgebieten angesiedelt.

Das Gespräch führte Anja Kühne.

Noch eine Kommission für Berlin?
2005 (Der Tagesspiegel)

Als vor einigen Jahren die Auseinandersetzungen der Berliner Wissenschaft mit der Politik einen weiteren Höhepunkt erlebten, schlossen sich Vertreter der Wissenschaft und der Wirtschaft zu einem Dialog unter dem Titel »An morgen denken« zusammen. Das Ziel war es, der Berliner Politik zu verdeutlichen, dass Investitionen in die Wissenschaft für die Stadt sich auch wirtschaftlich auswirken, und dass das Gleiche naturgemäß auch für Kürzungen gilt. Das vehemente Eintreten von Vertretern und Verbänden der Berliner Wirtschaft für die Wissenschaft hat Früchte getragen, insoweit die beabsichtigten radikalen Kürzungen in dem Hochschulsektor deutlich zurückgedrängt werden konnten.

Jetzt hat eine zweite Phase der gemeinsamen Arbeit begonnen: Die Partner wollen herausfinden, in welchen Feldern, den so genannten »Clustern«, eine Zusammenarbeit für die Stadt Erfolg versprechend sein kann. Es geht um die Identifikation von Wirtschaftsclustern, nicht zu verwechseln mit den Clustern, die in der Freien Universität Berlin bereits seit fast drei Jahren aufgebaut werden und die im Exzellenzwettbewerb des Bundes und der Länder zur Ausschreibung stehen. Es handelt sich also um große Schwerpunktbereiche, in denen Wirtschaft und Wissenschaft Forschungskompetenz besitzen. Die Berliner Wissenschaftskommission (BWK) unter der Leitung des Tübinger Professors Dietrich Niethammer hat vorläufig folgende Bereiche identifiziert:

- Lebenswissenschaften,
- Verkehr/Mobilität,
- Kommunikation, Medien und Kultur, Gesellschaft, Geschichte, Politik,
- Optische Technologien und Mikrosystemtechnik.

Die zur Dimensionierung dieser Cluster eingerichteten Arbeitsgruppen werden in den nächsten Monaten prüfen müssen, ob und in welcher Form diese Schwerpunkte in Berlin tragend sein können. Dabei ist es sehr wichtig festzustellen, dass diese Cluster nur ein Ausschnitt aus der gesamten Wissenschaftslandschaft sein können. Es darf und wird nicht geschehen, dass die dringend erforderliche Grundlagenforschung in den Natur-, den Sozial- und den

Geisteswissenschaften, die auch ganz unabhängig von wirtschaftlicher Nähe wichtig sind und betrieben werden müssen, Einschränkungen erfahren.

Grundlagenforschung in allen Fächergruppen ist die Voraussetzung für jede Innovation. Nur wenn sie ohne Absicht und aus der Logik der Wissenschaften heraus betrieben wird, hat sie Chancen, Grundlage für spätere angewandte Wissenschaft zu werden. Man kann und darf der Wissenschaft nicht vorschreiben, vordergründigen Verwertungszwecken zu dienen. Das bedeutet gleichzeitig aber auch nicht, dass eine Volkswirtschaft, die sehr viel Geld in Wissenschaft investiert, nicht daran interessiert sein dürfte, aus Entdeckungen und Erfindungen auch Nutzen für das bessere Leben zu ziehen. Denn das ist der Grund dafür, dass die Mitglieder einer Gesellschaft persönliche Opfer für den Unterhalt der Wissenschaften erbringen. Ein besonderes Augenmerk muss bei dieser Diskussion den Geisteswissenschaften gelten. Sie haben seit ihrer Entstehung im 19. Jahrhundert mit dem Wandel der Kultur, der Künste, der Zivilisation insgesamt selbst starke Veränderungen erfahren. Ihre Freiheit und Zweckungebundenheit muss immer wieder verteidigt werden. Das zeigt sich bei der jüngst entfachten Debatte um das »Manifest Geisteswissenschaft« der Berlin-Brandenburgischen Akademie der Wissenschaften (BBAW) von Carl Friedrich Gethmann, Dieter Langewiesche, Jürgen Mittelstraß, Dieter Simon und Günter Stock.

Wer den Geisteswissenschaften unmittelbare Verwertungserwartungen auferlegen will, beraubt sie um das, was sie in den letzten Jahrzehnten gewonnen haben: einen besonderen Platz zwischen Geschichte und Zukunft, zwischen Kunst und Empirie.

Wenn diese Besonderheit berücksichtigt wird, hat die Universitas auch in den Berliner Wissenschaftseinrichtungen weiterhin eine große Zukunft.

WISSENSCHAFT UND ÖFFENTLICHKEIT
2006 (DER TAGESSPIEGEL)

Auch in diesem Jahr findet an der Freien Universität Berlin wieder eine »Lange Nacht der Wissenschaften« statt. Und das zum sechsten Mal. Mehr Einrichtungen als je zuvor präsentieren sich und ihre Forschungsergebnisse der Öffentlichkeit, neue Adressatengruppen finden auf sie zugeschnittene Angebote: Kinder, Senioren und – wegen des Berliner Sportereignisses – eben auch Fußballfreunde. Nicht nur, dass zwei Fußballmannschaften aus Wissenschaft und Politik aufeinander treffen, sondern viele Einrichtungen haben ihren diesjährigen Beitrag unter das sportliche Rahmenthema gestellt. Zum Beispiel die Informatiker, die ihre FU-Fighters, die großen und kleinen Fußballroboter, auf das Spielfeld schicken und gegeneinander antreten lassen.

Oder die Historiker und Geschichtsdidaktiker, die sich in ihrem Programm mit der Rolle des Fußballs in der antiken und neuzeitlichen Gesellschaft auseinander setzen.

Warum macht eine Universität so etwas? Hat sie diesen Rummel nötig? Gedeiht Wissenschaft nicht am besten im Stillen, in »Einsamkeit und Freiheit«, wie Humboldt es einmal formuliert hat? Das ist lange her: Als kluge Politiker am Anfang des 19. Jahrhunderts den entstehenden Wissenschaften erlaubten, in Einsamkeit und Freiheit – also ohne Zuschauer und öffentliche Kontrolle – zu forschen, was sie für richtig hielten, begründeten sie ein Erfolgsrezept, das nicht scheitern konnte: Wissenschaftliche Neugier, Entdeckungs- und Erfindungswille waren Ausdruck einer Befreiung aus obrigkeitlicher Bevormundung, ein Wagnis, wissen zu wollen. Da so wenig gewusst und so vieles geglaubt wurde, war es vernünftig, den Wissenschaftlern und ihrer disziplinären Logik zu überlassen, wohin der Weg sie führte. 200 Jahre später, nach Hiroshima und Zyklon B, wissen wir, dass Wissenschaft nicht für das Gute schlechthin steht, dass sie vieles gerade nicht weiß, auch wenn sie es manchmal suggeriert, und dass vieles auch gar nicht hätte gewusst werden müssen, weil sich die Bemühungen um manche Erkenntnisse als »Holzwege« erwiesen.

Was hat das mit Öffentlichkeit zu tun? Vielleicht lässt es sich am besten an einer kleinen Begebenheit erläutern: Nach einem spätabendlichen Termin traf ich unlängst auf einen Straßenarbeiter in Berlin-Mitte, der mit der Verlegung von Straßenbahnschienen beschäftigt war. Er rauchte eine Zigarette, und ich sah dabei, dass ihm seine Hand blutete. »Eingeklemmt« sagte er auf meine Frage, ob er Hilfe brauche. Wir kamen ins Gespräch. Ich sagte, dass ich Wissenschaft »mache«. »Da kann Ihnen ja nichts passieren«, meinte er. Es war 23.30 Uhr.

Ich möchte, dass dieser lange, hart und gefährlich arbeitende Straßenarbeiter, dass die Berliner Öffentlichkeit weiß, was wir mit dem Geld für sie tun, das sie uns geben, damit wir etwas für sie tun. Deswegen gibt es die »Lange Nacht der Wissenschaften«, die besonders auch dann die klügste des Jahres wird, wenn die Wissenschaftler auf kluge Fragen kluge Antworten wissen. Kommen Sie zu uns, schauen Sie, machen Sie mit und stellen Sie kluge Fragen! Wir freuen uns auf Sie.

DIE BERLINER UNIS SOLLTEN ENGER KOOPERIEREN. DER WETTBEWERB BRAUCHT NEUE REGELN
2006 (DER TAGESSPIEGEL)

Die größten und zugleich erstklassigen Wissenschaftsräume in Deutschland sind München und Berlin. Im Vergleich zu Berlin verfügt München über zahlreiche Standortvorteile: ein hochindustrialisiertes Umfeld, wissenschaftsgetriebene Unternehmen, eine Landesregierung, die das erforderliche Geld bereitstellt, wenn eine Investition in Wissenschaft das Land vorwärtszubringen verspricht.

Diese Umstände sind im Rahmen des Exzellenzwettbewerbs zu Recht gewürdigt worden: die hervorragende Leistungsfähigkeit der Münchner Universitäten sowie die Tatsache, dass die Landesregierung der Empfehlung einer Expertenkommission nicht folgte, die beiden Universitäten zusammenzulegen oder gar eine zu schließen.

Das hat die beiden Wettbewerber beflügelt und Kooperation bei der Beantragung von Graduiertenschulen und Clustern im Exzellenzwettbewerb begünstigt.

In Berlin sind die Verhältnisse anders: eine schwierige Haushaltslage und bis zu 30 Prozent der Hochschulbudgets werden im Wettbewerb zwischen den Berliner Universitäten vergeben – das sind 160 Millionen Euro jährlich. Die Stadt schaut aufmerksam auf die darin begründete Konkurrenz der Berliner Universitäten. Dazu gelegentliche Fusionsfantasien: Eine Politikerdelegation fuhr eigens nach Kalifornien, um dann Gott sei Dank belehrt darüber zurückzukommen, dass Fusionen von Universitäten Unfug sind und dass im Gegenteil der Wettbewerb die Leistungen steigert – allein in der Freien Universität jährlich um etwa zehn Prozent bei gleichzeitig sinkenden Etats.

Diese an sich leistungsbefördernden Umstände sind den Berliner Universitäten aber im Exzellenzwettbewerb zum Verhängnis geworden und drohen es wieder zu werden, wenn jetzt nicht gehandelt wird. In den Status einer Exzellenzuniversität zu gelangen, setzt den Zuschlag für mindestens eine Graduiertenschule und mindestens ein Exzellenzcluster voraus. Als Voraussetzung für einen Erfolg in der dritten Förderlinie der Zukunftskonzepte wird einer Universität aber nur ein solches Cluster angerechnet, dessen Sprecher eben dieser Universität angehört. Das ist kooperationsfeindlich, weil jeder Antrag nur einen Sprecher haben kann.

Kooperationen bei gleichzeitigem Wettbewerb nötigen die Universitäten dazu, den jeweils anderen gegebenenfalls den Weg unter die Eliteuniversitäten zu ebnen und damit selbst das Nachsehen zu haben. Umgekehrt kann es in einem Hochschulraum wie dem Berliner wegen mangelnder Kooperation passieren, dass gar kein Antrag den Zuschlag erhält. Eine klassische Paradoxie.

Wie ist dieses Problem in München gelöst worden? Wenn man der Berichterstattung in der Presse folgt, dann wurden ganz zu Recht vor dem Hintergrund der hervorragenden Leistungsfähigkeit der Universitäten fehlende Voraussetzungen im Aushandlungsprozess der Gemeinsamen Kommission aus Deutscher Forschungsgemeinschaft (DFG) und Wissenschaftsrat nachträglich großzügig und weitsichtig hergestellt. Darauf wird man sich aber für Berlin kaum verlassen wollen.

In dieser Situation gibt es daher nur eine Möglichkeit: Der Senat von Berlin muss sich bei DFG und Wissenschaftsrat vehement dafür einsetzen, dass den drei Berliner Universitäten die Kooperation bei der Beantragung der noch fehlenden Cluster nicht zum Verhängnis wird, sondern dass ein gegebenenfalls positiv bewerteter Antrag allen beteiligten Universitäten als Voraussetzung für einen Erfolg in der dritten Förderlinie zu 100 Prozent zugerechnet wird. Anderenfalls droht ein lähmender Prozess des Feilschens um Sprecherfunktionen bei den Anträgen nach Gesichtspunkten der Erfolgswahrscheinlichkeit.

Der Berliner Hochschulraum könnte sogar in der dritten Förderlinie von einer engen Kooperation profitieren, obwohl die Wettbewerbsbedingungen dieses eigentlich ausschließen. Die beantragten Elemente der Zukunftskonzepte der drei Berliner Universitäten ergänzen sich nämlich auf hervorragende Weise.

So wären, wenn Berlin in der dritten Förderlinie als Einheit gesehen würde, die einzelnen Bestandteile der Zukunftskonzepte für alle Universitäten nutzbringend: Das Zentrum für Internationalen Austausch der Freien Universität könnte selbstverständlich auch von den anderen Universitäten genutzt werden, das Zentrum für Cluster-Entwicklung, das die Freie Universität plant, würde die Clusterprozesse ganz Berlins betreuen, und die Dahlem Research School könnte eine vernünftige Verbindung mit der Humboldt Research School eingehen. Umgekehrt könnten Humboldt-Universität und Freie Universität von dem Konzept des Wissenschaftstransfers der Technischen Universität profitieren, ebenso wie Freie

Universität und Technische Universität von der Akademie-Idee aus der Humboldt-Universität.

Was wäre eigentlich, wenn die Berliner Politik gemeinsam mit den Universitäten vor den Wissenschaftsrat und die DFG träte und verlangte, genau diese Möglichkeiten zu eröffnen? Mehr als ein »Nein« kann es nicht geben. Dann wären die Verhältnisse klar: Die Republik interessiert sich nicht für ihre (Wissenschafts-)Hauptstadt. Ein »Ja«, das dann natürlich auch für andere Orte in Deutschland gelten würde, eröffnete die Chance, den einzigartigen Hochschulraum Berlin (und Brandenburg!) als Zusammenhang zu sehen und sein Potential zu nutzen und zu stützen. Das wäre nicht wettbewerbsfeindlich, sondern förderlich. Die drei Universitäten würden, jede für sich, in einem ausgewogenen Verhältnis von Kooperation und Wettbewerb das Beste leisten können – für den Hochschulraum Berlin-Brandenburg. Worauf wird noch gewartet?

Das kostet Geld
2006 (Der Tagesspiegel)

Kriegsfolgen-Verlängerung. Ein anderes Wort fällt mir für das Karlsruher Urteil nicht ein, das jetzt dazu führen wird, die Stadt innerhalb einer Handvoll Jahre in ein finanzpolitisches Chaos zu führen. Denn es gibt keine Alternative dazu, zumindest im Bildungs- und Hochschulwesen, weiter zu investieren. Die junge Generation, und nur sie, ist der Garant für die Zukunft des Landes und der Stadt. Jede Investition in ihre Ausbildung ist deshalb gerechtfertigt.

Die Hochschulen sind nach etlichen Kürzungsrunden innerhalb von 25 Jahren auf weniger als die Hälfte ihres Umfangs um fast ein Drittel ihrer Budgets buchstäblich zusammengeschossen worden. Aber sie sind das Kleinod Berlins, die Schlagader, durch die das junge Leben der Stadt pulst, der Grund für die Intellektuellen der Welt, nach Berlin zu kommen, und die Basis für das Wort eines großen europäischen Politikers, der unlängst sagte, das intellektuelle Zentrum Europas sei Berlin. Löblich also die Absicht der verantwortlichen Politiker, hier keine weiteren Abstriche zu machen. Löblich auch, doppelt so viele Studienplätze bereitzuhalten, wie die Landeskinder benötigen. Es ist die Stadt, die die fremden Studierenden benötigt, und es ist die junge Generation außerhalb Berlins, die in dieser Stadt gelebt haben muss, um zu erfahren, was Welt heißt. Das wird Geld kosten.

Berlin hat bei aller Jugendlichkeit einen hohen Alterskoeffizienten. Ihre Leistungsfähigkeit steht in direkt proportionalem Verhältnis zur Leistungsfähigkeit der Arbeitnehmerinnen und Arbeitnehmer, die diese durch Weiterbildung und Personalentwicklung aufrechterhalten müssen. Das gilt auch für den öffentlichen Dienst. Das wird Geld kosten.

Die europäische Entwicklung im Schul- und Hochschulbereich geht auch an der Hauptstadt nicht vorbei: Bildungsstandards, die Einführung europäischer Hochschulabschlüsse, Maßnahmen zur Qualitätssicherung, der globale Wettbewerb – all das wird Geld kosten.

Es ist nicht das Versäumnis der Bürgerinnen und Bürger Berlins, dass an die so genannte Wende geglaubt oder auch nur suggeriert wurde, die Stadt würde sich binnen Kurzem in eine blühende (Industrie-)Landschaft verwandeln. Das liegt nicht an der »Subventionsmentalität« der Einwohner, sondern daran, dass man offenbar vergessen hat, wofür diese Stadt subventioniert worden ist: um jene Freiheit durchzusetzen, an der das Land sich jetzt erfreut. Dafür haben Millionen Berliner Bürger gehungert, gelitten, Angst gehabt, verdrängt und in jenem Herbst 1989 tiefste Erleichterung empfunden. Gewinner wie die zweite deutsche Hauptstadt, Bonn, wurden sie nicht. Aber sie werden die Ersten sein. Berlin ist die erste Stadt, und das gilt im besonderen Maße für die Wissenschaften, auch wenn die Resultate im Exzellenz-Wettbewerb dieses noch nicht nahelegen. Wo sonst als in Berlin soll die deutsche Wissenschaftshauptstadt, die europäische Wissenschaftshauptstadt sein? Ist dem Bund dieses wirklich gleichgültig? Kann das selbst den Bundesländern gleichgültig sein? Wollen ihre Kultus- und Wissenschaftsminister in Brüssel weiter in Kompaniestärke antreten und mit 17 Stimmen reden? Und wenn der Föderalismus als Kriegsfolge heute noch verschärft wird, braucht dann das Land umso mehr sein intellektuelles Zentrum? Noch ist es Zeit. Die Kultur- und Wissenschaftsinstitutionen der Stadt sind noch nicht demoralisiert, sie sind leistungsfähig, auf hohem Niveau und in kraftvoller Erwartung auf den Startschuss. Dazu könnte eine Bundesstiftung »Kultur- und Wissenschaftshauptstadt« die Grundlage sein. Karlsruhe hat ja nicht verboten, sondern lediglich nicht erzwungen, dass der Bund Verantwortung zeigt. Aber das kostet Geld!

PLÄNE, PLÄNE, PLÄNE
2007 (DER TAGESSPIEGEL)

Wer lange genug am Fuße der Hochschulpolitik gesessen hat und beobachten konnte, was im Laufe der Zeit von ihren bisweilen grünen, bisweilen kahlen Hängen heruntergeströmte, hat die Wahl zwischen Depression und Heiterkeit. Manch einer hat keine Wahl mehr, weil unter der Lava heißer Gestaltungslust verschüttet. Allein auf die Hochschulen Berlins (vor 1989 West-Berlins) bezogen, kann man das auch ganz nüchtern sagen:

1977: Das Berliner Schulsystem und die (Besoldungs-) Sehnsucht nach dem Einheitslehrer erzwingt eine einheitliche Lehrerausbildung. Mehr als zwei Jahre Planungen zur Vorbereitung der »Operation Drilling«.

1980: die Auflösung der Pädagogischen Hochschule und Verteilung des gesamten Personals auf die drei West-Berliner wissenschaftlichen Hochschulen mit zum Teil erheblichen sozialen und individuellen Friktionen für die Betroffenen, Verirrungen bei der Gründung von Super- und Subinstitutionen; auf der Strecke bleibt das, um was es eigentlich geht: eine professionelle Lehrerausbildung.

1981 ff.: Keine der personellen Zusagen für die kapazitäre Abfederung der »Operation Drilling« wird eingehalten; einjähriger Aufenthalt in 17 Berufungskommissionen mit rund 120 zwei- und mehrstündigen Sitzungen, weitere rund 400 Sitzungen in Integrationsgremien, Einzelgesprächen, Beruhigungsunterredungen, Institutionennamensfindungskommissionen, summa summarum: Tausende von Stunden für jeden Beteiligten, zu multiplizieren mit etwa 500 Professoren: Das Leben – ein Traum.

Immer noch: 1980 ff.: »Strukturelle Minderausgaben« Jahr für Jahr. Zu Deutsch: Mehr Studenten (Öffnungsbeschluss für die deutschen Hochschulen), weniger Personal. Mitarbeiterstellen werden gestrichen, Sekretariate halbiert, Häuserkampf um Budgetanteile zwischen Instituten, Fachbereichen und Professuren. Wahl zwischen akademischem Sozialdarwinismus zur Verteidigung der Ressourcen in einschlägigen Gremien oder der inneren Emigration. Die meisten wählen den zweiten Weg. Hübsche Bücher entstehen. Und neben ihnen die Indifferenz gegenüber der jungen Generation. Massenlehre gibt niemandem etwas. Die Verachtung für den wichtigsten Teil der Hochschullehrertätigkeit, die Lehre, nimmt bei manchem ihren Anfang. Wer denken kann, weiß, dass es sinnlos ist, 500

Studierende gleichzeitig zu unterrichten. Wer denken kann, tut nichts Sinnloses, sondern versucht, sich zu entziehen.

1989: akademische Schlussapotheose, berlinisch. Aus Indifferenz (West) und kraftvollem Nein (Ost) wird Hoffnung (Ost/West). Die versprochene blühende (Hochschul-) Landschaft Berlins besteht aus drei Universitätstorsi. Aus den abgetrennten Gliedmaßen zweier ramponierter Alabasterkörper lässt sich kein neuer Gott fügen. Handwerksfehler, juristische, politische bei der Umgestaltung der Hochschul-»Landschaft« (vulgo: Elendsquartiere). Vereinigungssitzungen für jeden in vierstelligen Stundenzahlen. Umgestaltungseffekte sind eine Funktion der Rückenmuskulatur. Diktatur des Sitzfleisches, wie immer.

Die 1990er: kürzen, kürzen, kürzen.

Millennium: Gestaltung durch Ressourcenentzug. Ein Lichtblick: Die Hochschulverträge. Jeder hat mindestens drei Kleidungsstücke abzuliefern. Der Rest wird vertraglich garantiert. Jede Universität darf selbst entscheiden, ob ihr Unterhosen oder Wollmäntel wichtiger sind.

2000 ff.: Budgetkürzungen im Umfang einer mittelgroßen Hochschule. Und wieder Gestaltung: ex oriente Charité. Über sie hat Heinrich von Kleist sich schon lustig gemacht: »... und selbst die Todkranken, die in dem Saale auf den Betten herumlagen, mussten, über die spaßhafte und indolente Weise, ... lachen.«

2007: nennenswerte Erfolge im Exzellenzwettbewerb. Ein Erfolg gewisser Autonomie. Aber es bleiben Sorgen: Drei Tage nach der Entscheidung im Wettbewerb besuchen mich drei Professoren und tragen mit bewegten Worten eine Bitte vor: »Wir möchten jetzt endlich selbst gestalten. Das Ergebnis des Wettbewerbs ist unser Auftrag. Bitte setzen Sie sich ein.« So machen wir es.

Don't be Berlin?
2009 (Der Tagesspiegel)

Man stelle sich vor, ein künftiger Arbeitgeber bietet jemandem einen Arbeitsvertrag an, in dem eine monatliche Vergütung von »bis zu« 2 000 Euro zugesagt wird. Niemand, der bei Verstand ist, würde so etwas unterschreiben. Genau so etwas wird aber erwartet von den Berliner Hochschulen. Sie haben fast ein Jahr verhandelt, gestritten, gerungen mit dem zuständigen Senator – um die Einführung eines so genannten Preismodells, nach dem wissenschaftliche Leistung künftig vergütet werden soll; um die so genannte Einstein Stiftung Berlin, weil befürchtet wurde, dass dieses Geld den Berliner Hochschulen künftig fehlen könnte. Jetzt wissen wir es: Senator Nußbaum hat seinem Kollegen 33 Millionen aus der Einstein Stiftung gestrichen. Dieses Geld ist für die Hochschulen definitiv verloren. Es gab Diskussionen um tausend Kleinigkeiten, die den Vertragsentwurf aufgebläht haben, der eigentlich schlanker sein sollte als der letzte.

Die Präsidenten haben mit dem neuen Finanzsenator und dem Regierenden Bürgermeister gesprochen, und es hieß: So soll es sein – ein bescheidener Aufwuchs zum Ausgleich der jetzigen Kosten. Dann die Ochsentour durch die akademischen Gremien, schließlich die Paraphierung durch die Präsidenten im Vertrauen auf die Verlässlichkeit der Vertragspartner.

Und nun: Der Senat von Berlin ändert einseitig den Vertrag, indem eine neue Formulierung eingefügt wird: Statt der wie im paraphierten Vertrag vereinbarten konkreten Finanzzusage für die Berliner Hochschulen und Universitäten ist nunmehr überraschend lediglich noch ein Maximalwert für die Zuschüsse des Landes im veränderten Vertrag angegeben: »bis zur Höhe von«.

Der Protest der Hochschulen beim Wissenschaftssenator fruchtete nicht. Begründung: Nur beim vollständigen Erbringen aller Leistungen werde die gesamte Summe zur Verfügung stehen. Insofern: »bis zur Höhe von«. Aber wer entscheidet über die vollständige Leistungserbringung? Letztendlich der Senator. Außerdem schreibt der Parlamentarische Dienst, dass sich »für die einzelnen Hochschulen aus Paragraph 2, Absatz 1 der Verträge (darin steckt das ›bis zur Höhe von‹) ohnehin keine Rechtsansprüche auf Zuschüsse ergeben«.

Der Wissenschaftssenator konnte den mit ihm ausgehandelten Vertrag im Senat von Berlin nicht durchsetzen. Nun galt dem

Wissenschaftsausschuss des Berliner Abgeordnetenhauses die letzte Hoffnung: dass intelligente und beherzte Abgeordnete den Spuk beenden und die ursprüngliche Fassung beschließen.

Fehlanzeige! Die Koalition hielt. Der Ausschuss folgte der Senatsvorlage.

Und nun? Keine Unterschrift der Hochschulen? Das hieße: Keine Verträge, Rückfall in die Kameralwirtschaft des letzten Jahrhunderts, Zerstörung der Wertschöpfungskette (jeder Euro für die Wissenschaft bringt fünf Euro für die Stadt). Das hieße auch: Keine steigenden Leistungen der Hochschulen mehr, kein Exzellenzwettbewerb, keine Modernisierung, zurück in die Amateurliga. Das hieße Innovationsstopp bei allen Organisationen und Unternehmen, die auf die Berliner Wissenschaft angewiesen sind und auf sie gesetzt haben, Stellenabbau, Flucht aus der Wissenschaftsstadt Berlin just im 200. Jahr ihrer Existenz. Vielleicht bleiben dann noch ein paar Catwalks oder Seifenkistenrennen auf dem Tempelhofer Flugfeld. Good bye, Science City? Don't be Berlin?

BILDUNG VERPFLICHTET
2010 (DER TAGESSPIEGEL)

Wer Menschen, eine Institution oder gar eine Stadt verlässt, ist versucht, den Zurückbleibenden auf dem Bahnsteig, im Büro oder auf dem Ku'damm Worte guten Wünschens zu hinterlassen. Das könnte man auch mit dem Berliner Bildungswesen machen und vor allem mit denen, die in ihm lernen oder ausgebildet werden.

»Werde, der du bist!« – dieses klassische Bonmot wäre so ein Satz. Das will ja wohl heißen: Du, Schülerin oder Schüler, du, Lehrerin oder Lehrer, und vielleicht sogar du, Bildungspolitiker(in), bist eigentlich schon etwas, aber es tritt nicht zutage. Das Eigentliche an dir ist in dir noch nicht zu dem geworden, was es sein könnte.

Das bedeutet also: Der Mensch ist immer schon Mensch – Rousseau meinte sogar, er sei von Natur aus gut –, es bedarf aber eines Vorgangs, der dazu führt, dass er es auch wirklich wird. Gemeint ist damit: Bildung. Man könnte den Zurückbleibenden also auch zurufen: Seid gebildet! Macht etwas, damit ihr gebildet seid. Oder: Macht etwas, damit man eure Bildung auch sieht und dass sie wirkt.

Das klingt ja zunächst anmaßend: Sind wir etwa nicht gebildet? So ist das nicht gemeint. Bildung ist ein lebenslanger Prozess. Bildung im Sinne von Lernen ist unvermeidlich, aber Bildung ist mehr als Lernen. Was könnte es also heißen, wenn man den kleiner werdenden Punkten am Horizont zuruft: Werdet, die ihr seid?

Vielleicht dieses: Ihr Schüler und Studentinnen, Lehrerinnen und Politiker seid wunderbare Menschen. Ihr habt Substanz, ihr seid begabt, euch ist etwas gegeben, ihr seid voller Chancen. Das ist nicht nur freundlich, sondern wahr und gilt für so viele Menschen dieser Stadt. Aber: Aus diesem »Besitz« erwächst auch eine Verpflichtung. Ihr müsst annehmen, was euch gegeben ist, ihr müsst euch anstrengen, damit es sich entfaltet, und ihr müsst die so sich täglich neu gewinnende Bildung allen zur Verfügung stellen durch die Kraft, die ihr dadurch gewonnen habt. Damit jene euch fragen können, ob sie sich ein wenig anlehnen dürfen, für eine Zeit, an eure Bildung, müsst ihr diese zeigen, in eurem Verhalten, jeden Tag, überall. Es gibt eine Sozialverpflichtung von Bildung.

Wer also in dieser Stadt, und nicht nur hier, auf der einen oder anderen Seite, ist ein Pflichtenträger und nicht Mitglied einer selbst ernannten Elite, die aus ihrem Status Kapital schlagen möchte? Gebildet zu sein in Berlin könnte heißen: als Schüler Zuhören zu lernen und Schularbeit nicht nur als Last, sondern als Schritt auf einem Weg verstehen zu können. Dazu müssen Lehrer in der Lage sein zu zeigen, welche Wege es in das Leben gibt. Dazu müssen Studierende kritisch fragen wollen, und Bildungspolitiker müssen eigentlich nicht mehr tun, als den Menschen das Gefühl zu geben, dass sie an Bildung glauben und dass für sie nichts wichtiger ist, als Bedingungen dafür zu schaffen, dass Bildung gedeiht. Das ist auch Geld, sicher, das sind offene Strukturen, in denen sich das Vertrauen in die Menschen spiegelt, ihr Schicksal selbst in die Hand zu nehmen, ohne dass sie gesetzlichen Bildungszwängen unterliegen. Kurz, Bildungspolitiker müssen zuallererst eines sein: gebildet.

Nicht zufällig spielt die Metapher des Bildes im deutschen Bildungsdenken eine so große Rolle: Ursprünglich als Nachlebenwollen des Bildes Gottes gedacht, hat sich eine Bilderkaskade für jene Prozesse entwickelt, die Bildung ausmachen. Bildung ohne Vor-Bilder kann es deshalb nicht geben. Es ist die Aufgabe der so Gebildeten, Vorbild zu sein, das es erstrebenswert für jene macht, die noch werden müssen, was sie sind.

6. Freie Universität Berlin

DIE FREIE UNIVERSITÄT WILL JUNIORPROFESSUREN EINRICHTEN. KÖNIGS- ODER HOLZWEG?
2002 (FU NACHRICHTEN)

Im Rahmen der beabsichtigten Dienstrechtsreform hat sich Bundesbildungsministerin Buhlman von den USA insprieren lassen. Sie möchte das Eintrittsalter in eine Karriere als Hochschullehrer/in senken und fördert deshalb die unverzügliche Einführung von Juniorprofessuren. Mittelfristiger soll die Habilitation als Regelzugang zur Professur abgeschafft werden. Weiter noch: Mit dem Ende dieses Jahrzehnts sollen nur noch solche Wissenschaftler/innen berufungsfähig sein, die zuvor eine Juniorprofessur inne hatten. Dieses läuft faktisch auf die Abschaffung der Habilitation hinaus. Um dem Konzept eine schnelle Wirkung zu verschaffen, hat die Ministerin 12 Millionen DM für die Erstausstattung von Juniorprofessuren ausgelobt. Bewerben konnten sich Universitäten, die noch vor der Verabschiedung der Pläne in Bundestag und Bundesrat und der Anpassung der jeweiligen Ländergesetze bereit waren, Juniorprofessuren einzurichten. Für jede Juniorprofessur wurden bis zu 150 000 DM als Starthilfe in Aussicht gestellt.

Das Präsidium der Freien Universität hat die Fachbereiche befragt, inwieweit sie an der Einrichtung solcher Professuren interessiert sind. Sechs Fachbereiche haben daraufhin insgesamt 17 Anträge gestellt, die zu einer Gesamtkonzeption verbunden und dem Bundesministerium zur Genehmigung vorgelegt werden konnten.

Halbherzige Reform birgt Risiken

Damit gehört die Freie Universität neben den Universitäten Göttingen, Marburg und Bremen sowie der Humboldt-Universität und der Technischen Universität Darmstadt zu den ersten, die sich probeweise zur Einrichtung von Juniorprofessuren entschlossen haben. Das Präsidium möchte damit signalisieren, dass die Freie Universität auch hier an der Spitze der Modernisierungsbemühungen und der Universitätsreform in Deutschland steht, denn das durchschnittlich hohe Eintrittsalter von über 40 Jahren für eine Hochschullehrer/innen-Karriere ist zweifellos zu hoch. Gegenwärtig besteht zumindest in einigen Fächern die Gefahr, dass junge, hoch qualifizierte

Wissenschaftler/innen wegen der geringeren Qualifikationserwartungen (insbesondere Habilitationen) in andere Länder oder in die Industrie abwandern. Die Freie Universität möchte versuchen, auch mit dem Instrument der Juniorprofessuren Nachwuchswissenschaftler von hoher Exzellenz zu gewinnen und ihnen nach Möglichkeit die Chance geben, nach einer Bewährung als Juniorprofessor/in an der Freien Universität zu verbleiben. Es ist allerdings offenkundig, dass dieses Ziel wegen der Halbherzigkeit der Reform nur schwer zu erreichen sein wird:

- So besteht aufgrund der gesetzlichen Gegebenheiten nicht die Möglichkeit, hochqualifizierte Nachwuchswissenschaftler an der Freien Universität zu halten, die ihre Graduierung und Promotion an dieser Universität erlangt haben, weil das Hausberufungsverbot weiterhin gilt.
- Die erwartete Ausstattung für Juniorprofessuren in Höhe einer halben BAT II a-Stelle sowie einer Studentischen Hilfskraft und eines Zugangs zu Sekretariatskapazität ist für viele Fachbereiche nicht darstellbar.
- Die vorgesehene Lehrbelastung ist mit sechs Semesterwochenstunden (SWS) höher als diejenige für die Wissenschaftlichen Assistenten/innen. Daneben soll die fünfjährige Beschäftigungszeit für die erfolgreiche Einwerbung von Drittmitteln genutzt werden, die als Maßstab für die erworbene Qualifikation und damit für die Möglichkeit einer Berufung auf eine reguläre Professur gelten soll.
- Die erstrebte Unabhängigkeit der Nachwuchswissenschaftler/innen von etablierten Hochschullehrern/innen kann sich – wie das Beispiel der gescheiterten Assistenzprofessuren am Ende der 1970-er Jahre zeigt – auch als Nachteil auswirken, wenn eine fehlende Bindung an Professuren und eine künftig entfallende Dienstleistungsverpflichtung gegenüber einer etablierten Professur von deren Inhabern mit Desinteresse gegenüber der Allokation der Juniorprofessoren/innen in der Scientific Community quittiert wird.
- Da die erfolgreichen Bewerber/innen auf Juniorprofessuren bis auf Weiteres wegen fehlender gesetzlicher Voraussetzungen nur als Wissenschaftliche Mitarbeiter/innen beschäftigt werden können, existieren schwerwiegende arbeitsrechtliche Bedenken gegen die Einrichtung derartiger Beschäftigungsverhältnisse.

- Die derzeitigen Wissenschaftlichen Assistenten/innen werden durch das Programm insoweit benachteiligt, als sie bei der Bewerbung um Regelprofessuren befürchten müssen, in Konkurrenz zu Juniorprofessoren/innen zu unterliegen, wenn nicht mehr die Habilitation, sondern die erfolgreiche Einwerbung von Drittmitteln zur Eintrittsvoraussetzung gemacht wird. Hinzu kommt, dass nach dem Jahre 2010 für diesen Personenkreis eine Beschäftigung als Professor/Professorin nicht mehr möglich sein wird, da ihnen die Zugangsvoraussetzung einer Juniorprofessur fehlt.

Keine zusätzlichen Ressourcen – keine Evaluation

Innerhalb der Hochschulrektorenkonferenz, die sich wegen der Kostenneutralität des Konzepts der Juniorprofessuren davon inzwischen distanziert hat, sind zahlreiche weitere Bedenken benannt worden. Gleichwohl ist trotz des unsicheren Standes der gegenwärtigen Bundesregierung die Verabschiedung des neuen Dienstrechts im Bundesrat nicht auszuschließen. Aus diesem Grunde hat das Präsidium den Fachbereichen, die dieses wünschen, die Chance eröffnet, sich an dem Verfahren zu beteiligen, allerdings unter Wahrnehmung einer erheblichen fachlichen Verantwortung. Es ist davon auszugehen, dass nach einer Zustimmung durch den Bund die Ausschreibungen zu Beginn des Jahres 2002 erfolgen könnten. Die Auswahl der Bewerberinnen und Bewerber erfolgt in einem Verfahren, das sich von der Besetzung der regulären Professorenstellen nicht unterscheidet. Die Berufung erfolgt aufgrund eines Dreiervorschlages der Universität durch den Senator/die Senatorin für Wissenschaft und Kultur. Als Auswahlkriterien sollen die »Grundsätze für die Förderung der Forschung im Rahmen von Forschernachwuchsgruppen durch das Bundesministerium für Bildung und Forschung im Jahr 2001« zu Grunde gelegt werden, wie sie von der Bund-Länder-Kommission für Bildungsplanung und Forschungsförderung zustimmend zur Kenntnis genommen worden sind. Die zunächst als Wissenschaftliche Mitarbeiter zu beschäftigenden Juniorprofessoren/innen sollen nach Inkrafttreten der Dienstrechtsreform in ein Beamtenverhältnis auf Zeit berufen werden.

Bedauerlicher Weise ist die Einführung der neuen Professorenämter ohne weitere flankierende Maßnahmen konzipiert. So werden nicht nur keine zusätzlichen Ressourcen für die Ausstattung der Professuren bereit gestellt, auch ist an eine Evaluation der Veränderungen nicht gedacht. Es bleibt zu hoffen, dass den künftigen Juniorprofessoren/innen das Schicksal erspart bleibt, welches die damaligen Inhaber/innen von Assistenzprofessuren erleben mussten: Sie waren in der überwiegenden Zahl nach Ablauf ihrer Beschäftigungszeit nicht berufungsfähig. Es ist zu wünschen, dass die verfolgten Ziele – ein früherer Eintritt in die Hochschullehrertätigkeit und eine Verjüngung der Hochschullehrerschaft bei gleichzeitiger Erhaltung ihrer Qualität – realisiert werden. Ich werde ein besonderes Augenmerk auf die Zukunft der fast 300 Wissenschaftlichen Assistenten/innen an unserer Universität richten, um eine Beeinträchtigung der Chancen dieser Personengruppe durch die Einführung des neuen Dienstrechts so weit wie möglich abzumildern. Dabei hoffe ich, dass die Entscheidungsträger auch unkonventionelle Maßnahmen der Chancensicherung für diejenigen jungen Nachwuchswissenschaftler/innen tragen werden, die mit ihrer Habilitationsabsicht den längeren, schwierigeren Weg gehen mussten.

Universitas: Nicht ohne Medizin!
Die Philosophie einer »Voll-Universität«

Die Zerschlagung unserer Medizin nimmt der Freien Universität den Charakter einer »Voll-Universität«. Die Zerschlagung unserer Medizin negiert zwei Jahrtausende europäischer Bildungsgeschichte. Warum?

»Universitas« meint seit dem Altertum die Gesamtheit der Dinge. Zu dieser Gesamtheit gehörte schon in der griechischen Antike die Medizin als Bestandteil der Philosophie. So unterschied Platon zwischen der Medizin und der Rhetorik.

Die Medizin untersucht die Natur des Körpers, die Rhetorik die Erforschung der Seele. Am Anfang des abendländischen Denkens geht es also immer darum, dass Wissenschaft sich mit dem Ganzen beschäftigt. Auf diese Weise sollte sicher gestellt werden, dass der Arzt auch die Krankheit als Bestandteil des menschlichen Ganzen betrachtet. Deswegen verlangt das Mittelalter von den Ärzten die Kenntnis aller freien Künste, der »septem artes liberales«.

Die Medizin heißt »zweite Philosophie«. Sie ist mit der Theologie eng verknüpft. Bis zum 17. Jahrhundert etabliert sie sich als akademisches Fach an den Universitäten. Auch für die Aufklärung ist der Arzt »Philosophus«, wenn er im wahren Sinne gebildet ist. Das entspricht dem Bildungsideal der europäischen Universität. So heißt es in einem Handbuch des 19. Jahrhunderts: »Universität ist eine Unterrichtsanstalt, welche alle Wissenschaften oder das ganze Gebiet der Gelehrsamkeit umfasst; weshalb man sie auch zum Unterschiede von den beschränkteren, bloß vorbereitenden Lehranstalten eine hohe oder Hochschule nennt...«

Eine »beschränktere Lehranstalt« scheint nun genau das Ziel rot-roter Politik zu sein. Sie unterstützt damit eine Fehlentwicklung, die für das 20. Jahrhundert typisch war.

Das Ganze wird in viele Einzelheiten zerlegt. Der Blick der Wissenschaftler auf das Ganze geht – zum Schaden der Menschen – verloren.

In den letzten 30 Jahren haben die Wissenschaften eine Lektion gelernt: Die immer fortschreitende Spezialisierung auch der Medizin kann sich gegen die Interessen der Menschen richten. Deshalb fordern viele Wissenschaftler, seien es Mediziner, Sozial- oder Geisteswissenschaftler, Transdisziplinarität.

Das bedeutet, dass auch der menschliche Körper aus der Sicht vieler Wissenschaften betrachtet werden muss. Aus diesem Grunde arbeiten Mediziner, Naturwissenschaftler, Sozial- und Geisteswissenschaftler in vielen Fragestellungen zusammen. Medizinsoziologie, Evolutionstheorie, Sozialanthropologie, medizinische Anthropologie, medizinische Psychologie, Biomedizin, medizinische Physik – diese und viele andere Verbindungen sind der Ausdruck für einen engen Zusammenhang zwischen der Medizin und der übrigen Universität.

In diesem Augenblick handeln Berliner Politiker gegen wissenschaftliche Selbstverständlichkeiten. Ignorant, informations- und belehrungsresistent und ohne Folgenabschätzung praktiziert eine Handvoll Akteure einen Politikstil, der in seiner Einfachheit erschreckt. Die Beseitigung von komplexen Systemen wie der Humanmedizin an der Freien Universität ist die ratloseste und damit primitivste Form politischen Handelns. Sie wendet den Blick ab von den Notwendigkeiten des Ganzen und schaut in eine fiskalische Tunnelröhre.

Weil die Freie Universität aber auf Universitas bestehen muss, ist der Kampf um die Hochschulmedizin identisch mit dem Kampf um die Lehre aus einer Wissenschaftsgeschichte, in der wir es uns nicht leisten können, auf wechselseitiges Wissen und Verstehen zu verzichten. Sei es das Verständnis psychischer Bedingungen des Krankseins, sei es das medizinische Grundverständnis für künftige Lehrkräfte bei der Diagnose kindlicher Lernschwierigkeiten, sei es die Biochemie als Basis des Verstehens neuronaler Prozesse.

Eine Gesellschaft, die über sich hinaus wachsen will, wird nicht zulassen, dass Provinzpolitiker mit drei Sätzen einer Koalitionsvereinbarung abendländische Kulturgeschichte negieren. Schon gar nicht in Berlin, das nicht zum ersten Mal Schauplatz ignoranter Politik ist.

BERUFEN, DAS NEUE ZU WAGEN
2003 (DER TAGESSPIEGEL)

Die Freie Universität zieht junge, exzellente Forscher aus der ganzen Welt an – sie wird die kommenden Herausforderungen meistern

Eine Universität ist so gut wie die Wissenschaftlerinnen und Wissenschaftler, die in ihr arbeiten. Auch wenn heute wissenschaftliche Erfolge in der Regel nur noch in Teamarbeit erzielt werden können, kommt es doch auf die Qualität jedes Einzelnen an. Fachliche Exzellenz, Einfallsreichtum und Durchhaltevermögen in langwierigen Forschungsprozessen sowie didaktisches Geschick und die Fähigkeit, junge Menschen für Wissenschaft zu begeistern, werden von der neuen Wissenschaftlergeneration erwartet.

Rechtzeitig vor dem Beginn der desaströsen Wissenschaftspolitik in Berlin hat die Freie Universität Berlin vor mehr als vier Jahren mit der personellen Erneuerung begonnen.

In diesem Zeitraum schieden 190 Hochschullehrer/-innen aus, 100 Berufungsverfahren konnten erfolgreich abgeschlossen werden. Die Bilanz ist besonders deshalb erfolgreich, weil 83 Prozent aller ergangenen Rufe angenommen wurden, auch in den »teuren« Naturwissenschaften. Die Freie Universität hat große Anstrengungen unternommen, um in diesen kostenintensiven Fächern modernste Arbeitsbedingungen zu schaffen. Das war notwendig, weil zahlreiche Labors, Geräte und technische Infrastruktur noch aus der Gründungszeit der FU stammten.

Eine solche Bewirtschaftung war nur durch die Hochschulverträge möglich geworden, die der Universität in Drei-Jahres-Rhythmen bis vorläufig 2005 einen festen Etat und damit Planungssicherheit boten. Auf diese Weise wurde die Freie Universität zu einem zuverlässigen Partner und Arbeitgeber für die Neuberufenen, die sich bisher auf die Einhaltung der Berufungszusagen verlassen konnten. Wenn die zugesagten Landeszuschüsse – wie soeben geschehen – mit fadenscheinigen Tarifargumenten in Frage gestellt werden, dann trifft dieses besonders auch die anderen Berliner Hochschulen, die den Prozess der personellen Erneuerung teilweise noch vor sich haben.

Attraktive Angebote

Mit der von der Bundesregierung erzwungenen Einführung einer neuen Hochschullehrerbesoldung auf niedrigerem Ausgangsniveau wird die Berufungsbereitschaft ausgewiesener Wissenschaftler zurückgehen. Die Konkurrenzfähigkeit des gesamten Wissenschaftsstandorts Deutschland wird dabei in Frage gestellt, weil wegen der vorgeschriebenen Kostenneutralität zwar in wenigen Einzelfällen attraktive Berufungsangebote gemacht werden können, das geht aber zu Lasten der überwiegenden Zahl von Neuberufenen, die mit einem Minimum auskommen müssen. Diese Entwicklung kann sich qualitätsmindernd auswirken.

Die Hochschulleitung der Freien Universität hat deshalb in den Zielvereinbarungen mit den Fachbereichen für die Jahre 2003 und 2004 vor der Einführung der neuen Besoldung vereinbart, die Wiederbesetzung vakanter Professuren konzentriert und zielgerichtet anzugehen. Dabei werden in etlichen Fachbereichen gleich mehrere Professoren und Professorinnen berufen, die einander fachlich so ergänzen sollen, dass sie in Forschung und Lehre miteinander zusätzliche Qualitätsgewinne erzeugen. In diesem Sinne werden zurzeit unter anderem die Soziologie und die Geowissenschaften ebenso erneuert wie die zahlreichen kulturhistorischen Fächer oder Wissenschaften wie Biologie, Chemie und Pharmazie.

Das deutsche Wissenschaftssystem wird sich künftig vermehrt um die Berufung von Frauen kümmern müssen, da der Bedarf an hochqualifiziertem wissenschaftlichem Nachwuchs nicht nur mit Männern gedeckt werden kann oder soll. Aufgrund strategischer Überlegungen ist es der Freien Universität gelungen, im Jahr 2002 einen Frauenanteil von 37,5 Prozent bei den Berufungen zu erzielen. Gegenüber einer Berufungsquote von acht Prozent von Frauen noch im Jahre 1999 ist dieses eine deutliche Trendwende.

Ein wichtiges Bewerberpotenzial sind auch internationale Wissenschaftler. Der Globalisierungsprozess wird und muss die Globalität von Wissenschaftlern transnational erhöhen. Insofern ist die zwar zutreffende Rede von der Standortflucht hochqualifizierter deutscher Wissenschaftler und Wissenschaftlerinnen nur die halbe Wahrheit. Umgekehrt konnte nämlich die Freie Universität durch eine gezielte Ausschreibungspolitik das Interesse an einer Tätigkeit in Berlin deutlich steigern. Wegen ihrer internationalen Orientierung hat die FU hier einen deutlichen Vorteil. In den zurückliegenden vier Jahren wurden insgesamt 15 Neuberufungen aus dem Ausland vorgenommen.

Die gelungene Berufung von Wissenschaftlerinnen und von Professoren aus dem Ausland sind zwei strategische Merkmale der FU-Berufungspolitik. Das dritte, welches in den kommenden Jahren an Bedeutung gewinnen wird, ist eine engere Vernetzung mit der nationalen und internationalen Wirtschaft. In dem Maße, in dem der Staat sich aus der Finanzierung der Hochschulen zurückzieht, müssen dessen Leistungen durch private Zuwendungen kompensiert werden. Es wäre gewiss naiv zu erwarten, dass private »Geschenke« an die Freie Universität oder auch an andere Einrichtungen die Regel sein können. Deutschland hat (noch) keine entfaltete »Sponsoring-Kultur« im Wissenschaftsbereich.

Es wird deshalb darauf ankommen, bei den Berufungen darauf zu achten, dass das künftige Personal in der Lage ist, auch durch Auftragsforschung die finanzielle Situation zu verbessern. Dafür ist zweifellos nicht jedes Fach geeignet, aber die Universitas als Gemeinschaft für einander eintretender Wissenschaftler erwartet von allen, denen dieses möglich ist, mit ihrer Aktivität auch solche Fächer absichern zu helfen, in denen nennenswerte Auftragsforschung nicht erwartet werden kann. In renommierten US-Universitäten ist das selbstverständlich. So werden beispielsweise Cultural Studies durch eine Mischfinanzierung getragen, in die ingenieurwissenschaftliche Fächer Überschüsse investieren. Das entbindet unternehmensferne Disziplinen allerdings nicht von der Verpflichtung, ihre Relevanz unter Beweis zu stellen.

Die Zeiten sind vorbei, in denen Wissenschaft sich der öffentlichen Zustimmung deshalb sicher sein konnte, weil dem Normalbürger eine Beurteilungsmöglichkeit ihrer Qualität und Notwendigkeit fehlt. Knappe finanzielle Ressourcen und Glaubwürdigkeitsverluste zwingen wissenschaftliche Einrichtungen zu mehr Öffentlichkeit und zu der Bereitschaft, auch aktuelle Probleme der technisch-wissenschaftlichen Zivilisation zu lösen.

Hochaktuelle Forschung

Exemplarisch lässt sich dieser neue Weg an einigen FU-Berufungen aus jüngster Zeit demonstrieren. So konnte aus der Schweiz der renommierte Unfallchirurg Wolfgang Ertel für das UKBF gewonnen werden, der mit seinem Team auf die Chirurgie hochkomplexer Mehrfachverletzungen spezialisiert ist sowie auf Hand-, plastische und rekonstruktive Chirurgie, unter anderem der Hüfte und der Wirbelsäule. Ulrike Freitag wechselte von der University of London an die Freie Universität. Ihr Fachgebiet, Islamwissenschaft mit dem Schwerpunkt Moderner Orient, ist hochaktuell. Sie leitet das Zentrum Moderner Orient im Verein Geisteswissenschaftlicher Zentren Berlin (GWZ).

Ein Beispiel für die erfolgreiche Berufung eines Grundlagentheoretikers ist Klaus Ecker aus Australien. Er vertritt das Fachgebiet Mathematik mit dem Schwerpunkt Analysis. Aus der amerikanischen Gründungstradition der Freien Universität ist das John-F.-Kennedy-Institut für Nordamerikastudien hervorgegangen. Dorthin konnte Ursula Lehmkuhl, zuvor Vizepräsidentin an der Universität Erfurt, mit dem Schwerpunkt US-amerikanische Geschichte des 19. und 20. Jahrhunderts berufen werden.

Keiner der Genannten war älter als 45 Jahre, der Jüngste war mit 33 Jahren zum Professor für Technische Informatik berufen worden. Trotz widriger politischer und finanzieller Umstände weist der eingeschlagene Weg auf das strategische Ziel der Freien Universität: Sicherung und Ausbau ihrer Position als junge, moderne, internationale Universität, die ihren wissenschaftlichen Beitrag zur Lösung der Probleme unserer Zeit leistet.

FU SOLL VOLLUNIVERSITÄT BLEIBEN
2003 (FU-NACHRICHTEN)

Das Land Berlin ist ökonomisch am Ende. Diese Tatsache (ver)leitete den Senat von Berlin dazu, Haushaltskürzungen in allen Ressorts zu verlangen. Bis Juni diesen Jahres überboten sich die verantwortlichen Politiker in teilweise maßlosen Forderungen, die Erwartungen des Finanzsenators Sarrazin schwankten zwischen 200 und 600 Millionen Euro Kürzung für die Berliner Hochschulen, also einer Zerstörung von zwei Dritteln der bestehenden Kapazität. Wissenschaftssenator Flierl verlangte ultimativ 100 Millionen Euro, eine Summe, die zuzüglich weiterer Belastungen 130 bis 176 Millionen Euro betragen hätte. Daraufhin verhandelten die Universitätspräsidenten direkt mit dem Regierenden Bürgermeister und erzielten das Zugeständnis, die Kürzungen bis 2009 auf 75 Millionen Euro zu drücken.

Für die Freie Universität Berlin bedeutet dies ein Gesamtkürzungsvolumen von 37 119 000 Euro. Diese Summe ergibt sich aus dem linearen Anteil an den 75 Millionen Euro Kürzung in Höhe von 23 300 000 Euro zuzüglich weiterer Belastungen, die im Laufe der nächsten Jahre entstehen werden. Dazu gehören Einzahlungen in den Fachhochschulstruktur-Fonds (4,6 Millionen Euro), Zahlungen zugunsten der Kunsthochschulen (0,5 Millionen Euro), Sanierungszahlungen für die VBL und insbesondere die Belastung, die sich aus der wachsenden Zahl von Pensionen ergibt. Das Präsidium hat zur Umsetzung dieser notwendigen Einsparungen einen Vorschlag entwickelt. Danach sollen nicht mehr als 80 bis 90 Professuren, einschließlich deren Ausstattungen, bis 2009 gekürzt werden. Darüber hinausgehende Kürzungen im Wissenschaftsbereich würden die Freie Universität als Volluniversität in Frage stellen. Deshalb sind die fehlenden 17 Millionen Euro durch Einsparmaßnahmen in verschiedenen anderen Bereichen zu erzielen. Dazu gehören die Verwaltung, Zentrale Serviceeinrichtungen, Bibliotheken, der Botanische Garten und andere Bereiche. Zur Prüfung der Möglichkeiten, hier Einsparungen vorzunehmen, finden derzeit Benchmarking-Prozesse unter Anleitung der Hochschulinformation-System GmbH statt, Abstimmungsprozesse zwischen den Universitäten für die Bereiche Bibliothek, Rechenzentren und Hochschulsport sowie aufgabenkritische Analysen weiterer Prozesse und Strukturen.

Für die Einsparungen in den Wissenschaftsbereichen müssen wir davon ausgehen, dass die Freie Universität ihren Qualitätsstandard für die verbleibenden Bereiche sichert. So ist sie soeben in der Weltrangliste vor allen anderen Berliner Universitäten auf dem 98. Platz notiert, innerhalb Berlins profitiert sie von der leistungsbezogenen Mittelvergabe wegen ihrer hervorragenden Leistungen am meisten. Die Freie Universität muss eine Forschungsuniversität bleiben, die im globalen Wettbewerb international konkurrenzfähig ist. Auf dieser Basis ist eine akademische Lehre und Nachwuchsförderung möglich, die gleichfalls auf höchstem Niveau stattfindet.

Das Präsidium hat eine größere Zahl von Prinzipien formuliert, die für die Strukturplanung gelten. So sind Bereiche, die erhebliche Stärken aufgrund von Forschungsaktivitäten aufweisen, besonders behutsam zu betrachten. Fächer, die einen viel versprechenden Beitrag zu gebündelten Zukunftsproblemen (Cluster) geleistet haben und leisten werden, müssen besonders gefördert werden. Dies gilt auch für Exzellenz im Bereich der Lehre und der Nachwuchsförderung. Zur Vermeidung von Doppel- und Dreifachangeboten findet eine Abstimmung mit den Hochschulen der Region statt. Um künftig sicher zu stellen, dass nur die Besten als Professoren und Professorinnen berufen werden, müssen Fachbereiche und Präsidium die Berufungsstrategie als gemeinsame Aufgabe wahrnehmen.

Das Präsidium geht des Weiteren davon aus, dass das derzeit gültige quantitative Verhältnis von Geistes-/Sozialwissenschaften und Naturwissenschaften (2:1) nicht verändert wird. Fächer, die nur an der Freien Universität existieren, sollen nicht geschlossen werden. Die Zentralinstitute und Fachrichtungen, deren Gegenstand große Regionen der Welt sind, zum Beispiel USA und Kanada, Lateinamerika, Osteuropa, Ostasien usw., werden nicht in Frage gestellt. Der Charité-Campus »Benjamin-Franklin« wird als integraler Bestandteil des existierenden Bio-Campus Dahlem gesehen.

Die Umsetzung der Kürzungserwartungen bedeutet, dass zwischen den Universitäten der Region eine Abstimmung darüber stattfinden muss, in welchen Fächern welche Universität eine »Gesamtversorgung« (BA-MA-Promotion) vorhält und in welchen Fächern eine Konzentration auf die Ausbildung des wissenschaftlichen Nachwuchses (MA-Promotion) stattfindet. Der Planungsvorschlag steht ferner unter der Prämisse, dass künftig Geistes- und Sozialwissenschaften sowie Lehrerausbildung nur noch an der Freien Universität und an der Humboldt-Universität angeboten werden.

Das weitere Verfahren für die Umsetzung der Sparbeschlüsse des Senats von Berlin ist durch den Wissenschaftssenator im Kuratorium vorgegeben worden: Beschlussfassung der inneruniversitären Gremien (Kuratorium und Akademischer Senat) bis zum Jahresende; Feinabstimmung, fachbezogen, zwischen den Universitäten im Januar und Februar 2004; abschließende Beschlussfassung über einen Ausstattungsplan in den universitären Gremien bis April 2004; Vorlage des Strukturplans beim Wissenschaftssenator zum 1. Juni 2004. Dieser Zeitplan erfordert eine rasche zielführende Diskussion in unserer Universität. Die Voraussetzungen dafür sind ein kooperatives Klima zwischen allen, die für Planungen und Entscheidungen verantwortlich sind, und die Entschlossenheit, die Entscheidungen nicht aus der Hand zu geben. Denn die Drohung steht im Raum: Wenn die Universitäten sich nicht einigen können, werden die Planungen extern vorgenommen.

Deshalb mein Appell: Demonstrieren wir, dass die Freie Universität mit ihrer Autonomie verantwortungsvoll umgeht und ihre Zukunft auch unter miserablen ökonomischen Bedingungen erfolgsorientiert gestalten will. Dies bedeutet jedoch nicht zu übersehen, dass die Wissenschaftspolitik des rot-roten Senats die Zukunftsfähigkeit des Wissenschaftsstandortes Berlin massiv beschädigt, die Ausbildungschancen, besonders auch der jungen Berlinerinnen und Berliner, erheblich einschränkt und die Lebensgrundlagen der Stadt in Frage stellt.

Den Tatsachen ins Auge sehen
2004 (FU-Nachrichten)

»Wahrheit ... verlangt von uns, dass wir den Tatsachen ins Auge sehen, dass wir uns von Selbsttäuschung frei machen, dass wir uns weigern, in bloßen Schlagworten zu denken.«

Diese Worte John F. Kennedys, die er am 26. Juni 1963 in unserer Universität im Rahmen seiner berühmten Rede sprach, stehen wie ein Menetekel über der Lage der Wissenschaften in Berlin.

Die Forderung nach Elite-Universitäten, die Festlegung des Bundeskanzlers auf die ein gutes Jahrzehnt alte Humboldt-Universität, die gleichzeitige Weigerung, gesetzliche Grundlagen für mehr Universitätsautonomie zu schaffen, und die Beschneidung der Berliner Universitätshaushalte – alles das sind widersprüchliche Äußerungen, die jeden klar denkenden Menschen fragen lassen: Was gilt denn nun eigentlich? Die Antwort heißt: beides.

Das bedeutet: Wir müssen in dieser widersprüchlichen Situation auch beides leisten: einen Abbau von Kapazitäten und gleichzeitig einen Aufbau von Kompetenz und Qualität. Für diesen Spagat ist die Freie Universität Berlin gerüstet. So haben die Proteste der zurückliegenden Monate verhindert, dass weitere Übergriffe auf den Wissenschaftshaushalt gestartet wurden. Nach dem Urteil des Berliner Verfassungsgerichtes war diese Befürchtung nicht unbegründet. Gleichzeitig hat das entschlossene Handeln von Kuratorium, Akademischem Senat und Präsidium gezeigt, dass die Freie Universität in Berlin die handlungsfähigste ist. Diesen Vorsprung gilt es nun zu nutzen: In Detailgesprächen zur Abstimmung zwischen den drei Berliner Universitäten wird der endgültige Ausstattungsplan entstehen, den wir entsprechend den geltenden Verträgen im Frühsommer vorlegen müssen.

Er wird die Grundlage weiterer Vertragsverhandlungen für den Zeitraum bis 2009 ausmachen. Dieser Ausstattungsplan wird mehr sein als ein nüchternes Zahlengerüst. Er wird zeigen, dass die Freie Universität Berlin hervorragende Leistungsschwerpunkte (Clusters of Excellence) in großer Zahl besitzt, mit der sie Wissensallianzen in der Region eingehen kann, mit Forschungsinstituten, Organisationen, Hochschulen und Unternehmen in Dahlem und darüber hinaus. Diese Leistungsschwerpunkte werden Anker für die Entwicklung der Wissenschaft in der Region sein.

Die Vision ist klar: Die Freie Universität Berlin wird ihre Spitzenstellung in der Stadt ausbauen und ein Festpunkt für künftige Ansiedlungen sein. Selbstverständlich wird die Freie Universität sich mit dieser Leistungsstärke um die Förderprogramme des Bundes bewerben, wenn sie denn kommen. Wir werden uns nicht irritieren lassen von der oberflächlichen Auffassung, Spitzenwissenschaft fände am erfolgreichsten in sehr alten Universitätsgebäuden statt. Diesem Vorurteil halten wir Tatsachen entgegen: Die Tatsache nämlich, dass die Freie Universität Berlin im »Ranking der Rankings« in Berlin den Spitzenplatz einnimmt, in Deutschland nach der Ludwig-Maximilians-Universität und der Universität Heidelberg auf dem dritten Platz rangiert, im Worldranking als einzige Berliner Universität unter den ersten Hundert steht. Das hat etwas mit einer weiteren Tatsache zu tun: dass die Freie Universität Berlin eine junge, leistungsstarke, moderne und dynamische Universität ist, die in modernen Gebäuden von einer teilweise atemberaubend gelungenen Architektur stattfindet.

Vielleicht sind wir in der Vergangenheit zu bescheiden aufgetreten und haben uns mehr der Wissenschaft als ihrer Propaganda gewidmet.

Deswegen müssen wir die Öffentlichkeit und die Entscheidungsträger immer wieder mit der Tatsache unserer Überlegenheit konfrontieren, damit für die Wahrnehmung unserer Universität das gilt, was Kennedy sagte:

»Truth (…) requires us to face the facts as they are, not to involve ourselves in self-deception; to refuse to think merely in slogans.«

ZUKUNFT VON ANFANG AN
2004 (FREIE UNIVERSITÄT. NEUES AUS WISSENSCHAFT UND FORSCHUNG)

Die Freie Universität Berlin zeigt ihre Zukunftspläne vor dem Horizont ihrer Geschichte

Als am 4. Dezember 1948 die Freie Universität Berlin gegründet wurde, forderte Professor Ernst Reuter, gewählter Oberbürgermeister von Berlin und Vorsitzender des Gründungsausschusses und des Kuratoriums der Freien Universität Berlin, die jungen Menschen dazu auf, die zerstörte Tradition der Friedrich-Wilhelms-Universität Unter den Linden in der Freien Universität neu zu begründen: »Zeigen Sie der Welt, dass die Berliner Universität, die einst von den Brüdern Humboldt gegründet worden ist, die der Stolz unserer Stadt gewesen ist, dass diese Universität Berlins lebt und lebendig ist.«

Dieser Verpflichtung, das moralische Erbe der Berliner Universität zu übernehmen, wurde am 6. April 1949 dadurch Nachdruck verliehen, dass die 18 Institute der am 26. Januar 1949 zur Humboldt-Universität umbenannten und drei Jahre zuvor ausdrücklich als Neugründung erklärten Universität Unter den Linden nunmehr förmlich der Freien Universität angeschlossen wurden. Damit war die Universitätslandschaft Berlins neu konturiert, und auf die Freie Universität kam eine gigantische Aufgabe zu.

Sie hat diese Pflicht mit tatkräftiger Unterstützung der freien Welt so schnell und erfolgreich vollzogen, dass ihr bereits gut fünf Jahre später, am 19. Juni 1954, ihr erstes neues Zentralgebäude mit Auditorium Maximum und Bibliothek übergeben wurde: der von der Ford-Stiftung finanzierte und nach Henry Ford II. benannte Bau, der in diesem Jahr seinen 50. Geburtstag feiert.

Dieses ist für die Freie Universität der Anlass, die Bürgerinnen und Bürger der Stadt ebenso wie die Angehörigen der Universität zu einem Moment des Innehaltens aufzufordern und sie einzuladen, auf eine bewegte Geschichte zurückzublicken, um von da aus die Zukunft der Freien Universität zu betrachten. Der Akademische Senat der Freien Universität hat aus diesem Anlass angeregt, eine große Ausstellung im Henry-Ford-Bau durchzuführen, bevor dieser nach fünfzig Jahren intensiver Nutzung einer gründlichen Renovierung unterzogen wird.

Mit Hilfe zahlreicher Sponsoren, genannter und ungenannter Unterstützer entstand in nur wenigen Monaten eine Ausstellung, die gleichzeitig eine Leistungsschau, eine historische Vergewisserung und eine Projektion in die Zukunft ist. Die Ausstellung zeigt die großen Stationen der FU-Geschichte:

- 1948, ihre Gründung
- 1968, ihre besondere Rolle in der jungen Demokratie und
- 1989 bei der Wende, als die FU ihre künftige Rolle neu definieren musste.

Eine Universität, die in der Krise entstanden ist, Krisen durchlebte und Umbrüche mitgestaltete, hat sich nach der deutschen Wiedervereinigung aufgemacht, ihre neue und gleichzeitig alte Rolle als junge, internationale, dynamische, weltoffene Spitzenuniversität neu zu definieren. In der Abteilung »Zukunftswissen/Wissenschaftslandschaft« zeigt die Ausstellung wissenschaftliche Leistungen, laufende herausragende Forschungsprojekte und den Weg der Neustrukturierung entlang großer Herausforderungen unserer Zeit, denen die Wissenschaftlerinnen und Wissenschaftler der Freien Universität in fächerübergreifenden Forschungsclustern begegnen.

Die Freie Universität befindet sich in Dahlem, dem Stadtteil, der für die Wissenschaften im ausgehenden Kaiserreich ausdrücklich als »Oxford Deutschlands« ausgewählt und entwickelt wurde. Dahlem ist deshalb auch ein Wissenschaftsstandort, der durch eine Architektur mit höchstem Anspruch gekennzeichnet ist. International angesehene Architekten haben die Freie Universität mit erbaut, seien es Georges Candilis, die Berliner Architekten Hinrich und Inken Baller oder Lord Norman Foster, dessen Bibliotheksbau wir im nächsten Jahr eröffnen. Die Ausstellung zeigt, wie die Universität im Laufe von über 50 Jahren zu einer Campus-Universität verdichtet wurde, die, ähnlich wie Stanford und Columbia in den USA, zu einem regen Campus-Leben animiert.

Ebenso wie der FU-Architektur ist deshalb auch dem studentischen und akademischen Leben eine weitere Abteilung der Ausstellung gewidmet. Der Wandel der studentischen Bekleidungsmode wird ebenso gezeigt wie die Veränderungen, die Feiern und Rituale erfahren haben, oder die Versorgung von Zehntausenden von Studenten täglich mit Dienstleistungszentren und Mensen.

Die Freie Universität war von Anfang an eine internationale Universität, nicht zuletzt dank des internationalen Beistands in schwersten Zeiten. Fast 500 000 Studenten haben hier inzwischen studiert, davon Zehntausende aus dem Ausland, insbesondere auch den USA. Das dichte Netzwerk der Verbindungen zu den internationalen Universitäten und vor allem den Ehemaligen der Freien Universität in aller Welt zeigt die Ausstellung gleichfalls in einer weiteren Abteilung.

Die Saat des Denkens und der Freundschaft ist inzwischen aufgegangen: In den USA hat sich ein FU-Alumni-Netzwerk etabliert, das mit großem Erfolg für die Freie Universität wirbt und Studierende sowie Sponsoren veranlasst, sich der FU zuzuwenden.

Unter den Ehemaligen der Freien Universität befinden sich zahlreiche Menschen, die im Laufe ihres Lebens politische Verantwortung in höchsten Ämtern übernommen haben, die renommierte Wissenschaftlerinnen und Wissenschaftler, Künstlerinnen und Künstler wurden oder bedeutsame Funktionen in Deutschland und der Welt eingenommen haben. Ihre Porträts und Lebensgeschichten werden gezeigt. Sie alle gehören zur FU-Familie.

Man kann keine Ausstellung besuchen, ohne nachdenklich zu werden. Eine interaktive Plattform erlaubt es den Besuchern, ihre Eindrücke und Auffassungen vor Ort niederzulegen und zur Diskussion zu stellen.

Ich lade die Berlinerinnen und Berliner, die interessierten Menschen aus der Region und alle Berlinreisenden ein, sich eine Stunde Zeit zu nehmen, den historischen Henry-Ford-Bau aufzusuchen und auf die Anfänge und die Zukunft der Freien Universität zu schauen. Erleben Sie in unserer Ausstellung mit der Universitätsgeschichte ein Stück der jüngsten Geschichte Deutschlands und der Welt. Sie ist Ihre Geschichte, sie ist unsere Geschichte. Herzlich Willkommen!

JEDE KRISE ALS CHANCE NUTZEN
2004 (DER TAGESSPIEGEL)

Liebe Freunde der Freien Universität Berlin,

das Jahr neigt sich dem Ende zu, unsere Kinder fiebern dem Weihnachtsfest entgegen, und wir Erwachsenen freuen uns auf ein paar Tage des Innehaltens. Auch die Menschen in der Freien Universität blicken zurück und fragen: »Was liegt hinter uns, und was wird kommen?« Viele Dinge davon betreffen auch Sie, liebe Berlinerinnen und Berliner, denn die Freie Universität ist einer der größten Arbeitgeber der Stadt. Sie ist die Campus-Universität der Hauptstadt, eine Spitzenuniversität von internationalem Format. Sie ist dieses im vergangenen Jahr geblieben, obwohl mit weiteren extremen Mittelkürzungen ein Anschlag auf die Lebensgrundlagen der Stadt verübt wurde; und weil die FU mit ihrem hoch qualifizierten Personal getan hat, womit sie immer erfolgreich war – jede Krise als Chance zu nutzen.

Deshalb hat die Freie Universität in diesem Jahr die internationalen Bachelor- und Master-Studiengänge eingeführt, ihre eingeworbenen »Drittmittel« nochmals um elf Prozent gesteigert, ihr internationales Ansehen erweitert.

Um diesen Weg jedoch fortzusetzen, benötigt die FU Autonomie, das heißt Unabhängigkeit von den alltäglichen Einmischungsversuchen der Politik. Wenn die Freie Universität in den Rang der 20 Weltspitzenuniversitäten aufsteigen soll, dann muss sie wie diese geführt werden können: unternehmerisch, nach Regeln, wie sie anderen ehemaligen Staatsbetrieben inzwischen eingeräumt werden. Die Berliner Hochschulen werden erfolgreich sein, wenn Legislative und Exekutive sich mit Diktat und guten Ratschlägen zurückhalten und stattdessen mit uns Ziele vereinbaren: Forschungserfolge, ansehnliche Zahlen hochqualifizierter Absolventen und eine hohe öffentliche Wirksamkeit bei der Beratung von Institutionen und Organisationen und bei der Umsetzung von Forschungsergebnissen, die allen nützen: unserer Gesundheit, unserer Wohlfahrt und der Bildung unserer Kinder.

Soeben haben das Bundesverfassungsgericht und der Verfassungsgerichtshof von Berlin dem Berliner Gesetzgeber ins Stammbuch geschrieben, wo die Rechte des Staates enden. Seit der Gründung der Berliner Universität von 1810, in deren Tradition die FU errichtet wurde, galt: Wissenschaft kann nur in »Einsamkeit und Freiheit« gedeihen. Sie folgt ihrer eigenen Logik, man muss ihr Raum und Zeit geben, sich zu entfalten. In diesem Raum wuchsen die großen Erfolge, die mit Nobelpreisträgern wie Albert Einstein, Otto Hahn oder Ernst Ruska verbunden sind.

Wir möchten, dass die FU ihre Tradition fortsetzen kann als Campus-Universität der Hauptstadt, international, jung und dynamisch. Wenn Sie in Ihrem Wirkungskreis dazu durch Argumente und Entscheidungen beitragen können, ist dieses eine Hilfe für Ihre Freie Universität, für die Zukunft der Wissenschaft in Berlin, im Blick auf eine bessere wirtschaftliche Zukunft und für unsere Kinder und Enkelkinder. Mit Ihnen werden viele von uns ganz bewusst dieses christliche Fest begehen. Dafür gelten Ihnen die guten Wünsche Ihrer Freien Universität Berlin.

Autonomie jetzt!
2005 (Freie Universität. Neues aus Wissenschaft und Forschung)

Liebe Leser und Leserinnen des Tagesspiegels, liebe Freunde der Freien Universität!

Wissen Sie, wie schwierig es geworden ist, Spitzenwissenschaft in Berlin zu betreiben? Wissen Sie, wie mühsam es geworden ist, für die Menschen in diesem Land zu forschen, für ihre Gesundheit, für bessere Lebensbedingungen, für eine wirtschaftlich erfolgreiche Zukunft im internationalen Wettbewerb, wie schwierig, junge Menschen dieser Stadt für akademische Berufe auf internationalem Niveau auszubilden, damit sie eine gute berufliche Chance haben?

Ich rede nicht vom Geld. Die seit Jahrzehnten erfolgte notorische staatliche Unterfinanzierung der Universitäten ist ein schwerwiegendes Vergehen an der Zukunft unserer Kinder und Enkelkinder, an unserer aller Zukunft.

Ich rede von der Freiheit der Wissenschaft. Wenn man Wissenschaften nicht ausreichend finanziert, muss man ihnen wenigstens die Möglichkeit geben, sich die erforderlichen Geldmittel woanders zu beschaffen. Doch die Geldgeber erwarten zwei Dinge: erstens: Sicherheit. Wenn z. B. nicht sicher ist, ob ein Laborgebäude künftig noch der Universität zur Verfügung steht, riskiert niemand sein Geld für einen Forschungsauftrag. Die Berliner Politik möchte jetzt aber den Hochschulen die Gebäude wegnehmen und sie zentral verwalten und vermieten lassen. Die Hochschulen sollen ihre eigenen Gebäude mieten!

Zweitens: Sicherheit. Wenn ein Unternehmen oder eine Stiftung Forschungsmittel für viele Jahre binden soll, dann muss sicher sein, dass sich die Bedingungen nicht ändern, die für die sachgerechte Verwendung der Mittel erforderlich sind. Das heißt: Es muss sicher sein, dass persönlich verantwortliche Forscher und nicht anonyme Gremien über das Geld verfügen.

Wenn man diese Bedingungen erfüllen will, muss man den Universitäten völlige Autonomie geben. Sie müssen über ihre Grundstücke und Gebäude verfügen, ihre Professoren und Professorinnen selbst berufen, über ihr Budget nach kaufmännischen und nicht nach bürokratischen Regeln verfügen, schnelle, flexible Entscheidungen mit persönlichen Verantwortlichkeiten treffen können.

Das Land Hessen hat es vorgemacht: Der TU Darmstadt sind diese Rechte auf ihren eigenen Wunsch eingeräumt worden. In Berlin, das in der Hochschulpolitik mit den Hochschulverträgen einmal die Nase vorn hatte, gilt das leider nicht. Ganz im Gegenteil müssen die knappen Freiräume jeden Tag mühsam verteidigt werden, um nicht auf überholte zentralistische Staatsideen zurückzufallen.

Die Berliner Hochschulen sind bereit, sich der internationalen Herausforderung zu stellen: Die Weltspitzenuniversitäten werden unternehmerisch gesteuert. Die Politiker der Länder, in denen sie stehen, denken im Traum nicht daran, ihnen irgendwelche Vorschriften zu machen. Dabei erhalten zum Beispiel selbst die so genannten »privaten« TOP-Universitäten in den USA jeweils dreimal so viel staatliche Mittel wie die Berliner Universitäten. Dort genügt es, Leistungsziele zu vereinbaren. Den Weg zu den Leistungen überlässt man den Hochschulen. Diese Haltung erwarten die Berliner Hochschulen, wenn jetzt die ausgehandelten Verträge im Berliner Senat und im Abgeordnetenhaus zur Entscheidung anstehen. Wer heute nicht als absolutistischer Monarch dastehen möchte, kann sich nicht darauf beschränken, Gedankenfreiheit zu gewähren. Das Gebot der Stunde heißt: Geben Sie Handlungsfreiheit, Sire!

Freie Humboldt-Universität? Nein danke.
Eine Fusion der Berliner Universitäten wäre schädlich für alle Beteiligten
2005 (Der Tagesspiegel)

In diesen Tagen wird eine weitere deutsche Bank in fremdes Eigentum übergehen. Fast 10 000 Arbeitsplätze werden vernichtet. Das Geschäftsziel der Bank wird geändert. Die Privatkunden bangen um ihre Einlagen.

Was hat das mit der Idee des Vorstandsvorsitzenden der Charité zu tun, alle Berliner Universitäten zu fusionieren, die er gestern im Tagesspiegel dargelegt hat? Möchte Detlev Ganten Arbeitsplätze vernichten? Möchte er die Steuerung der Universitäten in fremde Hände geben? Sind also die Motive die gleichen wie in München, als die Fusionskrankheit einige Wochen grassierte, dann aber durch die Landesregierung erfolgreich bekämpft wurde: finanzielle Engpässe kaschieren, Effektivitätsgewinne simulieren und Größenwahn ausleben.

Diese Argumente gegen eine Fusion haben in München gewirkt: Man darf Traditionsuniversitäten nicht vernichten. Eine »Freie Humboldt-Universität« schlägt sowohl den Terroropfern und Gründern der Freien Universität Berlin ins Gesicht als auch den erfolgreichen Bemühungen der Humboldt-Universität, in die Spitzengruppe aufzusteigen. An die tüchtige Technische Universität ist offenbar schon gar nicht mehr gedacht worden.

Monster-Universitäten von über 100 000 Studierenden sind nicht steuerbar. Als die Freie Universität Berlin noch 65 000 Studenten hatte, steckte sie in erheblichen Problemen. Fusionen erzeugen Mehrkosten, allein schon durch den hohen Abstimmungsbedarf zwischen den Teileinrichtungen. Die größte Universität der Welt, die Berlin dann hätte, wäre nicht die beste, sondern die größte. Das Personal wäre damit beschäftigt, wie im Falle der BMW-Rover-Fusion die gewaltigen Auffassungsunterschiede über den Zweck des Unternehmens zu bearbeiten. Das Ende ist allen bekannt: Rover existiert nicht mehr, um ein Haar hätte es auch BMW das Leben gekostet. Soweit zu München.

Und die Welt? Ganten gibt sich als Experte und verweist neben London und Paris nicht auf Tokio mit seinen 360 Universitäten, sondern ausgerechnet auf Kalifornien und das so genannte

University of California System. Die beste Universität Kaliforniens ist die Stanford University. Sie hat im vergangenen Jahr allein drei Milliarden Dollar durch das Patent der Google-Erfinder eingenommen, an dem sie partizipiert. Stanford gehört aber nicht zum kalifornischen System, sondern zehn andere Universitäten, die über mehrere tausend Kilometer in einem Staat verteilt sind, der mit über 30 Millionen Einwohnern zehnmal so groß ist wie Berlin. Eine Vergleichbarkeit ist also nicht gegeben. Die Folgen kann man allerdings schon vergleichen: Das System ist ökonomisch ins Trudeln geraten. Großunternehmen wie Hewlett Packard haben die Zusammenarbeit eingestellt, weil sie ineffektiv war.

Ganten führt außerdem an, dass in Berlin eine Diskrepanz zwischen innovativen Konzepten und ihrer politischen Umsetzung herrsche. Das mag wahr sein. Aber es ist nicht die Aufgabe von Universitäten, sich an die Stelle der gewählten Volksvertreter zu setzen. Auch das Argument, man könne Forschungseinrichtungen wie die der Leibniz-Gemeinschaft und die Max-Planck-Institute eingemeinden, verkennt die Verfassungsgrundlagen unserer Republik: Das Land Berlin kann sich nicht der Einrichtungen bemächtigen, die dem Bund gehören.

Und dann zieht Ganten den Joker: Die Zusammenlegung der Berliner medizinischen Fakultäten unter dem Dach der Charité-Universitätsmedizin Berlin sei bereits der gelungene Neuanfang. Der Optimismus des Autors mag 2003, als er diesen Text zum ersten Mal schrieb, ein Jahr vor der Übernahme der Verantwortung für die Charité, berechtigt gewesen sein. Heute sind viele der befürchteten Fusionsfolgen bereits eingetreten: Im Jahre 2004 ist der Fehlbetrag der Charité von 20,1 auf 67,5 Millionen Euro gestiegen. Der Personalabbau blieb hinter den Zielwerten zurück. Die Einrichtung eines gemeinsamen EDV-Systems verursachte einen Investitionsbedarf in Millionenhöhe. Zur Sanierung des Haushalts wurden 40 Millionen aus Tarifergebnissen eingesetzt, die mit den Gewerkschaften noch nicht verhandelt waren. Personen aus der mittleren Leitungsebene werden außertarifliche Verträge angeboten, und die Beschäftigung eines ehemaligen Majors der Staatssicherheit in Führungsfunktion wird u. a. damit begründet, dass ein besonderer Bedarf an Rigidität bestehe.

Einen solchen Bedarf haben die Berliner Universitäten nicht. Was die Berliner Universitäten benötigen, ist Autonomie, damit sie ihre Verpflichtungen verantwortungsvoll wahrnehmen können,

Planungssicherheit und das Vertrauen der Berliner in ihre Spitzenwissenschaft, wie es sich zuletzt in ihrem Rekord-Zuspruch in der »Langen Nacht der Wissenschaften« ausgedrückt hat. Was die Berliner Universitäten nicht benötigen, sind Ratschläge zu Entwicklungen, die anderswo gescheitert sind und die ihre Mitglieder in ein neues Planungschaos stürzen und sie schließlich davon abhalten, das zu tun, wofür sie da sind: unsere Lebensbedingungen zu verbessern.

Wir freuen uns
2006 (Der Tagesspiegel)

Die Freie Universität Berlin ist innerhalb kürzester Zeit aus einer Außenseiterposition in die Gemeinschaft der zehn deutschen Spitzenuniversitäten aufgestiegen. Das zeigt nicht nur die Tatsache, dass die Freie Universität Berlin zu den zehn deutschen Universitäten gehört, die in der jetzt beendeten ersten Phase des so genannten Exzellenzwettbewerbs in die Endausscheidung gekommen ist. Auch in dem unlängst veröffentlichten DFG-Förder-Ranking gehört sie zu den ersten zehn. Im Ranking des Times Higher Education Supplement, an dem sich die internationale »scientific community« orientiert, rangiert sie auf Platz fünf der deutschen Universitäten.

Diese Liste ließe sich fortsetzen. Schreibt man alle Rankings untereinander und schaut, wie oft unsere Universität unter den ersten zehn ist, dann bekäme sie den ersten Platz.

Wir freuen uns: Im Rahmen des Wettbewerbs hat die Freie Universität Berlin eine Graduiertenschule für North American Studies im John-F.-Kennedy-Institut eingeworben. Sie ist beteiligt an der gemeinsamen mit der Technischen und der Humboldt-Universität beantragten »Berlin Mathematical School«. Und: Das Begutachtungsergebnis für das Gesamtkonzept der Universität ist hervorragend. Nicht die Spur eines Grundes also, entmutigt zu sein, sondern eine Bestätigung des Zukunftsweges.

Was bedeutet das für die Studierenden, die in diesem Wintersemester ihr Studium aufnehmen und für die, die bereits an dieser Universität studieren? Was hat ein Wettbewerb, der sich ausschließlich auf Forschung und die Ausbildung des Wissenschaftlernachwuchses bezieht, mit Studierenden der Betriebswirtschaft, der Pharmazie oder Germanistik zu tun? Außerordentlich viel, denn der Wettbewerb hat das wissenschaftliche Personal im Zusammenhang der Ausarbeitung ihrer Anträge zu neuen Höchstleistungen veranlasst, wovon die Studierenden jetzt profitieren. Denn die Zuspitzung von Fragestellungen von wissenschaftlicher und gesellschaftlicher Relevanz und der neu entstandene Teamgeist werden im Alltag der akademischen Lehre stärker spürbar sein. Die Wissenschaftlerinnen und Wissenschaftler der Freien Universität Berlin lehren auf dem aktuellsten Stand ihrer Fächer, auf Exzellenzniveau und mit dem klaren Blick für die Verantwortung, die sie gegenüber der Gesellschaft haben, die das Unternehmen Wissenschaft finanziert.

Und: Sie studieren an einer deutschen Spitzenuniversität. Diese Tatsache ist nicht erst durch den Wettbewerb entstanden, das galt schon länger. Aus diesem Grunde haben Absolventen der Freien Universität Berlin beste Berufschancen, wie Verbleibsstudien der Vergangenheit es zeigen. Nahezu einhundert Prozent der Absolventen haben innerhalb des Jahres nach ihrem Abschluss ein Beschäftigungsverhältnis und fast 20 Prozent – übrigens die höchste Zahl in Deutschland – werden als Unternehmensgründer tätig. Aus diesem Grunde bringt auch die Wirtschaft der Freien Universität Berlin großes Vertrauen entgegen. Soeben spiegelt sich dieses in der Zuerkennung des Academic Institutions Award 2006, der die Freie Universität Berlin neben der Ludwig-Maximilians-Universität als diejenige mit der größten Medienresonanz, insbesondere auch in Wirtschaftsmedien, ausweist.

Beste Voraussetzungen also für Sie, die neu Immatrikulierten, optimistisch und entschlossen das Studium an der Freien Universität Berlin aufzunehmen, wozu ich alle herzlich willkommen heiße.

Die Dokumente des Holocaust
2006 (Der Tagesspiegel)

Aus der Filmrezeptionsforschung wissen wir, dass Menschen auf ganz unterschiedliche Weise einen Film verarbeiten. Dies gilt besonders für die Darstellung des Todes. Wir wissen, dass jüngere Menschen eher als ältere Distanzierungsformen gegenüber dem dargestellten Tod entwickeln und dass männliche Jugendliche und junge Erwachsene dieses eher tun als Mädchen und junge Frauen. Die einen lassen sich mehr auf die Geschichte ein als die anderen, die sich emotional »in Sicherheit bringen«, indem sie die Geschichte als Fiktion betrachten und sich mit dem Blick auf die Machart, die Leistung der Schauspieler und des Regisseurs so entfernen, dass sie für ihr Verhalten keine Konsequenzen ziehen müssen.

Wer »Schindlers Liste« gesehen hat, weiß, warum dieser Film Steven Spielbergs ein Meisterwerk ist. Zumindest die Älteren unter uns können die Augen kaum auf der Leinwand halten angesichts dessen, was sie sehen. Aber wird das für einen jungen Menschen in zwanzig, dreißig oder fünfzig Jahren noch genauso sein, dass er erstarrt, wenn er den Lagerkommandanten zum Zeitvertreib aus seinem Schlafzimmerfenster auf die Menschen draußen schießen sieht? Oder werden sie sich verhalten wie routinierte Filmbetrachter und so das Gesehene als Fiktion verbuchen?

Steven Spielberg wollte es nicht darauf ankommen lassen. Er hat die Sammlung von fast 52 000 Interviews mit Überlebenden des Holocaust angeregt und angeleitet, die für amerikanische Wissenschaftler und Wissenschaftlerinnen zu ihrer Forschung zur Verfügung stehen. Für Menschen auf dem Kontinent, auf welchem das Entsetzliche geschah, war der Zugang zu diesen authentischen Dokumenten nicht leicht. Auch mochte sich die Frage stellen, an welcher Wissenschaftseinrichtung in Deutschland ein solcher Zugang am ehesten angemessen sein würde. Die Shoah Foundation hat die Entscheidung getroffen, dass dieses die Freie Universität Berlin ist, die als Nachkriegsgründung wie keine Zweite Kristallisationspunkt der Folgen der unbeschreiblichen Verbrechen geworden ist: Als freie Universität gegen politische Unterdrückung und Verfolgung von Studierenden gegründet, von denen viele wegen ihrer Herkunft während des Nationalsozialismus nicht studieren durften, war sie von Beginn an Lehrstätte für namhafte jüdische Gelehrte, die aus dem Exil nach Berlin zurückkamen und die Universität prägten und – unter anderem auch als Rektoren – gestalteten.

Die Freie Universität hat diese Würdigung durch die Shoah Foundation und die damit verbundene Verpflichtung vor dem Horizont der deutschen Geschichte gern und mit Ernst angenommen.

Exzellent – Horizontale Kooperation
2007 (Freie Universität. Neues aus Wissenschaft und Forschung)

Seit dem 12. Januar werden wir immer wieder angesprochen von freundlichen Zeitgenossen, die ihre Anerkennung und ihre Freude zum Ausdruck bringen. Das macht Mut und erfüllt uns mit Dank. Aber es ängstigt auch. Denn was bedeutet das Zwischenergebnis in der zweiten Staffel des Exzellenzwettbewerbes der Hochschulen, dass die Freie Universität Berlin aufgefordert wurde, für drei Cluster, zwei Graduiertenschulen und ihr Zukunftskonzept die Hauptanträge zu stellen?

Die Ideenskizzen für Forschungsschwerpunkte und die Ausbildung des wissenschaftlichen Nachwuchses sowie die Konzeption für die zukünftige Entwicklung der Freien Universität Berlin als Internationale Netzwerkuniversität wurden für interessant und entwicklungsfähig genug gehalten, dass eine Ausarbeitung als Hauptantrag lohnenswert erscheint. Und: Die Antrag stellenden Wissenschaftler sowie die gesamte Universität werden gewertet als potenzielle Garanten für eine exzellente Entwicklung. Richtig: Damit gehört die Freie Universität Berlin zu den Universitäten, die in diesem Wettbewerb oben anstehen. Aber eine darüber hinausgehende Vorentscheidung für den Oktober dieses Jahres ist das nicht. Die Wettbewerber sind ernst zu nehmende Konkurrenten. Die Entscheidungen werden wissenschaftsbasiert sein. Aber wir wissen noch nicht, welche Rolle die Politik am Ende dabei spielen wird.

Die Wettbewerbsregeln sehen vor, dass bei der Beantragung von Clustern und Graduiertenschulen nahe beieinander liegende Universitäten kooperieren können und sollen. Das Problem der Zurechnung der Leistungen scheint gelöst. Das erleichtert die Zusammenarbeit in der Stadt, die wie keine zweite auf einen Erfolg in diesem Wettbewerb wartet und um ihrer Zukunft Willen auch auf diesen angewiesen ist. Aus diesem Grunde muss alles unternommen werden, um beide Universitäten, die im »Schlussrennen« sind, zum Ziel zu führen. Das geht durch Konzepte, die die besondere sachliche und kollegiale Verbundenheit der Humboldt-Universität und der Freien Universität zum Ausdruck bringen, wie sie seit über zehn Jahren zwischen den Forscherinnen und Forschern auch tatsächlich gelebt wird. Es bleibt zu wünschen, dass diese außergewöhnliche Situation einer Stadt, die gleichzeitig Bundesland und deutsche Hauptstadt ist, verständlich gemacht werden kann. Der Münchener Doppelerfolg lässt hoffen.

Kontraproduktiv sind dabei Ideen vom Typus: »Wenn beide Universitäten so gut zusammenarbeiten, kann man sie ja auch fusionieren.« Besonders befremdlich sind Vorschläge, die ausgerechnet von Personen artikuliert werden, die glauben, etwas von Wirtschaft zu verstehen. Klar: Das Milchmädchen denkt, wenn zwei Milchläden zu einem zusammengefasst werden, dann kann man die Milch billiger einkaufen. Richtig. Aber die Zahl der Milchkunden steigt dadurch nicht. Und: Die Milch wird auch nicht besser. Im Gegenteil: Zwei Milchmädchen fühlen sich sicher, weil es kein drittes gibt, und geben sich beim Milchverkauf keine Mühe. Dabei bedenken sie nicht, dass in Kürze eines der Milchmädchen seinen Job verlieren wird, weil der groß einkaufende Milchladen auf Milchautomaten umstellt. Schön, wird man sagen, wenn die Milch billiger wird. Indessen: Bildung ist keine Milch, sondern ein Premiumprodukt, komplexer noch als ein hoch technischer PKW. Die Kraftfahrzeugindustrie ist deshalb intelligenter als fusionsverliebte Milchmädchen: So produzierten Volkswagen und Ford gemeinsam eine Großraumlimousine, die so interessant war, dass Seat auch noch mitgespielt hat. Ökonomen nennen das »Horizontale Kooperation«. Das ist exakt das, was die beiden Berliner Universitäten, die Freie Universität und die Humboldt-Universität, miteinander tun. Optimierung der eigenen Arbeit und der Qualität bei gleichzeitiger Erhaltung der Wettbewerbssituation. Das darf man nicht aus dem Auge verlieren, insbesondere Milchkunden nicht, wenn man ihnen suggerieren möchte, mit Bildung, Wissenschaft und Forschung sei es wie mit der Milch. Und Milchkunden sollten ein Datum kennen: 75 Prozent aller Fusionen von Unternehmen führen zur Liquidation eines oder beider. Es kann sein, dass Milch dann knapp wird.

Internationalisierungsstrategien der Freien Universität Berlin
2007 (Aussenwissenschaftspolitik – Wissenschaftsaussenpolitik)

Etliche große internationale Research Universities verfügen über ein mehr oder minder großes Netzwerk eigener Filialen. Häufig dienen diese aber nur dem Zweck, die eigenen Studierenden außerhalb des Mutterlandes in relativ geschlossenen Auslandseinrichtungen als Bestandteil des Kerncurriculums auszubilden. Die Freie Universität geht über diese Konzeption weit hinaus.

So konnte eine Reihe der Aufgaben klassischer Universitätsfilialen exemplarisch in der ersten Zweigstelle der Freien Universität in New York erprobt werden. Vor dem Hintergrund der exklusiven Beziehungen zu den USA hat die Freie Universität im Jahre 2003 eine amerikanische Freundesgesellschaft, »Friends of Freie Universität Berlin«, gegründet, die innerhalb eines Jahres nach der Gründung zu mehr als 600 Alumni der Freien Universität Kontakt aufnahm und von ihrem New Yorker Büro im Deutschen Haus aus Friends- und Fundraising-Kampagnen in den USA mit großem Erfolg durchführt. Diese Basis konnte im Rahmen von Abendveranstaltungen auch für die Darstellung von Forschungsleistungen genutzt werden, wenngleich zunächst noch der Fundraising-Gesichtspunkt im Vordergrund stand. Aufgrund der erfolgreichen Pilotierung dieser Initiative hat die Freie Universität in 2005 auch ein wissenschaftliches Büro zusammen mit der Ludwig-Maximilians-Universität München (LMU) gegründet, mit der sie sich zur »German University Alliance« zusammengeschlossen hat, und beginnt, die genannten Aufgaben von Universitätsfilialen durchzuführen.

An dem im September 2005 im Zusammenhang mit der Eröffnung des vom DAAD geförderten und von der Freien Universität federführend betreuten »Zentrums für Deutschlandstudien« an der Peking Universität ist eine weitere Verbindungsstelle in Kooperation mit der Humboldt-Universität eingerichtet worden. Ein vergleichbares Verbindungsbüro arbeitet seit 2003 in Moskau. Geplant ist die Errichtung weiterer Filialen in: Dubai, Sao Paulo, New Delhi.

Die Orte sind mit Bedacht gewählt. Sie repräsentieren die geopolitischen Foci, auf die sich die Area Studies der Freien Universität konzentriert haben: Nordamerika, Lateinamerika, Osteuropa, Ostasien, Vorderer Orient.

Für den Förderungszusammenhang im Rahmen der dritten Förderlinie des Exzellenzwettbewerbs sollen diese Verbindungsbüros gemeinsam mit der in der FU zu errichtenden Leitstelle die Grundlage für die Intensivierung und Absicherung der internationalen Forschungskooperation im Rahmen des FU-Clusterkonzepts, exklusiver Forschungskonferenzen wie den renommierten Dahlem Konferenzen und der Ausbildung des wissenschaftlichen Nachwuchses dienen. So ist die Freie Universität durch ihre vielgestaltigen internationalen Partnerschaften in der Forschung vernetzt.

Das Konzept der Zweigstellen ist insofern aufgesetzt als gezielte Maßnahme in einer national und im europäischen Maßstab schwierigen Situation, wie sie mit dem so genannten »brain drain« gegeben ist. So geht die EU-Kommission davon aus, dass rund 450 000 europäische Wissenschaftler(innen) den EU-Raum zu mehr oder minder dauerhafter Arbeit im Nicht-EU-Ausland verlassen haben. Für Deutschland ist von ca. 25 000 Doktoranden die Rede, die allein in die USA ausgewandert sind. Das Institute for International Education, USA, zählt jährlich 5 500 neue deutsche Doktoranden in den USA. 14 % aller deutschen Postdocs befinden sich ebenfalls dort. Als Motive werden in einer Untersuchung des Stifterverbandes für die Deutsche Wissenschaft die Möglichkeit der Arbeit an einer renommierten wissenschaftlichen Einrichtung genannt, die vertiefte Beschäftigung mit einem spezifischen Forschungsthema und bessere Karrieremöglichkeiten.

Die gleiche Untersuchung hat nun allerdings ergeben, dass dieselben Motive von ausländischen Wissenschaftler(inne)n genannt werden, die in Deutschland arbeiten möchten. Und: Es gibt keine empirische Evidenz dafür, dass »Inhalte, Niveau und Leistungspotentiale der deutschen Wissenschaft und Forschung (…) einem brain gain hinderlich entgegenstünden.« Daraus folgt, dass eine strategisch gezielte Attrahierung hochqualifizierter Wissenschaftler(innen) des Auslands das Mittel der Wahl in einer demographisch problematischen und durch Abwanderung dramatisierten Situation sein muss. Die Freie Universität bietet sich aufgrund ihrer besonderen Position in den internationalen Netzwerken deshalb in hervorragender Weise für derartige »brain gain«-Prozesse an.

Entwicklungsziele

Im Rahmen ihres Zukunftskonzepts im Exzellenzwettbewerb plant die Freie Universität Berlin ein Zentrum für Internationalen Austausch, um die bisherigen internationalen Aktivitäten der Universität strategisch auszuweiten. Das Zentrum mit seinen Zweigstellen erfüllt dabei folgende Funktionen:

- Die Zweigstellen sind Orte der Durchführung von hochrangigen wissenschaftlichen Veranstaltungen, in denen die Exzellenzcluster der Freien Universität und andere Qualitäten in Forschung und Lehre bekannt gemacht werden.
- Die Zweigstellen attrahieren junge Nachwuchswissenschaftler(innen) und motivieren sie für ein Studium an der Freien Universität.
- Die Zweigstellen sind Stützpunkte für die Attrahierung von hochqualifizierten Wissenschaftlern im Rahmen der Berufungsstrategie.
- Die Zweigstellen fungieren als Alumnibüros, um die Ehemaligen zu betreuen und in das internationale Netzwerk der FU einzubeziehen.
- Die Zweigstellen führen Ausstellungen mit Forschungsergebnissen der Freien Universität durch.
- Die Zweigstellen veranstalten Summer Schools im Rahmen der Arbeit der DRS.
- Die Zweigstellen vermitteln Forschungs- und Kommunikationskontakte besonders auch für junge Wissenschafter(innen) im Ausland.
- Die Zweigstellen sind Orte der Durchführung von Studien für herausragende Studierende der Freien Universität.
- Die Zweigstellen können besonders begabten ausländischen Studierenden vor deren Aufnahme eines Studiums an der Freien Universität die erforderliche Vorbereitung, z. B. Sprachkurse, zukommen lassen.
- Die Zweigstellen fungieren als »Clearingstellen« für die Durchführung gemeinsamer Elitestudien mit ausländischen Universitäten. Als Ziel für die Erfolgsmessung dieses Konzepts orientiert sich die Freie Universität Berlin an folgenden Benchmarks:

- Erhöhung des durch die Zentren attrahierten Anteils an exzellenten ausländischen Bewerbern um Positionen an der Freien Universität.
- Erhöhung des durch die Zentren attrahierten Anteils exzellenter ausländischer Promovenden.
- Erhöhung der Anzahl von Forschungsprojekten mit deutsch-internationaler Beteiligung.

Endlich!
2007 (Der Tagesspiegel)

Heute ist es soweit: Die Freie Universität Berlin feiert einen ganzen Tag lang die Wiedereröffnung des Henry-Ford-Baus nach dessen Grundsanierung. Wer in den letzten Monaten an der Baustelle vorbeiging, sah es schon: Das erste große Gebäude, das für die Freie Universität zwischen 1952 und 1954 errichtet wurde, gewann Monat für Monat an Gestalt – an seiner ursprünglichen Gestalt. Zuerst wurde der wilde Baumbewuchs entfernt, damit die markante Fassade des Baus von Franz Heinrich Sobotka und Gustav Müller überhaupt wieder sichtbar wurde. Beseitigt und verlegt wurden auch Fahrradständer, Schranken und Schilder, die in den zurückliegenden Jahrzehnten ohne Gefühl für Ästhetik um das Gebäude herum platziert worden waren.

Die Fassade wurde nach vielen Wasserschäden saniert, ebenso das Dach, die Heizung umweltgerecht modernisiert, die verkommene Bestuhlung der Hörsäle ausgetauscht, die Technik den heutigen Vorschriften und Bedürfnissen angepasst und: Die Innenarchitektur des Henry-Ford-Baus wurde in seiner ursprünglichen Struktur wiederhergestellt. Denn auch hier war in den letzten Jahrzehnten gesündigt worden: Fenster verschlossen, Glaswände zugeklebt, Sichtbeziehungen verstellt. Kurzum: ästhetische Gedankenlosigkeit allenthalben. Pragmatischer Funktionsegoismus ging eben vor.

Urteilen wir nicht, sondern besuchen wir den Henry-Ford-Bau am Tag seiner Eröffnung oder danach, und genießen wir die Wiederherstellung einer Idee: Diese Idee hieß Rückkehr zur Moderne, zu Licht, zu Transparenz. Der Mensch in der Mitte einer zurückhaltenden, aber klaren Architektur, wie sie durch das Bauhaus konzipiert wurde.

Neu ist die Einrichtung einer Dauerausstellung »Zukunft von Anfang an« zur Geschichte der Freien Universität im Galeriesaal des ersten Stocks, der wieder zugänglich gemacht wurde und dem der Name »Otto-H.-Hess-Saal« gegeben wird. Otto H. Hess war ein entscheidender Impulsgeber für die Gründung der Freien Universität Berlin. Sein Name steht für ein zentrales Stück Universitätsgeschichte in Deutschland: von den Nazis verfolgt – ein mutiger Opponent gegen die kommunistische Politisierung der Universität Unter den Linden – Relegation von der Universität – Studentenvertreter und Gesprächspartner Ernst Reuters und Edwin Redslobs in der Gründungsphase der Freien Universität in Dahlem. Und es gibt eine weitere Ehrung: Das Auditorium maximum wird nach Max Kade benannt. Seiner Stiftung verdankt die Freie Universität aufgrund einer außerordentlich großzügigen Spende die Möglichkeit, das Auditorium maximum wiederhergestellt zu haben nach über 50 Jahren der Nutzung in manchmal bewegten Zeiten. Die Mittel der Max-Kade-Stiftung und zahlreiche Einzelspenden konnten durch unsere Alumni-Organisation in den USA, »Friends of Freie Universität Berlin«, zusammengetragen werden, so dass möglich wurde, was nun Wirklichkeit ist: Die Freie Universität Berlin hat ihren historischen Zentralbau wieder in Besitz genommen. Eine Stunde des Dankes. Er gilt denjenigen, die die finanziellen Grundlagen geschaffen haben. Er gilt denen, die mit hoher Sensibilität für ein architektonisches Meisterwerk den Rekonstruktionsprozess geplant und begleitet haben. Er gilt denjenigen, die die Pläne umgesetzt haben mit ihren Händen.

Ein epochales Ereignis für die Freie Universität, die wie keine zweite in ihrer Architektur Spiegel von deren Geschichte ist – eine Geschichte des Kampfes gegen kommunistische Unfreiheit, eine Geschichte des Luziden, eine Geschichte ästhetischer Kühnheit, die im September 2005 mit der Eröffnung des Bibliotheksgebäudes von Lord Norman Foster, »The Berlin Brain«, einen vorläufigen Höhepunkt gefunden hat.

Kommt und schaut!

Schlag auf Schlag
2007 (Der Tagesspiegel)

Hätte die Freie Universität einen Chronisten, so würde das zurückliegende Semester ihm viel Arbeit gebracht haben. Während die Wissenschaftler der Freien Universität zu insgesamt neun Anhörungen im Rahmen des Exzellenzwettbewerbs unterwegs waren, stand die Universität keineswegs still. Eine Kette von Ereignissen hielt uns in Atem: die Verleihung des Zertifikats »familiengerechte Hochschule« des Bundeswirtschafts- und Bundesfamilienministeriums, die Auszeichnung der Freien Universität als erfolgreichste »Ideenschmiede« im Rahmen des Businessplan-Wettbewerbs Berlin-Brandenburg, die Übergabe einer neuen Stiftungsprofessur durch die Bundesdruckerei, der Besuch des Bundespräsidenten, der erste Spatenstich für das neue Hotel- und Konferenzzentrum des Star-Architekten Helmut Jahn, die Eröffnung der Dahlem Research School mit einer Festrede des Nobelpreisträgers für Chemie, Richard Ernst, die Gründung des Zentrums für Schulkooperationen – um nur einige der vielen Ereignisse zu nennen.

Besser kann Kontinuität sich nicht zum Ausdruck bringen als dadurch, dass die Dynamik der Ereignisse ungebrochen anhält. Gleichzeitig sind sie in ihrer Unterschiedlichkeit Ausdruck für das, was auch das Programm der gerade begonnenen Amtszeit des neuen Präsidiums sein wird.

So steht die Stiftung und erste Verleihung des Freiheitspreises an den Friedensnobelpreisträger Kim Dae Jung für den Platz der Freien Universität in einer kleiner werdenden Welt, deren wachsende Konflikte gelegentlich als Bestandteil eines Globalisierungsprozesses bezeichnet werden. In dieser von Unsicherheit, aber auch Chancen gekennzeichneten globalen Entwicklung kommt es darauf an, dass die höchste Errungenschaft über zweihundertjähriger Bemühungen um die Etablierung der Menschenrechte weltweit auch durch eine akademische Institution gewürdigt wird: der Kampf für die Freiheit des Einzelnen durch einzelne Männer und Frauen im Interesse aller Menschen. Es gibt keine zweite Universität, die dafür prädestiniert wäre, weil in ihr Gedächtnis der Kampf um Freiheit so eingetragen ist, dass dieses Gut mit ihr identisch ist.

Freiheit ohne Gerechtigkeit ist keine Freiheit, sondern Libertinage. Deswegen sind wir stolz darauf, uns »familiengerechte Hochschule« nennen zu dürfen. In diesem Titel kommt zum Ausdruck, dass die Freie Universität Freiheit nicht ohne Gerechtigkeit will: in diesem Fall Gerechtigkeit für Frauen und Männer, die nicht gezwungen sein sollen, ihre akademische Laufbahn dem Familienwunsch zu opfern. Deshalb hat die Freie Universität einen breiten Maßnahmenkatalog entwickelt, um den großen Vorsprung, den sie unter den deutschen Universitäten diesbezüglich hat, noch weiter auszubauen.

Die Gründung der Dahlem Research School ist gleichzeitig Ausdruck der Entschlossenheit, intransparenten Abhängigkeitsverhältnissen zwischen Promovierenden und Hochschullehrern eine Alternative gegenüberzustellen: ein vertraglich geregeltes Betreuungsverhältnis mit mehreren Doktor-»Eltern« und nicht nur einem -»Vater«. Stipendien für den jungen wissenschaftlichen Nachwuchs und ein zuverlässiges Angebot, innerhalb der überschaubaren Zeit von drei Jahren promoviert zu sein, gleichzeitig auf höchstem internationalen Niveau, für das Qualitätskontrolle und engste Kooperation mit außeruniversitären Einrichtungen die Garanten sind.

Mit all diesem leistet die Freie Universität ihren Beitrag für die Zukunftsentwicklung der Stadt Berlin, in der sie als wissenschaftliche Einrichtung mit Freude und Zuversicht ihre Pflicht erfüllt. Es ist das Geld der Bewohner dieser Stadt, mit dem wir Zukunft schaffen. Deshalb ist es auch wichtig, wenn Unternehmen wie die Bundesdruckerei einen Stiftungsbeitrag in Millionenhöhe als Anerkennung für diese Bemühungen leisten, und es ist wichtig zu wissen, dass die Freie Universität gemeinsam mit den anderen Universitäten beispielgebend für den sorgfältigen Umgang mit dem Geld der Bürger ist: So hat der soeben veröffentlichte Kosten- und Leistungsvergleich der norddeutschen Universitäten ergeben, dass die Kennzahlen in allen Leistungsfeldern einer Universität deutlich günstiger ausfallen als im Durchschnitt aller untersuchten Universitäten. Vereinfacht gesagt: Wir machen mehr Wissenschaft aus einem Euro als andere. Wir sind dankbar dafür, dass uns diese Chance gegeben wurde.

Freiheit, Erinnerung, Perspektiven
2007 (Der Tagesspiegel)

In wenigen Tagen ist es so weit: Im Beisein von Bundes- und Landespolitikern, von Vertretern des diplomatischen Korps, von Künstlern und Wissenschaftlern, von Mitgliedern und Freunden der Freien Universität Berlin wird die Skulptur »Perspektiven« enthüllt. Das beeindruckende Werk des prominenten Berliner Bildhauers Volker Bartsch wird seinen dauerhaften Platz auf dem Campus der Freien Universität finden.

Einige ganz besondere Gäste werden zu diesem Ereignis erwartet. Es sind die Hinterbliebenen jener Studenten der Freien Universität Berlin, die in den ersten Jahren nach der Gründung der Hochschule in Dahlem durch den sowjetischen Geheimdienst entführt, verschleppt und ermordet wurden. Unter dem Vorwand, gegen die sowjetische Besatzungsmacht agitiert zu haben, verurteilten Militärtribunale sie zum Tode.

Ihr Schicksal war lange ungeklärt, doch heute wissen wir, dass die Studenten ihr Eintreten für akademische und politische Freiheit mit dem Leben bezahlt haben. Diejenigen, deren Hinterbliebene noch lebten, konnten nach dem Zusammenbruch der Sowjetunion auf Antrag der Angehörigen rehabilitiert werden. Manche Hinterbliebene erfuhren erst durch die Freie Universität Berlin vom Schicksal ihrer Angehörigen. Als das Präsidium von den Morden erfuhr, war die Entscheidung schnell klar: Die Freie Universität wird ein sichtbares Zeichen der Erinnerung an das historische Geschehen und an diese jungen Menschen setzen, die für den Leitbegriff unserer Universität einstanden: Freiheit von Indoktrination und von politischem Missbrauch des Akademischen. Denn gegründet wurde die Freie Universität Berlin 1948 als Ort freien Denkens und einer freien Gesellschaft – als Reaktion auf die politische Drangsalierung an der damaligen Friedrich-Wilhelms-Universität in Berlin-Mitte im sowjetisch besetzten Ostteil der Stadt.

Das Zeichen der Erinnerung ist eine gleichzeitig imposante und doch filigrane Skulptur aus Bronze mit dem Titel »Perspektiven«. Sie ist derzeit die größte und zugleich komplexeste Bronzeskulptur in Deutschland, die sich nicht nur der Betrachtung, sondern ebenso zum Verweilen und Innehalten anbietet. Die Skulptur der Freien Universität wird an der Boltzmannstraße zwischen dem juristischen und dem wirtschaftswissenschaftlichen Fachbereich stehen, vis-à-vis dem Henry-Ford-Bau, in direkter Blickbeziehung zueinander.

Die Skulptur ist ein Geschenk des Bankhauses Sal. Oppenheim, dessen Geschichte in besonderer Weise mit der Gründungsgeschichte der Freien Universität verbunden ist. Seine jüdischen Eigentümer mussten Deutschland verlassen, so wie etliche der jüdischen Wissenschaftler die Berliner Friedrich-Wilhelms-Universität. Nach der Befreiung vom Hitler-Faschismus konnten sie ebenso einen Neuanfang wagen wie jene jüdischen Wissenschaftler, die in den Gründungsjahren der Freien Universität nach Berlin zurückkehrten und an der soeben gegründeten Universität im Westteil der Stadt, in Dahlem, ihre Lehre und ihre Forschung wieder aufnahmen. Zu den Remigranten gehörten namhafte Gelehrte wie Ernst Fraenkel, Richard Löwenthal und Otto von Simson.

Eine kleine Bronzetafel – eine Schenkung Volker Bartschs an die Freie Universität – wird künftig an das entsetzliche Geschehen erinnern. Die Tafel trägt die Inschrift: »Zur Erinnerung an die Studenten der Freien Universität Berlin und der Deutschen Hochschule für Politik, die für die Freiheit ihr Leben verloren haben.« Die Bronzetafel wird der Ort der ersten Kranzniederlegung durch die Hinterbliebenen und das Präsidium der Freien Universität sein.

Es ist eine Verpflichtung für uns alle, stets in Erinnerung zu halten, welche mutigen jungen Menschen die Freie Universität gegründet und verteidigt haben. Dies umschließt die Aufgabe, gegen Unfreiheit aufzutreten und Wissenschaft an dieser und an anderen Universitäten in der Welt auch als Erhaltung dieser Freiheit zu verstehen. Es ist dies das Humboldtsche Vermächtnis, das die Freie Universität seit ihrer Gründung wahrt und schützt.

Exzellenz für die Stadt.
Ein Brief des Präsidenten der Freien Universität an die Bürgerinnen und Bürger Berlins
2007 (Der Tagesspiegel)

Die Freie Universität Berlin gehört seit einigen Tagen zu dem Kreis der wenigen deutschen Universitäten, deren Zukunftskonzepte im Rahmen des Exzellenz-Wettbewerbs für die deutschen Universitäten ausgezeichnet wurden. Zwei Gefühle begleiten uns seither: Dankbarkeit und Genugtuung.

Dankbarkeit. Wir sind dankbar für die Tatsache, dass die Freie Universität Berlin im gesamten Exzellenz-Wettbewerb unter allen deutschen Universitäten die größte Zahl an Bewilligungen in den Förderlinien aufweisen kann. Wir sind dankbar dafür, dass die Expertinnen und Experten in den Entscheidungsgremien die hohe Leistungskraft der Freien Universität Berlin in den Geisteswissenschaften, aber auch in den Naturwissenschaften gewürdigt haben. Wir sind dankbar dafür, dass die Mitglieder der Entscheidungsgremien sich nicht haben irritieren lassen von Interessenträgern, die gelegentlich gern ein anderes Ergebnis gesehen hätten, sondern dass sie sich nur einem Kriterium verpflichtet wussten: der Gewissheit. Denn dieser Wettbewerb stand auf zwei Fundamenten, durch die die neuzeitliche Wissenschaft spätestens seit der Aufklärung gekennzeichnet ist: Gewissheit über das, was ist, und über das, was sein wird.

Was bedeutet das? Es war zu entscheiden, welche Universitäten in der Vergangenheit die größten Erfolge und die größten Leistungssteigerungen aufweisen konnten. Die andere Gewissheit ist nicht empirisch, sondern sie basiert auf der Lebenserfahrung von Experten, die wissen, unter welchen Bedingungen und ob überhaupt eine Universität Zukunftschancen besitzt. Unser Konzept, die Freie Universität Berlin als Internationale Netzwerkuniversität auszuweisen und auszubauen, hat diese Überzeugungskraft gehabt.

Auf der Grundlage ihrer breiten internationalen Einbindung und Unterstützung, die die Freie Universität Berlin seit ihrer Gründung und wegen der Umstände ihrer Gründung erfahren hat, ist das Zukunftskonzept aufgebaut. Gleichgültig, wie man die Prozesse der zunehmenden Internationalisierung auch im Wissenschaftsbereich im Einzelnen bewertet, sie finden in jedem Fall statt. Das »Ob« ist unserer Entscheidung entzogen, nicht aber das »Wie«. Wir haben entschieden, uns an der Entwicklung eines Weltwissenschaftssystems zu beteiligen.

Dieses nicht aus Überheblichkeit, sondern aus dem Verantwortungsgefühl, das gleichfalls aus einer Dankbarkeit resultiert. Dankbarkeit dafür, dass unter schwersten Umständen eine Universität mit internationaler Hilfe gegründet werden konnte, die unter der kommunistischen Bedrohung der damaligen Zeit nicht nur die akademische Freiheit in der Stadt verteidigt hat. Unser größter Dank gilt deshalb in diesen Tagen denjenigen, denen es verwehrt geblieben ist zu erleben, welchen Weg diese Universität gegangen ist. Gemeint sind die zehn Studenten, die für ihr Engagement in den Gründungsjahren der Universität vom sowjetischen Geheimdienst ermordet wurden.

Genugtuung: Das ist das Gefühl, dass der Einsatz dieser und vieler anderer Menschen nicht vergeblich gewesen ist, wie hoch der Preis dafür auch war. Nicht selten ist unsere Universität in die Kritik geraten. Nicht immer zu Recht, wie diejenigen fanden, die zu jenen Zeiten Verantwortung trugen. Die Ereignisse von 1968 und in den Folgejahren waren, auch wenn es oftmals anders wahrgenommen wurde, nicht durch die Freie Universität verursacht, sondern dadurch, dass eine ganze Generation der Verantwortungsträger für Krieg und Holocaust die Verantwortungsübernahme verweigerte.

Dass sich die politische Diskussion darüber insbesondere auf West-Berlin und dort auf die Freie Universität konzentrierte, lag durchaus in ihrem Gründungsverständnis. Diese Universität nämlich war es, die das Humboldtsche Erbe in der Stadt bewahren und fortentwickeln konnte. Es ging um das Vermächtnis einer freien Wissenschaft. Das bedeutet allerdings auch, dass das, was in der Universität stattfindet, Wissenschaft sein muss und nichts anderes. Wo also sollten Reflexion und Diskurs stattfinden, wenn nicht in den Universitäten? Eine Beteiligung an Exzessen rechtfertigt dieser Auftrag allerdings nicht.

Der Freien Universität Berlin dafür die Verantwortung zuzuschreiben, war ungerecht. In vielen Medien geschah dieses leider sehr oft. Insofern konnte die Freie Universität auch nicht ausschließlich mit Genugtuung auf die Wende blicken, wenngleich dieses zweifellos der erste Impuls vieler Berliner war. Zu glauben, dass dieses die Stunde der Freien Universität sein werde, war naiv. Zu tief waren die Wunden, die die zurückliegenden beiden Jahrzehnte offenbar bei vielen hinterlassen hatten. So wird heute nachvollziehbar, was damals entschieden wurde: nämlich die Freie Universität nicht zu »der Berliner Universität« zu machen. Dennoch haben viele Mitglieder dieser Hochschule gern und erfolgreich beim Wiederaufbau der Humboldt-Universität mitgewirkt, auch unter Verzicht auf viele Privilegien, die im ehemaligen Westen für die Freie Universität Berlin existierten.

So mag verständlich werden, warum neben der Dankbarkeit auch die Genugtuung im Rückblick auf die deutsche Nachkriegsgeschichte und die Rolle der Freien Universität darin das vorherrschende Gefühl ist. Die Auszeichnung in der Exzellenzinitiative zeigt, dass die historischen Leistungen dieser Universität gesehen worden sind, ebenso wie ihre Zukunftschancen. Wir freuen uns, dass die Zeiten der Missachtung und der Geringschätzung nun vorbei sind. Das gibt uns Kraft und Selbstbewusstsein.

Wir bieten unserer Stadt Berlin nun an, auch andere an unserem Erfolg partizipieren zu lassen. Das nun bewilligte Zukunftskonzept wurde von vornherein so angelegt, dass seine drei Säulen weit mehr tragen als die Zukunft der Freien Universität Berlin. Mit dem Zentrum für Clusterentwicklung werden wir die Expertise besitzen, Forschungsschwerpunkte weit über die Universität hinaus zu identifizieren und aufzubauen. Mit dem Zentrum für internationalen Austausch verfügen wir über eine kleine »Zentrale für auswärtige Wissenschaftsangelegenheiten«, von der aus unsere Filialen in aller Welt geführt werden. Gern stellen wir die Dienstleistung für andere Organisationen nicht nur aus dem Wissenschaftsbereich zur Verfügung. Und das Zentrum für Graduiertenschulen, die Dahlem Research School, ist schon am Tag ihrer Gründung als Mitglied der Berliner Allianz der Graduiertenschulen mehr als nur eine Einrichtung der Freien Universität Berlin gewesen. Der historische Wissenschaftscampus in Dahlem, auf dem so bedeutende Forscher wie Albert Einstein, Lise Meitner und Otto Hahn wirkten, ist ein würdiger Ort für die Ausbildung des Spitzennachwuchses der Wissenschaften in der Welt.

Dankbarkeit und Genugtuung, nicht Hybris und Selbstvergessenheit, sind zwei emotionale Orientierungen, die uns den Weg weisen werden, der Stadt zu dienen mit unserer Expertise in Forschung, Lehre und Wissenschaftsmanagement. Ich freue mich, wir freuen uns, inmitten dieser Stadt zu stehen, die immer zu uns gehalten hat.

Herzlich, Ihr Dieter Lenzen, Präsident der Freien Universität, Berlin

FU-Präsident: Exzellenz unabhängig von Lehre
2007 (Der Tagesspiegel)

Die Würfel sind gefallen. Der viel beachtete Exzellenzwettbewerb des Bundes und der Länder um die exzellentesten Universitäten, Cluster und Graduiertenschulen ist entschieden.

Die Würfel sind gefallen. Der viel beachtete Exzellenzwettbewerb des Bundes und der Länder um die exzellentesten Universitäten, Cluster und Graduiertenschulen ist entschieden. Eine Reihe von Bundesländern kann sich freuen über den Erfolg, Professorinnen und Professoren stellen mit Freude fest, dass ihre Leistung gewürdigt wurde, und Präsidenten und Rektoren sowieso.

Aber: Hat das Ergebnis irgendetwas zu tun mit der Qualität der Ausbildung? Müssen Abiturienten und ihre Eltern künftig nach Exzellenzuniversitäten Ausschau halten? Hier ist Aufklärung notwendig, damit nicht Hunderttausende von Abiturienten oder gar bereits Studierenden sich falsche Vorstellungen von dem Wettbewerbsergebnis machen. Zunächst: An dem Wettbewerb konnten nur staatliche Universitäten teilnehmen. Über die Leistungsfähigkeit von privaten Hochschulen, von Fachhochschulen, Berufsakademien und anderen Einrichtungen des so genannten »tertiären Sektors« sagt das Ergebnis nichts aus.

Sodann: Keineswegs alle Universitäten in Deutschland haben, schon gar nicht in allen Bereichen ihrer Fächer, Anträge gestellt. Es ist also anzunehmen, dass es durchaus Spitzenforschung gibt, die schlicht nicht in einem Antragsverfahren mündete. Des Weiteren: Der Exzellenzwettbewerb war ein Wettbewerb mit Anträgen, die in die Zukunft weisen, nicht in die Vergangenheit. Wenn also das Zukunftskonzept einer Universität erfolgreich war, dann überzeugte eine Vision von der Zukunft, nicht primär die Meriten der Vergangenheit.

Allerdings: Um mit Zukunftskonzepten erfolgreich zu sein, musste man bereits zu den Spitzenuniversitäten gehören. Das gilt auch für Cluster und Graduiertenschulen. Cluster, wörtlich »Haufen, Bündel«, sind Zusammenfügungen von wissenschaftlicher Kapazität aus unterschiedlichen Einrichtungen mit dem Ziel, durch intensive Kooperation neue Spitzenleistungen hervorbringen zu können. Und Graduiertenschulen verfolgen das Ziel, den wissenschaftlichen Nachwuchs für Hochschulen und wissenschaftliche Einrichtungen auf höchstem Niveau auszubilden. Schließlich: Der gesamte Wettbewerb war ein Wettbewerb um Forschung und wissenschaftlichen Nachwuchs. Honoriert wurden in diesem Wettbewerb nicht exzellente Lehre oder ein guter »Ruf« einzelner Fächer hinsichtlich ihrer Ausbildungsqualität und auch nicht die Aussichten der Absolventen unterschiedlicher Hochschulen auf dem Arbeitsmarkt. Kurzum: Über die akademische Ausbildungsqualität sagt das Wettbewerbsergebnis nichts aus.

Jedoch: Wir kennen in gesellschaftlichen Zusammenhängen das Phänomen der »sich selbst erfüllenden Prophezeiung«. Es wird nicht vermeidbar sein, dass Studienanfänger ihr Wahlverhalten trotz der offensichtlichen Irrelevanz des Wettbewerbs für das Thema Ausbildung von dem Wettbewerbsergebnis abhängig machen werden. Man wird finden, es sei doch besser, an einer »Exzellenzuniversität« zu studieren. Möglicherweise seien die Lehrenden besser, und vor allem würden künftige Arbeitgeber eine solche Herkunft honorieren.

Es ist anzunehmen, dass eine solche Kalkulation nicht abwegig ist. Was nun? Die Leuchtturm-Seekarten studieren und den Leuchtfeuern größter Wissenschaft folgen im großen Meer der deutschen Hochschulen? Das wäre eine fatale Entscheidung. Denn: Den Leuchtturmuniversitäten bleibt nichts anderes übrig als sehr genau auszuwählen, da sich durch ihren Status die Zahl der Studienplätze nicht vergrößert hat. Das ist jetzt schon ein riesiger Aufwand, der sich allerdings aus der Sicht der Universität lohnt: Wenn der Gesetzgeber eine qualifizierte Auswahl erlaubt, bekommen diese Universitäten Studienanfänger mit den besten Voraussetzungen.

Also bedeutet das: genauer hinschauen. Denn: Auch jenseits des Exzellenzwettbewerbs existiert exzellente Ausbildung an vielen Hochschulen. Wer ein Studium mit einem klar umrissenen Berufsziel verfolgt, sagen wir Apotheker, Rechtsanwalt oder Arzt, und das sind die allermeisten, für den ist der »Exzellenzstatus« einer Universität schlicht irrelevant. Wer indessen mit dem Gedanken spielt, selbst Wissenschaft betreiben zu wollen, der sollte sich von vornherein an den Wegmarken orientieren, die Auskunft über die Forschungsqualität einer Hochschule geben. Und das ist in der Tat der Exzellenzwettbewerb.

Was für ein Jahr!
2007 (Der Tagesspiegel)

Liebe Berlinerinnen und Berliner!

Die Freie Universität hat allen Grund, mit diesem Jahr zufrieden zu sein. Von Januar bis Jahresende – eine Kette von Erfolgen und erfreulichen Ereignissen: die Verleihung des Zertifikats »familiengerechte Hochschule«, die Auszeichnung als erfolgreichste »Ideenschmiede«, die neue Stiftungsprofessur der Bundesdruckerei, der erste Spatenstich für das neue Hotel- und Konferenzzentrum und schließlich der große Erfolg im Exzellenzwettbewerb im Herbst dieses Jahres.

Aber Vorsicht: Der Feind des Erfolgs ist der Erfolg. Überheblichkeit, Nachlässigkeit und Zukunftsblindheit sind gefährliche Klippen für die Seeleute, die glauben, im Strudel des Erfolgs könne man die Hände vom Steuer nehmen.

Ganz im Gegenteil. Die Verantwortung, die für die Freie Universität aus ihrem Exzellenzerfolg erwächst, ist groß. Sie muss nun dafür sorgen, dass die Zukunft der Wissenschaft in Berlin mit Maß und Ziel gestaltet wird. Die Ziele sind klar: Sicherung des Erreichten, Ausbau der Spitzenforschung, aber besonders auch die Verbesserung der Ausbildung junger Menschen. Es gäbe keine Universitäten, wenn eine nachwachsende Generation nicht danach drängte, die in Wissenschaft geronnenen Erfahrungen der vor ihr liegenden Generationen zu studieren und um neue Erkenntnisse zu erweitern – mit dem Ziel, das Leben für sich und andere zu verbessern.

Die Ausbildung der jungen Menschen, die uns anvertraut werden oder die sich uns anvertrauen, spielt eine herausragende Rolle. Besondere Aufmerksamkeit müssen wir und werden wir deshalb künftig der Qualität der Lehre zuwenden. Dabei müssen wir beachten, dass Universitäten in den zurückliegenden Jahrzehnten eine völlig andere Funktion im Hinblick auf die nachwachsende Generation bekommen haben: Nicht mehr eine kleine Funktionselite von fünf Prozent eines Altersjahrgangs wird ausgebildet, sondern 30, 40 Prozent der jungen Menschen. Die meisten von ihnen wollen keine Wissenschaftler werden, keine Gelehrten, sondern Rechtsanwälte, Kaufleute, Tierärzte, Apotheker, Lehrer, Chirurgen, Sozialpädagogen. Sie haben einen Anspruch darauf, dass wir sie für diese Berufe so gut vorbereiten, wie es einer Universität möglich ist.

Dazu werden wir den Auftrag der Universität, den sie über 200 Jahre entfaltet hat, ergänzen: Es ist nicht in jedem Fall richtig, was Humboldt für die kleine Schar künftiger Gelehrter zu Recht gedacht hat: dass die Hingabe an die Wahrheitssuche, in Einsamkeit und Freiheit, jedermann für sein Leben ausreichend vorbereitet. Heute werden Qualifikationen erwartet, die weiter gehen: Problemlösefähigkeit, Kommunikationsbereitschaft, Teamgeist, allgemeine kognitive Kompetenzen bei gleichzeitig solidester Kenntnis der wissenschaftlichen Wahrheiten, die für das jeweilige Berufsfeld essenziell sind. So ist es in Bologna beschlossen worden. Bis jeder Lehrplan dahingehend umgestaltet ist, bleibt ein langer Weg zu gehen.

Die Freie Universität will diese Herausforderung durch eine Qualitätsoffensive in der Lehre aufnehmen. Wir möchten der nachwachsenden Generation etwas weitergeben von dem, was wir nun so reichhaltig erfahren haben: Die Zuwendung in der Forschung muss sich auch in der Lehre auszahlen.

Für eine solche Entwicklung müssen zwei Parteien Entschlossenheit zeigen: Die Universität, die dieses tut, aber auch die Politik. Wenn ein Hochschullehrer 75 Studenten unterrichten, betreuen, prüfen und auf den Weg bringen soll, dann ist dieses das Zehnfache von dem, was eine amerikanische oder chinesische Universität von ihren Professoren erwartet. Hier zu international akzeptablen Größenordnungen zu kommen, bedeutet genau genommen eine Verzehnfachung des Wissenschaftsetats. Schon eine Verdoppelung der Lehrenden würde vier Milliarden Euro kosten. Zu teuer? Darauf kann man nur mit einem Zitat antworten, das Abraham Lincoln genauso zugeschrieben wird wie John F. Kennedy: Bildung ist teuer, keine Bildung ist noch teurer.

Ich wünsche allen Leserinnen und Lesern der Tagesspiegel-Beilage der Freien Universität Berlin für die Tage des Übergangs alles erdenklich Gute.

Etwas ganz Besonderes
2008 (Der Tagesspiegel)

Wir haben uns daran gewöhnt, Dezennien als Meilensteine der Vergangenheit zu betrachten. Manchmal auch der Zukunft. In diesem Jahr, 2008, wird die Freie Universität Berlin 60 Jahre alt. Etwas Besonderes?

Von einer der ersten Studentinnen dieser Universität hat uns jüngst folgender Brief erreicht – als einer von vielen, in denen sich Ehemalige erinnern:

»Die Vergangenheit – für heutige junge Menschen fast unglaublich – war vor allem traurig, aber auch ein wenig hoffnungsvoll. Nach Jahren des vergeblichen Bemühens, einen Studienplatz in der damaligen sowjetisch besetzten Zone zu erlangen – was damals ausschließlich Bauern- und Arbeiterkindern vorbehalten war –, erreichte mich eine erfreuliche Nachricht: Im Rundfunk hörte ich von der Gründung einer Universität in Dahlem, also im US-Sektor von Berlin, und ich machte mich, gestärkt von dem Zureden meiner Eltern, auf die damals abenteuerliche Bahnreise von meiner Heimatstadt Dessau in die US-Zone von Berlin.

Auf der heimatlichen Herdplatte Gebackenes führte ich im Reisegepäck mit, um die befreundete Quartiergeberin nicht zu belasten. Die Reise hatte Erfolg: Im November 1948 wurde ich für ein Studium an der philosophischen Fakultät immatrikuliert. (…) Ich ging mit einem überschäumenden Optimismus an die ›FU‹, den ich mit ›meinen Kreisen‹ – Flüchtlinge aus der sowjetisch besetzten Zone, entlassene Kriegsgefangene – teilte, obwohl Sperrstunden für elektrische Beleuchtung und auch für Heizung in Kauf genommen wurden. Man saß dann winterlich bekleidet, mit Mantel, Wollmütze, Handschuhen, bei Kerzenlicht in den Vorlesungen, die von namhaften, aus Universitäten in der sowjetisch besetzten Zone geflüchteten Professoren gehalten wurden. (…) Ein von der US-Besatzungsmacht beschlagnahmtes Kino war für Vorlesungen zur Verfügung gestellt worden. Den abendlichen Filmbesuch von US-Soldaten bezeugten Kaugummi-Reste unter den Klappsitzen. Rückblickend empfinde ich meine Studienjahre als abenteuerlich: mit 80 DM pro Monat durch die Jahre! Von dieser Summe wurden etwa 40 DM Miete gezahlt, von dem Rest eine Tauschsumme (für ›Ostgeld‹) *gespart und von dem übrigen Geld – nun ja – gelebt. (...)*«

60 Jahre Freie Universität Berlin. Etwas Besonderes.

EINE HISTORISCHE MISSION
2008 (DSW JOURNAL)

Die Freie Universität Berlin hat es sich zum Ziel gesetzt, das akademische Fenster Deutschlands in die Welt zu werden – mit dem Zukunftsmodell »International Network University«.

Im Oktober 2007: Der Exzellenzwettbewerb des Bundes und der Länder, gedacht als Instrument, um der deutschen Wissenschaft in ihren exzellenten Bereichen den Anschluss an die internationale Spitzenforschung durch zusätzliches Wettbewerbsgeld zu verhelfen, war die Chance für die Freie Universität, um ihre hervorragende Stellung in der deutschen Wissenschaftslandschaft unter Beweis zu stellen. Über einhundert internationale Gutachter haben die Anträge gelesen, geprüft, die Mitglieder der Universität angehört, visitiert, bewertet und Empfehlungen gegeben. Die Entscheidungsgremien sind den Empfehlungen gefolgt. Rund 150 Millionen Euro werden in den nächsten Jahren an die Freie Universität fließen, um die Exzellenzbereiche zu fördern und das Zukunftsmodell der Freien Universität, die »International Network University« mit ihren drei strategischen Zentren – einem Zentrum für die künftige Ausbildung der Doktoranden, einem Zentrum für die künftige Forschungsprofilierung und einem Zentrum für den internationalen Austausch dieser Freien Universität – zu realisieren.

Schon ihr Ursprung macht die Freie Universität Berlin zu einer besonderen Universität. 1948 als Antwort auf Indoktrination, Repressalien, politische Morde im freien Teil Berlins von Studenten mit internationaler Hilfe gegründet, erfüllt sie von Anfang an eine historische Mission. Es gelang ihr, den Impetus der Humboldtschen Universitätsidee in Berlin zu sichern und modernisiert weiterzuentwickeln. Sehr schnell fand sie sich insbesondere durch großzügige amerikanische Hilfe in einem exzellenten internationalen Universitäts-Netzwerk, das ihre gesamte Geschichte begleitet und ihre Leistungsfähigkeit auch in schwierigen Zeiten erhalten hat. Zu diesen Zeiten gehörten die negativen Auswüchse in den Jahren nach 1968, die in Teilen der Bevölkerung den Eindruck hinterließen, die Freie Universität Berlin sei ein Ort der Entstehung von Gewalt und Terror, bestenfalls von Schmutz und Leistungsverweigerung. Dass dieses Vorurteil zu keinem Zeitpunkt zutraf, beweisen nicht nur die konstruktiven Reformen, die von der Freien Universität Berlin ausgingen, sondern auch ihre vielfältige wissenschaftliche Leistungsfähigkeit, ihre internationale Reputation. Dieses stand indessen in einem Missverhältnis zu ihrer Reputation in Deutschland und Berlin. Ihr negatives Image führte dazu, dass die Freie Universität Berlin 1989 nach der Wende ohne Widerstand zum »Schlachtopfer« für den Wiederaufbau der Humboldt-Universität gemacht werden konnte. Die Zahl ihrer Studierenden halbierte sich, sie verlor erst ein und dann auch das zweite Klinikum, das jährliche Budget beträgt nur noch einen Bruchteil desjenigen einer amerikanischen Spitzenuniversität. In dieser Situation hat die Freie Universität Berlin die Gelegenheit der so genannten Erprobungsklausel des Berliner Hochschulgesetzes ergriffen und ihre Entscheidungsstrukturen und -prozesse von Grund auf geändert: kollektive Verantwortungslosigkeit in endlosen Gremiensitzungen wurde durch persönliche Verantwortung von Führungspersonal ersetzt. Zehn Reformschritte veränderten die wissenschaftlichen Profile, die Management-Struktur bis hin zur Einführung von Kosten-Leistungsrechung, Zielvereinbarungen und Qualitätsmanagement. Auf dieser Grundlage konnte die Freie Universität Berlin seit 2000 jährliche Zuwachsraten von 10 Prozent in den wichtigsten Leistungsparametern registrieren. Dieses wurde inzwischen auch nicht nur von der Scientific Community, sondern darüber hinaus im deutschsprachigen Raum wahrgenommen. Gleichwohl wird außerhalb Berlins nicht selten davon ausgegangen, dass die Stadt nicht in der Lage sein werde, exzellente Wissenschaft dauerhaft zu sichern, weil die Anfälligkeit für einen Rückfall in die 1970er Jahre groß und die finanziellen Möglichkeiten der Stadt klein sind.

In den kommenden Jahren wird die Freie Universität Berlin ihr Konzept der »International Network University« umgesetzt haben, mit dem sie im Exzellenzwettbewerb des Bundes und der Länder gestartet ist. Die Umsetzung dieses Konzepts hat schon 2003 mit der Herausbildung von »Forschungs«-Clustern begonnen, ein Merkmal, das im Exzellenzwettbewerb durch Bund und Länder übernommen wurde. Dementsprechend ist das Kernstück der »International Network University« ein »Center for Cluster Development«, eine strategische Einrichtung innerhalb der Universität, mit deren Hilfe der Prozess der Identifikation von Forschungsthemen- und schwerpunkten auf Dauer gestellt werden soll, die nicht nur für die Freie Universität Berlin, sondern für die Region zukunftsweisend sind und die national wie international einen Forschungsbedarf füllen können. Dieses Zentrum agiert zurzeit in drei Feldern: den Biowissenschaften, den Geisteswissenschaften und – mit Blick auf ihre Internationalität – in den Wissenschaften (Area Studies), deren Gegenstand große Weltregionen sind: Nordamerika, Lateinamerika, Ostasien, Vorderer Orient, Osteuropa, Afrika, Frankreich, Italien usw. Die zweite Säule des Exzellenzkonzepts ist die bereits gegründete Dahlem Research School, eine Dachinstitution für ein in Deutschland neues, international aber übliches Format der Promotion: Promovenden werden in internationalen Graduate Schools einer dreijährigen strukturierten Ausbildung unterzogen, die ihre Qualifikation auf höchstem wissenschaftlichen Niveau und für die Weiterentwicklung ihrer Wissenschaft sichert. Die dritte Säule ist das »Center for International Exchange«, das »Außenministerium« der Freien Universität Berlin. Es koordiniert die Arbeit der Außenstellen in New York, Moskau, Peking, New Delhi und später auch die Arbeit der Büros in Südamerika und in der Golfregion. Das Zentrum ist das Kernstück der Internationalisierungsstrategie. In den »branch bureaus« und »branch campuses« akquiriert die Freie Universität Berlin ihr internationales Personal und ihre internationalen Studierenden. Umgekehrt bringt sie die Leistungsfähigkeit der Universität weltweit zur Darstellung, bietet Sommerkurse vor Ort an und treibt die Weitervernetzung der Universität vorwärts. Das Ziel: In wenigen Jahren nimmt die Universität in internationalen Rankings einen Platz unter den ersten Hundert ein und wird ein Vorbild für die Internationalisierung und Vernetzung der Wissenschaft. Die Freie Universität Berlin wird das akademische Fenster Deutschlands in die Welt.

Zwei Geburtstage
2008 (Freie Universität. Neues aus Wissenschaft und Forschung)

Am 4. Dezember feiert die Freie Universität Berlin ihr 60. Jubiläum. 2010, in zwei Jahren, wird sie 200 Jahre alt. Wie kann das sein? Es hat etwas mit dem 4. Dezember zu tun. Am 4. Dezember 1810 wurde nämlich die Berliner Universität gegründet, eine Universität mit damals hochinnovativem Anspruch, wie man heute sagen würde. Ihre Gründung beruhte auf einer Grundannahme der Bildungsphilosophie Wilhelm von Humboldts, der zufolge Wissenschaft in besonderer Weise geeignet sei, junge Menschen zu Menschen zu erziehen – im Sinne von Menschen, die der Humanität verpflichtet sind. In dieser Konzeption spielten die alten Sprachen eine besondere Rolle. Humboldt ging nämlich davon aus, dass eine Befähigung zur Humanität diesen Sprachen, besonders dem Griechischen, immer schon innewohnte. Der Erwerb dieser Sprache spielte deshalb für das Humanistische Gymnasium und das Universitätsstudium eine große Rolle. Die heute fremd wirkende Durchsetzung der Wissenschaftssprache mit griechischen oder lateinischen Begriffen hatte hier ihren Ursprung.

Zwei Elemente seien des Weiteren Voraussetzung für diese Bildungsleistung der Wissenschaft: dass nämlich die Erkenntnissuche in Einsamkeit und Freiheit stattfinde. Also kein kollektivistisches Auswendiglernen vorweg zensierter Dogmen, sondern weitestgehende Zurückhaltung des Staates, nicht nur bei der Erkenntnissuche, sondern auch bei der Organisation der Wissenschaft in einer Universität. Das Ideal wurde oft kopiert im Ausland, aber oft auch verändert im Inland. So wurde bereits Ende des 19. Jahrhunderts klar, dass zweckfreie Wissenschaft den Bedürfnissen der heranwachsenden Industrie nicht genügen würde. So entstanden neue Schulen und Hochschulen mit technischem Schwerpunkt. Hundert Jahre später fand die Erfüllung dieses neuen Bedarfs ihren Ausdruck in der Gründung der Kaiser-Wilhelm-Gesellschaft in Berlin-Dahlem, dem heutigen Campus der Freien Universität Berlin, wiederum am 4. Dezember. Der technikverliebte Kaiser stampfte buchstäblich zahlreiche Institute seiner neuen Gesellschaft für Grundlagenforschung aus dem Boden und ergänzte sie um ausgelagerte Institute aus der damaligen Berliner Universität, besonders aus den

Naturwissenschaften. Der Fokus der zukunftsgerichteten neuen Disziplinen war also damals bereits in Dahlem.

Nach dem Zusammenbruch 1945 lag nun ein Teil der Berliner Universität im sowjetischen Ostsektor, ein Teil im amerikanischen Westsektor. Die politischen Verhältnisse an der bald in »Humboldt-Universität« umgetauften Universität Unter den Linden, der früheren Friedrich-Wilhelms-Universität, führten zu unhaltbaren Zuständen und zu einer völligen Ignoranz gegenüber dem Gründungsideal der Berliner Universität. Statt Einsamkeit und Freiheit herrschten Kollektivismus, Zwang und Indoktrination. Die Konsequenz ist bekannt: 1948 gründeten Professoren und Studenten mit US-amerikanischer Hilfe auf dem westlichen Campusteil der Berliner Universität und der Max-Planck-Gesellschaft, der früheren Kaiser-Wilhelm-Gesellschaft, die Freie Universität Berlin – wiederum und keineswegs zufällig an einem 4. Dezember!

Wie kaum eine andere Universität wurde die Freie Universität Berlin Ausdruck und zugleich Katalysator der epochalen Veränderungen Deutschlands. Seit ihrer Gründung 1948 durchlebte die Freie Universität in Schritten von zwei Dezennien die gravierenden Umbrüche von 1968, 1989 und 2007: Studentenrevolte – Mauerfall – Exzellenzwettbewerb. In der Freien Universität Berlin hat das Universitätsideal Wilhelm von Humboldts seinen unnachahmlichen Ausdruck in einem unbändigen Freiheits- und Existenzwillen gefunden, der den Ereignissen Deutschlands in den zurückliegenden 60 Jahren einen jeweils unterschiedlichen, aber doch definitiven Akzent verliehen hat: Freiheit verteidigen – Freiheit als Emanzipation von Standesdünkel und schuldhafter Verstrickung – Freiheit am Ende eines unfreien Erziehungsstaates – Freiheit durch Leistungswillen und Exzellenz.

Das ist der Grund, dessentwegen die Freie Universität Berlin immer zwei Geburtstage hat, einen, der auf 1810 und einen solchen, der auf 1948 verweist. Deswegen war es eine weise Entscheidung des Regierenden Bürgermeisters, das Jahr 2010 zu einem Gesamt-Berliner-Wissenschaftsjahr zu erklären unter Einschluss aller wissenschaftlichen Einrichtungen. Das ist auch gut so.

»THE CIRCLE IS ROUND NOW«
2008 (DIETER LENZEN)

Am Ende des Jahres ihres 60. Geburtstages blickt die Freie Universität zurück auf zwölf Monate, die ganz bewusst nicht im Zeichen unbändiger Feiern standen, sondern unter dem Eindruck großer Anstrengung. Die Ergebnisse des Exzellenzwettbewerbs wurden fieberhaft umgesetzt, viele neue Menschen sind dadurch an die Freie Universität gekommen. Für die Forschungsstiftung des Landes Berlin, die Einstein Stiftung, musste eine adäquate Form verhandelt werden, die die Forschungsfreiheit unserer Wissenschaftler nicht beeinträchtigt. Es war der Beginn zu machen mit den Vertragsverhandlungen für die künftigen Hochschulverträge. Und: Die Pläne für die nächste Exzellenzinitiative reifen.

Gleichwohl fand der 60. Geburtstag der Freien Universität große Aufmerksamkeit. Der Bundespräsident beehrte die Freie Universität mit seinem Besuch aus Anlass der diesjährigen Immatrikulation, der frühere polnische Außenminister Wladyslaw Bartoszewski wurde mit dem Freiheitspreis der Freien Universität Berlin geehrt, Historiker entdeckten einen Brief Ernst Reuters, in dem sich der ehemalige Regierende Bürgermeister visionär zur Freien Universität bekennt: Der 4. Dezember fand deutschlandweit viel Beachtung in zahlreichen Zeitungsartikeln, Rundfunk- und Fernsehsendungen. Durchgängig freundlich blickten die Zeitgenossen auf die Jubilarin und erinnerten sich an die Umstände ihrer Entstehung. Das tat die Freie Universität auch im engsten Kreise, als die Ernst-Reuter-Gesellschaft über 30 Erstimmatrikulierte, ihre Gründungsstudenten, in das Clubhaus einlud zu einer Geselligkeit, an der auch fünf ehemalige Wissenschaftssenatoren, alle ehemaligen Präsidenten der Freien Universität und ihre Kanzler teilnahmen. Eine Art Familienfest.

An diesem Tage fehlten einige, darunter einer, dessen Sohn und dessen Lebensgefährtin mich aufsuchten und mir berichteten: Werner Schneider kam eines Tages nicht nach Hause. Die spätere Mutter seines Kindes – sie war schwanger – erfuhr, dass er abgeholt worden war, und es hieß, er befinde sich in einem Gefängnis in Dresden. Sie eilte dorthin, fand ihn nicht dort, wo er sein sollte, im Gefängnis nicht und auch nicht in den Kellern eines Hauses, in dem politisch Missliebige gefangen sein sollten, zu denen auch Studenten der ersten Stunde der Freien Universität gehörten. Irgendjemand steckte ihr ein Foto Werner Schneiders zu, was sie als ein

Lebenszeichen verstehen konnte, aber es war ein Todeszeichen. Das hat sie erst im 60. Jahr der Freien Universität erfahren, als sie in diesen Tagen den Ort auf dem Campus besuchen konnte, an dem die Freie Universität an die ermordeten Studenten erinnert – die Skulptur »Perspektiven« von Volker Bartsch. Die Mutter des Sohnes Werner Schneiders erfuhr nie wieder etwas über ihn, wanderte später mit dem fünfeinhalbjährigen Kind nach England aus, und saß mir nun gegenüber, gemeinsam mit ihrem Sohn. Sie erzählte, dass sie irgendwann einen Film über das Massaker der Russen in Katyn gesehen habe und die Vorstellung nicht loswerde, dass dieses auch Werner Schneiders letzte Sekunden waren, der Blick auf vermummte, lederbekleidete Gestalten, blutbesudelt, einen Handschuh über der linken Hand, mit der bloßen rechten die Pistole haltend, aus deren Lauf die tödlichen Kugeln kommen. Der Sohn, sie nicht mehr, hat das Massengrab in Moskau besucht. Zahllose Deutsche liegen darin, aber auch Italiener, Polen, Österreicher, Japaner.

All das auf Englisch, immer wieder unterbrochen durch den Kampf gegen unsere Tränen. Ich frage, ob es besser gewesen wäre »not to know«. Beide wehren ab: »No, the circle is round now.« Werner Schneider wurde am 20. Oktober 1951 erschossen. Fadenscheinige Begründung eines sowjetischen Militärtribunals: wegen angeblicher Mitgliedschaft in der Freien Demokratischen Partei sowie der Verbreitung antisowjetischer Schriften und Spionage.

The circle is round now. Nie endet der Kampf um die Freiheit. Ich wünsche allen Freunden der Freien Universität und ihren Angehörigen ein gesegnetes Weihnachtsfest und einen sanften Übergang in ein neues, gutes Jahr.

Charité: Wäre kleiner feiner?
2009 (Neues aus Wissenschaft und Forschung)

»In Berlins Kliniken versickert das meiste Geld« – »Üppige Abfindung für früheren Stasi-Major ohne Konsequenzen« – »Mordprozess mit Folgen: Charité feuert Stationsleiterin« – »Charité gerät im Finanzskandal unter Druck« – »Quersubventionierung des privaten Helios-Konzerns« – »Wunschdirektor für Charité sagt ab« – »Charité schlampt mit Rechnungen« – »Charité wirbt illegal« – »Betriebsräte: Patienten werden schlecht versorgt« – »Gebäudereiniger-Gewerkschaft wirft Charité mangelnde Hygiene vor« – »Charité-Bericht bleibt geheim« – »Universitätsmedizin ist mit Millionen im Defizit« – »Berlin School of Public Health: ein Trauerspiel« – »Leiche auf Charité-Toilette begann zu verwesen« – »Sanierung der Charité wird deutlich teurer als geplant« – »Charité setzt Putzkräfte für Essensausgabe ein« – »19,5 Millionen Euro Defizit an der Charité«.

Das sind nur einige der Schlagzeilen über das größte staatliche Krankenhausunternehmen Europas, wenn nicht der Welt. Alle haben eines gemeinsam: Sie teilen mit, dass die Charité nicht funktioniert. Böse Journalisten, 11 000 unfähige Mitarbeiter, ein krimineller Vorstand, ein versagender Aufsichtsrat? – Nichts von alledem. Es ist die schlichte Übergröße, die die Charité hat monströs werden lassen. Daran muss sich etwas ändern. Zur Erinnerung: Die Charité im jetzigen Zustand ist das Resultat eines Kompromisses. Er bestand darin, im Jahr 2003 – entgegen aller Vernunft – das Klinikum Benjamin Franklin der Freien Universität, das seinerzeit jährlich über fünf Millionen Euro Gewinn erwirtschaftete, einer Einrichtung zuzuführen, die damals bereits zu groß war: der Charité, der nach der Wende bereits das frisch sanierte Rudolf-Virchow-Klinikum der Freien Universität zugeschlagen worden war. Eigentlich sollte kurzer Prozess gemacht werden: Skelettierung der Freien Universität durch Schließung der Humanmedizin. 450 000 Berliner protestierten mit ihren Unterschriften. Die größte Fusion auf dem Krankenhaussektor nahm ihren Lauf. Und wenn weiter gewartet wird, geschieht das, was bei 75 Prozent aller Fusionen passiert: Das gesamte Unternehmen geht in den Konkurs. Also hilft nur, was auch in der Wirtschaft hilft? Die Kernpotenziale der einzelnen Teile identifizieren, das Unternehmen auflösen, und jeder Teil konzentriert sich auf das, was er kann? In Steglitz wäre das insbesondere die Behandlung von Herz-Kreislauf-Erkrankungen, Krebs, psychischen

Erkrankungen, Augenleiden – also in erster Linie solche, die in einem Bezirk mit alternder Bevölkerung häufiger sind. Das geht nur in Abstimmung mit den anderen Kliniken des Südwestens und in bleibender Kooperation mit den drei anderen Standorten als eine Art Verbund: »Charité 1 – 4«. Das hieße dezentrale Verantwortung der Klinikdirektoren mit dezentralen Budgets und der Erlaubnis, Investoren zu beteiligen, wobei in Steglitz bei seinem vergleichsweise geringen Sanierungsaufwand sogar staatliche Mittel genügen würden. Lehre und Forschung könnten in engster Kooperation mit der Freien Universität stattfinden. Jetzt ist Flexibilität gefragt, Unternehmungslust, Verantwortung und Kompromissbereitschaft – genau die Eigenschaften, durch die die Freie Universität seit ihrer Gründung gekennzeichnet ist.

Erfolg studieren
2009 (Neues aus Wissenschaft und Forschung)

In wenigen Tagen eröffnet die Deutsche Universität für Weiterbildung (DUW) ihre Türen für die ersten Studierenden. Ein in Deutschland bisher einzigartiges Modell des gemeinsamen Betriebs einer Universität mit zwei Gesellschaftern, einem staatlichen und einem privaten zu je gleichen Teilen, beginnt. Das Experiment ist gewagt, wie jedes Projekt steht es unter dem Eindruck von Chancen, Risiken, Stärken und Schwächen.

Chancen und Risiken sind determiniert durch Rahmenbedingungen, die vor fünf Jahren, als die Idee entstand, völlig andere waren als heute. Demografische Entwicklung, Weiterbildungsbedarf durch beschleunigte Produktzyklen und anhaltende Aufstiegsbereitschaft waren und sind gute Voraussetzungen für die Schaffung eines Qualifizierungsangebots in einer eigenen Weiterbildungsuniversität. Qualitätsgarantie der Freien Universität Berlin und Betriebserfahrungen der Klett-Gruppe mit Fachhochschulen im Weiterbildungsbereich sind beste Konditionen für das Gelingen. Gelingen heißt: Genügend Berufstätige mit einem Hochschulabschluss müssen sich entscheiden, entweder selbst oder durch ihr Unternehmen finanziert, einen Master in einem der 17 Studiengänge erwerben zu wollen, um Spezialqualifikationen zu erlangen und die eigenen Beschäftigungs- und Weiterentwicklungsmöglichkeiten zu verbessern.

Dafür gibt es auch und gerade vor dem Hintergrund der Finanzkrise gute Gründe, auch wenn diese Krise von manchem vielleicht eher als Risiko bewertet werden mag: Es ist immerhin denkbar, dass potenzielle Studierende zögern, für ihre eigene Entwicklung Geld auszugeben. Das wäre allerdings töricht, weil eine Finanz- und Beschäftigungskrise sich auf dem Arbeitsmarkt selektiv auswirken wird und somit die besser Qualifizierten bessere Chancen haben und behalten. Soweit zu den Chancen und Risiken.

Wie steht es mit den Stärken und Schwächen? Zu den Stärken des Unternehmens gehört der erklärte politische Wille des Landes, ein solches Experiment nicht nur zuzulassen, sondern zu fördern. Dafür gebührt der Politik Dank. Zu den Stärken gehören die beteiligten Gesellschafter mit ihren Qualitäten und Erfahrungen. Zu den Stärken gehört das junge dynamische Team unter Leitung der erfahrenen ehemaligen Vizepräsidentin der Weiterbildungsuniversität Krems und der jetzigen Präsidentin der DUW, Ada Pellert, und dem profilierten Hochschul- und Wissenschaftsmanager und DUW-Geschäftsführer Udo Thelen. Stark werden auch die Lehrenden sein, die aus der Freien Universität und anderen Hochschulen haupt- oder nebenamtlich für ihre Tätigkeit gewonnen wurden. Zu den Stärken gehört schließlich der neue DUW-Campus an der Pacelliallee 55 mit modernster Technik und Sitz in einem historischen Gebäude der Freien Universität Berlin, das der DUW übereignet wurde.

Und Schwächen? Wenn es sie gäbe, hätten sie vor dem Start bewältigt werden müssen. Wenn dennoch solche erkannt werden sollten, wird nicht lange auf ihre Beseitigung gewartet werden. Eine einzige Schwäche mag denkbar sein: dass potenzielle Studierende sich vor dem Anspruch einer Weiterbildungsuniversität, vor Prüfungen und Anstrengung fürchten. Solche Art von Schwellenangst ist unangebracht, denn die DUW ist ein Unternehmen, das mit seinen Ausbildungserfolgen steht und fällt. Für diese Erfolge werden das Unternehmen, seine Lehrenden und seine Leitung sorgen. Ich wünsche allen viel Erfolg!

Tempo, Musik und Tamtam
2010 (Freie Universität. Neues aus Wissenschaft
und Forschung)

Ein Rückblick des scheidenden Präsidenten der Freien Universität, Professor Dieter Lenzen

An der Freien Universität Berlin geht eine Ära zu Ende. Nach elf Jahren an der Spitze der Universität – davon sieben Jahre als Präsident – übernimmt Professor Dieter Lenzen vom 1. März an die Leitung der Universität Hamburg. An dieser Stelle und auf Seite 8 dieser Beilage hält er noch einmal Rückschau – auf ein Jahrzehnt, das die Freie Universität Berlin voran gebracht hat und den Menschen der Stadt die Universität ein Stück näher.

Hildegard Knef, die nicht nur als Berliner Ikone galt, sondern als Expertin in Sachen Berlin – immerhin hat man ihr einen ganzen Bahnhofsvorplatz gewidmet –, begründete in einem ihrer Chansons ihre Hommage an diese Stadt unter anderem mit »Berliner Tempo, Musik und Tamtam«. Dieses Bekenntnis zu Berlin verband sie mit der – im Übrigen zutreffenden – Behauptung, dass sie noch einen »Koffer in Berlin« habe. Wissenschaftler haben in der Regel mehr als nur ein Gepäckstück in der Stadt. Sie verbringen einen Teil ihres privaten wie ihres Arbeitslebens in der Stadt, manchmal, wie im Falle des Unterzeichnenden, sogar mehr als 75 Prozent des Arbeitslebens, davon ein Drittel in der Leitung einer Universität.

Im Unterschied zu der erwähnten Nachkriegsdiseuse werden Wissenschaftler in der Regel nicht aufgrund ihres beschleunigten Bewegungstempos ausgewählt, sie müssen auch nicht singen können, und auch Tamtam zu machen ist dem wissenschaftlichen Genre eigentlich fremd, wenngleich sich dieses in der zurückliegenden Zeit geändert haben mag. Wissenschaftler sind vielmehr dazu da, Hypothesen über die Wirklichkeit zu überprüfen und die Wirklichkeit auf diese Weise zu erforschen.

Das tun sie in der Regel, indem sie einen ausgewählten Ausschnitt der Wirklichkeit heranziehen und schauen, ob die Hypothese zutrifft oder nicht. Beispielsweise untersuchen sie an einer kleinen Zahl von Probanden, ob bei einem längeren Aufenthalt im Weltall zu befürchten ist, dass sich deren Muskeln zurückentwickeln. Keineswegs wird deshalb die gesamte Bevölkerung probeweise ins

All geschickt, sondern eine Handvoll Freiwillige für einige Monate ins Bett gelegt und entsprechend beobachtet. Denn Wissenschaft geht davon aus, dass das, was für einige gilt, grundsätzlich auch für alle gelten kann, wenn dieselben Rahmenbedingungen existieren.

So ist es auch mit der Freien Universität. Sie kann gewissermaßen als Proband dafür herangezogen werden, ob die Knefsche Hypothese zutrifft, der zufolge Berlin durch Tempo, Musik und Tamtam notwendig oder gar hinreichend charakterisiert sei. Mit anderen Worten: Wenn sich herausstellt, dass in der Freien Universität Tempo, Musik und Tamtam herrschen und man berücksichtigt, dass die Freie Universität in Berlin liegt, dann steigt die Wahrscheinlichkeit, dass Berlin durch Tempo, Musik und Tamtam gekennzeichnet ist.

Nach dieser nur für den oberflächlichen Blick komplizierten Vorüberlegung methodologischer Art prüfen wir nunmehr die dreifache Hypothese. Wir beginnen mit dem Charakteristikum »Tempo« und fragen, ob in der Freien Universität Tempo herrscht. Die Frage kann eindeutig mit »Ja« beantwortet werden, wenn man betrachtet, was die Mitglieder dieser Einrichtung in den zurückliegenden zehn Jahren alles zustande gebracht haben: Sie haben für die Universität durch ihre Anträge für Graduiertenschulen, Cluster und die gesamte Zukunft der Universität rund 150 Millionen Euro eingeworben, oder: Die Beschäftigten haben mutig damit begonnen, eine für öffentliche Einrichtungen – schon gar für akademische – ungewöhnliche Kosten-Leistungsrechnung aktiv einzusetzen und umzusetzen.

Innerhalb von sechs Jahren wurden die teilweise Jahrhunderte alten Typen der Studienabschlüsse und das gesamte Studium umgekrempelt und die Reform bereits jetzt ein weiteres Mal der Revision unterzogen. Die Freie Universität hat sich einen neuen Strukturplan gegeben, um die weitreichenden Mittelkürzungen umsetzen und auffangen zu können. Die Universität und ihre Mitglieder waren erfolgreich darin, sich und ihre wissenschaftlichen Fähigkeiten, Ergebnisse und Pläne kontinuierlich der Öffentlichkeit zu zeigen und zu begründen, eine bislang keineswegs selbstverständliche und durchaus oft zeitraubende Tätigkeit. Die Beschäftigten haben sich immer wieder der Weiterbildung unterzogen, um mit den Herausforderungen der technischen Modernisierung der Universität Schritt halten zu können.

Baulich wurde der Campus konzentriert, verbunden mit allen Unannehmlichkeiten, die Neubauten, Renovierungen, Umzüge und örtliche Neuorientierungen mit sich bringen. Durch ihre Arbeit und ihren Einsatz haben viele Mitglieder der Universität deren Einnahmesituation wesentlich verbessert, so dass heute mehr als ein Viertel des Budgets von den Mitgliedern der Universität selbst eingeworben und keineswegs vom Land zur Verfügung gestellt wird. Es ist gelungen, mit der Eröffnung der philologischen Bibliothek, dem »Berlin Brain« Norman Fosters, der Stadt ein weiteres großes »Gehirn« hinzuzufügen, der Henry-Ford-Bau – ein Geschenk der Amerikaner – wurde renoviert, ein Denkmal für die ermordeten Gründungsstudierenden der Freien Universität errichtet. Zu den weiteren buchstäblichen Sichtbarkeiten gehört die Eröffnung der Deutschen Universität für Weiterbildung, einer 50-Prozent-Tochter der Freien Universität in der Pacelliallee.

Wenn das alles kein Tempo ist! Die Sache ist klar: Mitarbeiterinnen und Mitarbeiter, Hochschullehrerinnen und Hochschullehrer und die Studierenden – sie sind geradezu der Ausdruck eines faszinierenden Veränderungswillens in kürzester Zeit geworden. Dass sie die damit verbundenen Strapazen, Verunsicherungen, teilweise auch die Kritik von Zögerern und Zauderern auf sich genommen und ausgehalten haben, ebenso wie Mittelkürzungen und Infragestellungen allenthalben, für diese Bereitschaft, »Ja« zu sagen zur Freien Universität Berlin und dem Tempo ihrer Entwicklung, dafür hat der gesamten Frau-/Mannschaft Dank zu gelten!

Wir halten deshalb fest: Die erste Teilhypothese, wonach Berlin eine tempreiche Stadt ist, kann durch die sichtbare Gangart der Freien Universität bestätigt werden. Insofern ist die »FU«, wie ich sie ungern abkürze, eine wahrlich berlinerische Einrichtung.

Was ist nun mit der zweiten Teilhypothese: Herrscht in der Freien Universität Musik? Auf den ersten Blick vielleicht nicht. Sie ist keine Musikhochschule, ja, sie musste sich im Rahmen der Mittelkürzungen sogar schweren Herzens von der Musikwissenschaft verabschieden. Aber das wollen wir nicht meinen, denn wir wollen Knefs Charakteristikum für Berlin nicht allzu wörtlich nehmen; vielmehr wollen wir es – etymologisch gewiss nicht ganz unproblematisch – als das Musische deuten.

Das Musische im weitesten Sinne wird besonders in den Geisteswissenschaften gepflegt. Nun gab es Zeiten, in denen gerade diese im Zentrum der Kritik, ja manchmal sogar der Verachtung, standen. Dieses war zu keinem Zeitpunkt berechtigt. Ganz im Gegenteil: Dass diese Wissenschaften einen Kernbestand der Freien

Universität ausmachen, wurde erst sichtbar, als ihnen ihre Qualität durch internationale Expertenkommissionen im Rahmen des Exzellenzwettbewerbs des Bundes und der Länder 2007 buchstäblich beurkundet (und auch vergoldet) wurde.

Mehr noch: Es gibt prominente Kenner der deutschen Wissenschaftsszene, die mit Anerkennung gesagt haben, die Freie Universität Berlin habe das Ansehen der Geisteswissenschaften im Rahmen des Exzellenzwettbewerbs für Deutschland gerettet. Das stimmt. Eine große Fächervielfalt auf höchstem Niveau, international anerkannt und für solche Studierende ein Anziehungspunkt, die ihre Universität nicht nach dem Wohnortnähe-Prinzip und dem Unterhaltungswert der Region auswählen, sondern nach der Qualität des Lehrpersonals.

Um nur ein Beispiel herauszugreifen: Die Theaterwissenschaft und ihr verwandte Disziplinen wie die Filmwissenschaft können sich vor Bewerberinnen und Bewerbern nicht retten, Gastwissenschaftler und -wissenschaftlerinnen sagen umstandslos »Ja«, wenn sie eingeladen werden. Die »big names« geben sich in diesem Fach die Klinke ebenso in die Hand wie in zahlreichen anderen geisteswissenschaftlichen Fächern, ob sie nun historisch, sprachwissenschaftlich oder literaturwissenschaftlich akzentuiert seien. Apropos Literaturwissenschaft: Die jüngste Nobelpreisträgerin für Literatur, Herta Müller, war eine frühe Entdeckung der Freien Universität, als sie hier im Jahr 2005 die Heiner-Müller-Professur erhielt.

Um Missverständnissen vorzubeugen: »Musik« im gezeigten Sinne steckt natürlich auch in den Natur- und Sozialwissenschaften der Freien Universität. Nach dem nächsten Exzellenzwettbewerb werden alle staunen, was sie zustande gebracht haben. Resümierend können wir für die zweite Teilhypothese also feststellen: Die Freie Universität leistet ihren Beitrag zu jener Musik, durch die Berlin unserer Expertin Knef zufolge ebenfalls markant charakterisiert ist. Die Freie Universität ist ein Stück der Musik Berlins.

Bleibt der oder das Tamtam. Zur Prüfung dieser Hypothese muss zunächst die Hermeneutik her – die Methode, die sich mit dem Verstehen beschäftigt. Was ist Tamtam, wenn man an die Freie Universität denkt? Demos, Proteste, Lautstärke? Sicher auch, und das ist auch per se nicht schlecht. Veränderung kommt unter anderem dadurch zustande, dass das Bestehende in Frage gestellt wird. Manchmal hilft auch Lautstärke, um Aufmerksamkeit zu erregen. Wenn diese dann durch Argumente, Diskurs und vor allem Scharfsinnigkeit unterlegt wird, umso besser.

Die Sozialwissenschaften der Freien Universität, aber nicht nur sie, haben immer für diesen Teil von Zukünften gestanden, die das Vergangene und Gegenwärtige kritisieren und im gelingenden Fall neue Konzepte für die Zukunft der Gesellschaft entwickeln. Sie haben es geschafft, das schlechte Bild bloßer Krachmacherei zu überwinden und in Lehre und Forschung Reflexionen und Modellierungen für unsere Zukunft und die unserer Welt zu präsentieren. Präsentieren: Auch das ist eine mögliche Deutung von »Tamtam«: nicht nur auf etwas zeigen, sondern sich zeigen als das, was man kann und was man ist. Die Mitglieder der Universität, so scheint es uns doch, dürfen heute selbstbewusst und zunehmend dezent stolz sein auf das, was sie geleistet haben. Für Tamtam sorgt dann schon die Stadt, die heute wie sonst nur zu Beginn der Gründungszeit der Freien Universität stolz auf sie ist und diesen Stolz auch zeigt. Und das ist eigentlich das Erfreulichste an der Entwicklung der letzten Dekade. Das versöhnt den Scheidenden mit den immer auch zu erlebenden Rückschlägen, Barrieren, mit Gezänk und manchmal auch mit Intrigen: dass die Stadt ihre Freie Universität wieder angenommen zu haben scheint. Das jedenfalls ist aus den zahlreichen Briefen und Freundlichkeiten aus ihrer Mitte zu entnehmen, die den erreicht haben, der nun sein Glück in der (nicht allzu weiten) Ferne sucht.

Deswegen wird es auch mehr sein als nur ein Koffer, der in Berlin verbleibt. Dazu gehört die Liebe zu einer Stadt, die zu dem Typus von Geliebten gehört, auf deren Äußerungen man genau achten muss, um ihnen den Ausdruck von Zärtlichkeit entnehmen zu können. Das gilt auch für die Freie Universität, denn – das war ja zu beweisen – sie ist Berlin. Und natürlich: Unsere Hilde sang »Betrieb«, nicht »Musik«. Aber was macht das schon.

7. Statt eines Nachwortes

Der Fragebogen

Über Gott und die Welt

Welche Illusion ist fruchtbar?
Die Illusion der Chancengleichheit.

Was bedeutet Ihnen Gott?
Vorschein einer Wirklichkeit.

Was ist der Sinn des Lebens?
Lebenssinn zu stiften.

Die Liebe ist...
der einzige Lebenssinn, der sich selbst stiftet.

Meine größte politische Sorge ist...
politische Sorglosigkeit.

Was bedeutet Ihnen die deutsche Wiedervereinigung?
Verpflichtung für die Vereinigten.

Was fasziniert Sie?
Jugendliche Intelligenz.

Ihre Lieblingslebensweisheit?
Wenn man lange genug am Fluss sitzt, kann man eines Tages die Leichen seiner Feinde vorbeischwimmen sehen.

Überzeugt Sie Ihre Selbstkritik?
Immer weniger.

Wogegen sind Sie nicht versichert?
Gegen Enttäuschung.

Wie alt möchten Sie werden?
So alt wie nötig, um »seine Zeit« zu überleben.

Wieviel Geld möchten Sie besitzen?
Etwas mehr als unbedingt nötig.

Über Emotionen...

Was macht Sie wütend?
Indifferenz.

Was erfüllt Sie mit Hoffnung?
Die Liebe.

Wofür sind Sie dankbar?
Für Solidarität.

Wann empfinden Sie Ohnmacht?
Vor Intriganten.

Worüber können Sie (Tränen) lachen?
Wenn Menschen sich selbst überschätzen.

Was ertragen Sie nur mit Humor?
Hybris.

Ein Jahr Robinson (ohne Freitag). Welche drei Bücher nehmen Sie mit?
Theodore Dreiser, An American Tragedy; Paul Verlaine, Romances sans paroles; Die Heilige Schrift.

Musik ist...
Freiheit.

Sport ist...
Freiheit.

Über Wissenschaft...

Wer oder was hat Sie wissenschaftlich am nachhaltigsten geprägt?
Kontingenztheorien.

Was verdanken Sie Ihrem wissenschaftlichen Lehrer?
Selbstwirksamkeitserwartung.

Warum sind Sie Wissenschaftler geworden?
Es gab nichts Besseres.

Die deutsche Universität ist...
noch nicht verloren, sondern auf dem Wege.

Was fehlt den Universitäten am meisten?
Autonomie.

Welche Eigenschaften sollte ein Hochschullehrer haben?
Identifikationsfähigkeit.

Einem überdurchschnittlich begabten Studenten empfehle ich...
an seine Begabung zu glauben.

Welche Eigenschaft vermissen Sie an der heutigen Studentengeneration?
Keine. Was fehlt, stiftet das Leben.

Welche Eigenschaft schätzen Sie an der heutigen Studentengeneration?
Lebensfülle.

Was ist Bildung?
Selbstbildung.

Quellenverzeichnis

Achtung vor fremdem Eigentum ist schwierige Erziehungsaufgabe. Eltern und Pädagogen müssen ratlos registrieren, dass Diebstahlsdelikte heute weniger ernst genommen werden. Bildung hat Zukunft. In: Berliner Morgenpost vom 17.09.2007, S. 11.
Aggression mit Sympathie kontern. Bildung hat Zukunft. In: Berliner Morgenpost vom 20.05.2007, S. 18.
Alles auf Los. In: Freie Universität. Neues aus Wissenschaft und Forschung. Eine Beilage der FU Berlin in Zusammenarbeit mit Der Tagesspiegel vom 25.06.2006, S. B1.
Alles für die Lehre. In: Freie Universität. Neues aus Wissenschaft und Forschung. Eine Beilage der FU Berlin in Zusammenarbeit mit Der Tagesspiegel vom 10.10.2009, S. B1.
Allgemeine Bildung? FREIE Sicht. In: Der Tagesspiegel vom 01.12.2008, S. 19.
Auch die großen Ferien sind zum Lernen da. Bildung hat Zukunft. In: Berliner Morgenpost vom 03.07.2005, S. 13.
Autonomie jetzt! In: Freie Universität. Neues aus Wissenschaft und Forschung. Eine Beilage der FU Berlin in Zusammenarbeit mit Der Tagesspiegel vom 09.04.2005, S. B1.
Berufen, das Neue zu wagen. Die Freie Universität zieht junge, exzellente Forscher aus der ganzen Welt an – sie wird die kommenden Herausforderungen meistern. In: Der Tagesspiegel vom 16.04.2003, S. B 5.
Besser lehren, besser betreuen. In: FREIE Sicht. Der Tagesspiegel vom 26.10.2009, S. 25.
Bilder müssen wieder bilden. In: Cicero – Magazin für politische Kultur, August 2004, S. 88-89.
Bildung in die Freiheit entlassen. FREIE Sicht. In: Der Tagesspiegel vom 20.10.2008, S. 23.
Bildung ist das ganze Leben. Der Clash der Generationen kann nur vermieden werden, wenn Lernen erste Bürgerpflicht wird. Die Universität bereitet sich darauf vor. In: Der Tagesspiegel vom 21.10.2003.
Bildung nicht ans Doping ausliefern. In: FREIE Sicht. Der Tagesspiegel vom 18.01.2010, S. 25.
Bildung verpflichtet. In: FREIE Sicht. Der Tagesspiegel vom 08.02.2010, S. 25.
Bildungspolitik prägt die Zukunft – Was tun die Parteien für eine bessere Ausbildung junger Menschen? Bildung hat Zukunft. In: Berliner Morgenpost vom 11.09.2006, S.13.
Bildungsreformen an den Schwachstellen ansetzen. In: Der Tagesspiegel vom 21.04.1999, S. 28.
Brachliegende Potenziale. In: Junge Karriere / Handelsblatt, 07 (2004), S. 58.

Brüsseler Schildermacher. Freie Universität Berlin. In: Freie Universität. Neues aus Wissenschaft und Forschung. Eine Beilage der FU Berlin in Zusammenarbeit mit Der Tagesspiegel vom 07.02.2009, S. B1.

Charité: Wäre kleiner feiner? In: Freie Universität. Neues aus Wissenschaft und Forschung. Eine Beilage der FU Berlin in Zusammenarbeit mit Der Tagesspiegel vom 11.07.2009, S. B1.

Das einzig Richtige: Schulklassen ist der Besuch des Plastinariums verboten. In: Bildung hat Zukunft. In: Berliner Morgenpost vom 17.12.2006, S. 18.

Das kostet Geld. In: Freie Universität. Neues aus Wissenschaft und Forschung. Eine Beilage der FU Berlin in Zusammenarbeit mit Der Tagesspiegel vom 18.11.2006, S. B1.

Das starre duale System steckt in der Krise. In: Der Tagesspiegel vom 19.05.1999, S. 36.

Das Verhalten der Eltern hat mehr Einfluss auf junge Leute als Ethikunterricht. Jugendlichen helfen keine moralischen Theorien – Normen und Werte müssen ihnen von älteren Generationen vorgelebt werden. Bildung hat Zukunft. In: Berliner Morgenpost vom 01.10.2006, S.12.

Den Talenten gerecht werden. FREIE Sicht. In: Der Tagesspiegel vom 10.11.2008.

Den Tatsachen ins Auge sehen. FU-Präsident Dieter Lenzen über Zukunftsperspektiven der Freien Universität. In: FU-Nachrichten, Zeitung der Freien Universität Berlin, Ausgabe 1-3 (2004), S. 2.

Den Tod mit der Lebenslust versöhnen. Wer die Geschlechterdifferenz beseitigen will, hofft auf Unsterblichkeit. In: Der Tagesspiegel vom 22.11.2006, S. 27.

Der Fragebogen. In: Forschung & Lehre, 10 (2005), S. 580.

Der High-Tech-Standort ist gefährdet. In: Berliner Zeitung vom 18.08.2005, S. 13.

Der Weg zum optimalen Studienplatz. FU-Präsident Lenzen über Chancen, die Güte von Hochschulen zu prüfen. Bildung hat Zukunft. In: Berliner Morgenpost vom 03.07.2006, S. 11.

Deutschland – China – Deutschland. In: Freie Universität. Neues aus Wissenschaft und Forschung. Eine Beilage der FU Berlin in Zusammenarbeit mit Der Tagesspiegel vom 26.08.2006, S. B1.

Die Angst der Schüler vor der Einheits-Prüfung. Mit dem Zentralabitur hat ein neues Kapitel im Berliner Schulwesen begonnen. Bildung hat Zukunft. In: Berliner Morgenpost vom 22.04.2007, S. 13.

Die Autonomie verteidigen. In: FREIE Sicht. In: Der Tagesspiegel vom 22.06.2009, S. 20.

Die Bestenauslese muss besser werden. FREIE Sicht. In: Der Tagesspiegel vom 24.08.2009, S. 16.

Die Bildung muss zur Kernfrage eines jeden Wahlkampes werden. Bildung hat Zukunft. In: Berliner Morgenpost vom 01.05.2005, S. 21.

Die Bildungsmisere steckt in uns selbst. FREIE Sicht. In: Der Tagesspiegel vom 28.04.2008, S. 32.

Die Dokumente des Holocaust. In: Freie Universität. Neues aus Wissenschaft und Forschung. Eine Beilage der FU Berlin in Zusammenarbeit mit Der Tagesspiegel vom 16.12.2006, S. B1.

»Die Folgen der Selektion sind katastrophal«. Mehr Gerechtigkeit: FU-Präsident Dieter Lenzen will die Hauptschule abschaffen. In: Der Tagesspiegel vom 01.11.2005, S. 26.

Die Pädagogik wird global. FREIE Sicht. In: Der Tagesspiegel vom 12.01.2009, S. 19.

Die Religion kennt mehr als vernünftige Gründe. In: Der Tagesspiegel vom 24.04.2009, S. 8.

Die Schule muss vom Leben lernen. In: FREIE Sicht. In: Der Tagesspiegel vom 18.08.2008, S. 17.

Die Schulen haben riesigen Reformbedarf. Wer auch immer die Bildungspolitik übernimmt: Mut zu Entscheidungen ist gefragt. In: Der Tagesspiegel vom 12.11.2001, S. 28.

Don't be Berlin? In: Freie Universität. Neues aus Wissenschaft und Forschung. Eine Beilage der FU Berlin in Zusammenarbeit mit Der Tagesspiegel vom 14.11.2009, S. B1.

Ein begrüßenswerter Reformschritt. Zentralabitur bietet Vergleichbarkeit und damit einen gerechten Wettbewerb. Bildung hat Zukunft. In: Berliner Morgenpost vom 23.10.2006, S. 12.

Eine historische Mission. Eliteuniversität – Die Freie Universität Berlin hat es sich zum Ziel gesetzt, das akademische Fenster Deutschlands in die Welt zu werden – mit dem Zukunftsmodell »International Network University«. In: DSW JOURNAL – Das Magazin des Deutschen Studentenwerks, Heft 3, September 2008, S. 34-35.

Eine Schule nur für die künftigen Studenten. In: Der Tagesspiegel vom 08.05.1999, S. 34.

Ein Erfolg für alle. In: Freie Universität. Neues aus Wissenschaft und Forschung. Eine Beilage der FU Berlin in Zusammenarbeit mit Der Tagesspiegel vom 11.02.2006, S. B1.

Ein neuer Takt für die Semester. FREIE Sicht. In: Der Tagesspiegel vom 07.07.2008, S. 27.

Ein Warentest für Weiterbildung. In: FREIE Sicht. Der Tagesspiegel vom 16.11.2009, S. 25.

»Einander dienen und frei werden«. FREIE Sicht. In: Der Tagesspiegel vom 22.12.2008, S. 29.

Eine Chance für Weltbürger. In: FREIE Sicht. In: Der Tagesspiegel vom 29.09.2008, S. 29.

Eine Metapher ohne Belang. In: Mein ERSTES Geld (94). Der Tagesspiegel vom 23.11.2009, S. 17.

Endlich flexible, altersgerechte Einschulungen. Nagelprobe für Eltern und Pädagogen. Bildung hat Zukunft. In: Berliner Morgenpost vom 27.08.2006, S. 15.

Endlich! In: Freie Universität. Neues aus Wissenschaft und Forschung. Eine Beilage der FU Berlin in Zusammenarbeit mit Der Tagesspiegel vom 16.04.2007, S. B1.

Enthusiasmus statt Sarkasmus. In: FREIE Sicht. In: Der Tagesspiegel vom 08.09.2008, S. 25.

Entscheidung für den Lehrerberuf: Drum prüfe, wer sich ewig bindet. Bildung hat Zukunft. In: Berliner Morgenpost vom 04.12.2005, S. 15.

Erfolg studieren. In: Freie Universität. Neues aus Wissenschaft und Forschung. Eine Beilage der FU Berlin in Zusammenarbeit mit Der Tagesspiegel vom 05.09.2009, S. B1.

Erziehung beginnt in der Familie und nicht in der Schule. Bildung hat Zukunft. In: Berliner Morgenpost vom 21.05.2006, S. 19.

Erziehung durch Wissenschaft? In: Freie Universität. Neues aus Wissenschaft und Forschung. Eine Beilage der FU Berlin in Zusammenarbeit mit Der Tagesspiegel vom 15.04.2006, S. B1.

Erziehung zur Neidlosigkeit. Warum Kindern jedes Mittel recht ist, um Ungleichheiten zu beseitigen. Bildung hat Zukunft. In: Berliner Morgenpost vom 16.07.2006, S. 15.

Es fehlt an Willenskraft. Die Krise müsste energisch angegangen werden – gemeinsam. In: Der Tagesspiegel vom 17.06.2002, S. 28.

Essen heißt: Umsorgt sein. Bildung hat Zukunft. In: Berliner Morgenpost vom 25.09.2005, S. 19.

Etwas ganz Besonderes. In: Freie Universität. Neues aus Wissenschaft und Forschung. Eine Beilage der FU Berlin in Zusammenarbeit mit Der Tagesspiegel vom 09.02.2008, S. B1.

Exzellent – Horizontale Kooperation. In: Freie Universität. Neues aus Wissenschaft und Forschung. Eine Beilage der FU Berlin in Zusammenarbeit mit Der Tagesspiegel vom 11.02.2007, S. B1.

Exzellenz für die Stadt. Ein Brief des Präsidenten der Freien Universität an die Bürgerinnen und Bürger Berlins. In: Freie Universität. Neues aus Wissenschaft und Forschung. Eine Beilage der FU Berlin in Zusammenarbeit mit Der Tagesspiegel vom 28.10.2007, S. B1.

Exzellenzinitiative: Aus Fehlern lernen. In: Der Tagesspiegel vom 10.03.2010, S. 21.

Filme entstehen im Kopf. Vergleichbare Wirkungen von Gewaltdarstellungen sind nicht nachweisbar. In: tv diskurs. Verantwortung in audiovisuellen Medien. Ausgabe zum Jubiläum der FSF: Zehn Jahre FSF. Was nutzt die Wissenschaft dem Jugendschutz? Nr. 2 (2004), 7. Jg., S. 31-36.

Freie Humboldt-Universität? Nein danke. Eine Fusion der Berliner Universitäten wäre schädlich für alle Beteiligten. In: Der Tagesspiegel vom 14.06.1005, S. 26.

Freie Universität Berlin – International Network University. Internationalisierungsstrategien der Freien Universität Berlin. In: Außenwissenschaftspolitik – Wissenschaftsaußenpolitik. Arbeits- und Diskussionspapier 7/2007,

Stiftung Wissenschaft und Politik, Alexander von Humboldt Stiftung, Bonn, S. 24-25.

Freiheit, Erinnerung, Perspektiven. In: Freie Universität. Neues aus Wissenschaft und Forschung. Eine Beilage der FU Berlin in Zusammenarbeit mit Der Tagesspiegel vom 01.09.2007, S. B1.

Freunde in der Fremde. In: Freie Universität. Neues aus Wissenschaft und Forschung. Eine Beilage der FU Berlin in Zusammenarbeit mit Der Tagesspiegel vom 14.06.2008, S. B1.

Friedliche Schüler haben ein Recht auf Schutz. FU-Präsident Dieter Lenzen plädiert für ein entschiedenes Vorgehen gegen jugendliche Gewalttäter in Schulen. In: Berliner Morgenpost vom 06.06.2006, S. 12.

Frühere Einschulung ist wichtig für unsere Kinder – Bildung hat Zukunft. In: Berliner Morgenpost vom 14.08.2005, S. 12.

FU soll Volluniversität bleiben. Wie das Land Berlin seine Hochschulen kaputt spart. In: FU-Nachrichten, Zeitung der Freien Universität Berlin, Ausgabe 11-12 (2003), S. 1-2.

FU-Präsident: Exzellenz unabhängig von Lehre. Für einen erfolgreichen Start ins Berufsleben muss man nicht an Elite-Universitäten studieren. Bildung hat Zukunft. In: Berliner Morgenpost vom 29.10.2007, S. 14.

Gastkommentar: Ade, du schöner Elfenbeinturm. Lehrer sollten für ein Jahr raus aus der Schule. In: DIE WELT vom 28.02.2009, S. 8.

Gebt den Schulen mehr Freiheit. FREIE *Sicht*. In: Der Tagesspiegel vom 04.05.2009, S. 25.

Geld für die jungen Wilden. In: Der Tagesspiegel vom 07.02.2005, S. 25.

Gemeinsam zur Exzellenz. In: Der Tagesspiegel vom 13.11.2006, S. 25.

Gleichbehandlung und Erziehung. In der Schule gibt es keinen geschlechtsneutralen Unterricht. Warum Jungen benachteiligt werden. Bildung hat Zukunft. In: Berliner Morgenpost vom 11.03.2007, S. 17.

Hat Intelligenz ein Gesicht? Holt sie zurück! In: Cicero – Magazin für politische Kultur, Nr. 10/2004, S. 137.

Heimunterricht muss erlaubt sein. In: FREIE *Sicht*. In: Der Tagesspiegel vom 25.05.2009, S. 18.

In der Bildung den Bund wählen. In: FREIE *Sicht*. Der Tagesspiegel vom 14.09.2009, S. 25.

In der Schule von morgen wird anders gelernt. In: Der Tagesspiegel vom 30.04.1999, S. 42.

Indien hat Zukunft. In: Freie Universität. Neues aus Wissenschaft und Forschung. Eine Beilage der FU Berlin in Zusammenarbeit mit Der Tagesspiegel vom 20.04.2008, S. B1.

Internate sind näher am Leben. FREIE *Sicht*. In: Der Tagesspiegel vom 03.08.2009, S. 25.

Jede Krise als Chance nutzen. In: Der Tagesspiegel vom 18.12.2004, Beilage, S. 1.

Kein Recht auf schlechte Lehre. FREIE *Sicht*. In: Der Tagesspiegel vom 26.05.2008, S. 25.

Keine Angst vorm Kollektiv. FREIE Sicht. In: Der Tagesspiegel vom 23.02.2009, S. 18.
Keine Angst, Männer. In: Freie Universität. Neues aus Wissenschaft und Forschung. Eine Beilage der FU Berlin in Zusammenarbeit mit Der Tagesspiegel vom 12.07.2008, S. B1.
Kinder brauchen Vorbilder für Moral und Manieren. Bildung hat Zukunft. In: Berliner Morgenpost vom 23.10.2005, S. 19.
Kinder in die Kindergärten. FREIE Sicht. In: Der Tagesspiegel vom 06.04.2009, S. 26.
Kinder lernen von Tieren viel über das Leben. Vierbeinige Hausgenossen verursachen Freude, bedeuten aber auch pädagogische Verantwortung. Bildung hat Zukunft. In: Berliner Morgenpost vom 06.11.2006, S. 10.
Klimaerziehung ja, aber behutsam. In: FREIE Sicht. Der Tagesspiegel vom 07.12.2009, S. 25.
Königs- oder Holzweg? Die Freie Universität will Juniorprofessuren einrichten. In: FU-Nachrichten, Zeitung der Freien Universität Berlin, Ausgabe 01 (2002), S. 2-3.
Lehrern mit Sympathie entgegentreten. Bildung hat Zukunft. In: Berliner Morgenpost vom 26.02.2006, S. 13.
Leitbilder – Bilderleid? Was dürfen wir von Leitbild-Debatten an deutschen Hochschulen erwarten? In: Forschung & Lehre, 11 (2001), S. 586-589.
Lernen mit behinderten Kindern bringt Nutzen. Wenn Integration in der Schule ernst genommen wird, profitieren alle Schüler davon. Bildung hat Zukunft. In: Berliner Morgenpost vom 27.05.2007, S. 13.
Losungen und Vorsätze zum neuen Jahr. Bildung hat Zukunft. In: Berliner Morgenpost vom 15.01.2006, S. 12.
Luxus im Labor. Was deutsche Hochschulen von Amerikas Spitzenuniversitäten lernen können. In: Der Tagesspiegel vom 02.10.2003.
Marktplatz für gelungene Unterrichtsmaterialien. Warum Lehrer gute Konzepte und Präsentationen untereinander austauschen sollten. Bildung neu denken. In: Berliner Morgenpost vom 25.02.2007, S. 18.
Mehr Bildung im Studium. FREIE Sicht. In: Der Tagesspiegel vom 13.07.2009, S. 25.
Mehr Geld für unsere Gäste. FREIE Sicht. In: Der Tagesspiegel vom 16.06.2008, S. 22.
Mehr lernen, was sonst? Eine Bildungsrevolution wird nur gelingen, wenn wir begreifen: Bildung heißt zuerst Selbstdisziplin, Anstrengung, Verantwortung und Fairness gegenüber anderen. In: Handelsblatt vom 19.05.2005, S. 11.
Multiple Choice – keine Wahl. FREIE Sicht. In: Der Tagesspiegel vom 07.04.2008, S. 27.
Muss es immer das Gymnasium sein? Bildung hat Zukunft. In: Berliner Morgenpost vom 07.05.2006, S. 12, und Die Welt vom 08.05.2006, S. 34.
Nachhilfeschulen gehört die Zukunft. FREIE Sicht. In: Der Tagesspiegel vom 02.02.2009, S. 25.
Nachhilfeunterricht: Oft die bessere Alternative. Bildung hat Zukunft. In: Berliner Morgenpost vom 27.11.2006, S. 11.

Neue Hoffnung für Privatschulen. In: FREIE Sicht. Der Tagesspiegel vom 05.10.2009, S. 19.

Neugeborenes Kind. Freie Universität Berlin. In: Freie Universität. Neues aus Wissenschaft und Forschung. Eine Beilage der FU Berlin in Zusammenarbeit mit Der Tagesspiegel vom 18.04.2009, S. B1.

Niemand muss Vergleichsarbeiten fürchten. Bildung hat Zukunft. In: Berliner Morgenpost vom 08.05.2005, S. 18.

Noch eine Kommission für Berlin? In: Freie Universität. Neues aus Wissenschaft und Forschung. Eine Beilage der FU Berlin in Zusammenarbeit mit Der Tagesspiegel vom 17.12.2005, S. B1.

Nutzt Eure Chancen! In: Freie Universität. Neues aus Wissenschaft und Forschung. Eine Beilage der FU Berlin in Zusammenarbeit mit Der Tagesspiegel vom 21.05.2005, S. B1.

Perspektiven zur Reform des Schulsystems. In: Hamburg macht Schule, Zeitschrift für Hamburger Lehrkräfte und Elternräte, Nr. 1/2006, S. 6-9.

PISA-Ergebnis hat erneut gezeigt: Berlin fördert und fordert Schüler nicht genug. Bildung hat Zukunft. In: Berliner Morgenpost vom 17.07.2005, S. 12.

PISA-Schock der Wirtschaft. In: Freie Universität. Neues aus Wissenschaft und Forschung. Eine Beilage mder FU Berlin in Zusammenarbeit mit Der Tagesspiegel vom 18.10.2008, S. B1.

Pläne, Pläne, Pläne. In: Freie Universität. Neues aus Wissenschaft und Forschung. Eine Beilage der FU Berlin in Zusammenarbeit mit Der Tagesspiegel vom 17.11.2007, S. B1.

Polen kommt – Intellektuelle Aufbruchstimmung: Deutschlands Nachbar mausert sich zu einem ernst zu nehmenden Konkurrenten. In: Der Tagesspiegel vom 25.10.2004, S. 21.

Professoren verdienen zu wenig. FREIE Sicht. In: Der Tagesspiegel vom 16.03.2009, S. 26.

»Reden wir mit unseren Kindern«. FU-Präsident Dieter Lenzen plädiert für frühe Bildungsarbeit. Bildung hat Zukunft. In: Berliner Morgenpost vom 22.01.2007, S. 11.

Religionsunterricht und die Sinnfrage – Bildung hat Zukunft. In: Berliner Morgenpost vom 18.12.2005, S. 12.

Schlag auf Schlag. In: Freie Universität. Neues aus Wissenschaft und Forschung. Eine Beilage der FU Berlin in Zusammenarbeit mit Der Tagesspiegel vom 21.07.2007, S. B1.

Schlicht mehr Wissen und weniger Palaver. Kurz vor Semesterbeginn: ein Wort an die Politiker. In: Berliner Zeitung vom 10.04.2002, S. 16.

Schon wieder eine schulfreie Zeit!? Winterferien ade: Eine Polemik gegen die Staatliche Subventionierung von Skiliften. Bildung hat Zukunft. In: Berliner Morgenpost vom 04.02.2007, S. 14

Schon wieder Zeugnisse: Enger Kontakt zur Schule gibt besseren Einblick. Bildung hat Zukunft. In: Berliner Morgenpost vom 29.01.2006, S. 13.

Schuld war nur der Lehrer. Ob PISA-Schock, Rechtsradikalismus oder Ellenbogenmentalität – unsere Pauker müssen für alles den Kopf hinhalten. In: DIE ZEIT Nr. 27 vom 27.06.2002, S. 71-72.

Schulen brauchen Aufstand des Bürgertums. Eine verantwortungsvolle Gesellschaft muss für Veränderungen im Bildungssystem sorgen. Bildung hat Zukunft. In: Berliner Morgenpost vom 06.05.2007, S. 17.

Schüler lieber gezielt fördern. In: Berliner Morgenpost vom 13.02.2002.

Schwierigkeiten beim »Zurückpolen« aufs Lernen. Bildung hat Zukunft. In: Berliner Morgenpost vom 28.08.2005, S. 15.

Sich schenken, anstatt sich etwas zu schenken. Empfehlung des Erziehungswissenschaftlers und FU Präsidenten zu Weihnachten: Geben Sie anderen etwas von sich ab. Bildung hat Zukunft. In: Berliner Morgenpost vom 10.12.2007, S. 13.

Special Relationship? In: Freie Universität. Neues aus Wissenschaft und Forschung. Eine Beilage der FU Berlin in Zusammenarbeit mit Der Tagesspiegel vom 06.06.2009, S. B1.

Sport ist (kein) Mord. In: Freie Universität. Neues aus Wissenschaft und Forschung. Eine Beilage der FU Berlin in Zusammenarbeit mit Der Tagesspiegel vom 24.06.2006, S. B1.

Standards zum Messen von Leistung entwickeln. Bildung hat Zukunft. In: Berliner Morgenpost vom 19.06.2005, S. 18.

Stifter, bildet Kartelle. In: FREIE Sicht. In: Der Tagesspiegel vom 28.07.2008, S. 25.

Stolze Klempner. Erfolgreiche Hochschulen brauchen den Fächer-Konsens. In: Frankfurter Rundschau vom 02.12.2003, S. 29.

Strategische Allianzen fürs Leben. Bedeutung von Netzwerken zwischen Wissenschaft, Wirtschaft und Politik. In: Der Tagesspiegel vom 13.04.2004, Beilage, S. 1.

Subventionen abbauen und in Bildung investieren. In: Frankfurter Rundschau vom 16.08.2005, S. 27.

»The circle is round now«. In: Freie Universität. Neues aus Wissenschaft und Forschung. Eine Beilage der FU Berlin in Zusammenarbeit mit Der Tagesspiegel vom 20.12.2008, S. B1.

Tempo, Musik und Tamtam. Ein Rückblick des scheidenden Präsidenten der Freien Universität, Professor Dieter Lenzen. In: Freie Universität. Neues aus Wissenschaft und Forschung. Eine Beilage der FU Berlin in Zusammenarbeit mit Der Tagesspiegel vom 13.02.2010, S. B1.

Übertragbar auf viele Berufe. In: Handelsblatt vom 25.08.2003.

Universitas: Nicht ohne Medizin! Die Philosophie einer »Voll-Universität«. In: FU-Nachrichten, Zeitung der Freien Universität Berlin, Ausgabe 02 (2002), S. 4.

Vertrag und Exzellenz. In: Freie Universität. Neues aus Wissenschaft und Forschung. Eine Beilage der FU Berlin in Zusammenarbeit mit Der Tagesspiegel vom 09.07.2005, S. B1.

Vom Nutzen der Klassenfahrten. Bildung hat Zukunft. In: Berliner Morgenpost vom 12.03.2006, S. 12.

Vom Umgang mit der Zeit unserer Kinder. Bildung hat Zukunft. In: Berliner Morgenpost vom 22.05.2005, S. 19.
Von der Ochsentour, eine Rechtsgrundlage zu schaffen. Bildung hat Zukunft. In: Berliner Morgenpost vom 09.04.2006, S. 19.
Wandel vom Lehrenden zum Lernbegleiter erforderlich. Schulreform muss auch die Lehrpersonal-Ausbildung verbessern. In: Wirtschaft an Strom und Meer, Mai 2008, S. 24.
Warum sind deutsche Schüler nur mittelmäßig? Wenn die Diagnose bekannt ist. In: Der Tagesspiegel vom 18.12.2004, Beilage, S. 2.
Was für ein Jahr! In: Freie Universität. Neues aus Wissenschaft und Forschung. Eine Beilage der FU Berlin in Zusammenarbeit mit Der Tagesspiegel vom 22.12.2007, S. B1.
Was heißt Allgemeinbildung morgen? In: ODYSSEE 2000. Reise in das nächste Jahrtausend. 52 Folgen vom 16.1.1999 bis 8.1.2000. Ein Sonderdruck von Der Tagespiegel, 49. Was wir lernen werden, S. 49.
Was tun, wenn Prüfungsangst zu Denkblockaden führt? Bildung hat Zukunft. In: Berliner Morgenpost vom 19.02.2006, S. 12.
Was vor der Bewerbung an einer Universität zu beachten ist. Bildung hat Zukunft. In: Berliner Morgenpost vom 05.06.2005, S. 18.
Weg vom Projekt. In: DIE ZEIT vom 04.11.2010, S. 79.
Welche Lehren aus der jüngsten PISA-Studie zu ziehen sind. Bildung hat Zukunft. In: Berliner Morgenpost vom 06.11.2005, S. 12.
Wenig Zeit für viele Defizite. In: Rheinischer Merkur vom 04.11.2004, S. 33.
Wettbewerb unter den Schulen verbessert die Qualität. Bildung hat Zukunft. In: Berliner Morgenpost vom 11.09.2005, S. 14.
Wie man Kindern feste Wertmaßstäbe für ihre eigenen Handlungen gibt. Bildung hat Zukunft. In: Berliner Morgenpost vom 02.07.2007, S. 10.
Wir freuen uns. In: Freie Universität. Neues aus Wissenschaft und Forschung. Eine Beilage der FU Berlin in Zusammenarbeit mit Der Tagesspiegel vom 18.10.2006, S. B1.
Wir haben keine Zeit zu verlieren. Die Universitäten müssen sich endlich den Aufgaben der Zukunft stellen. In: Der Tagesspiegel vom 17.07.2003, S. 33.
Wissen – Handeln – Können: Diese drei! Was sich an der deutschen Universität ändern muss. In: UNIVERSITAS, 56. Jg., Juli 2001, Nr. 661, S. 721-730.
Wissenschaft auf Weltniveau. Die ETH Zürich gehört zu den erstklassigen Universitäten der Welt – Grund genug, sich die vorbildlichen Rahmenbedingungen genauer anzusehen, um für Berlin Neues zu wagen. In: Freie Universität. Neues aus Wissenschaft und Forschung. Eine Beilage der FU Berlin in Zusammenarbeit mit dem Tagesspiegel vom 05.02.2005, S. B6.
Wissenschaft und Öffentlichkeit. In: Freie Universität. Neues aus Wissenschaft und Forschung. Eine Beilage der FU Berlin in Zusammenarbeit mit Der Tagesspiegel vom 13.05.2006, S. B1.
Wo liegen eigentlich Yale und Princeton? Deutschland braucht den Wettbewerb um Spitzenleistungen. In: Der Tagesspiegel vom 16.01.2004, S. 29.

Wut, Hoffnung und Ideologie. Was Bildungsexperten zu den Plänen von Rot-Rot zum Pilotversuch »Gemeinschaftsschule« sagen: Einheitsschulen sind verfassungswidrig. In: Der Tagesspiegel vom 07.11.2006, S. 14.

Zeitmanagement in der Familie: Ein Plädoyer für die Ganztagsschule. Bildung hat Zukunft. In: Berliner Morgenpost vom 20.11.2005, S. 13.

Zeitung lesen – für bessere PISA-Ergebnisse. Bildung hat Zukunft. In: Berliner Morgenpost vom 26.03.2006, S. 14.

Zukunft von Anfang an. Die Freie Universität Berlin zeigt ihre Zukunftspläne vor dem Horizont ihrer Geschichte. In: Freie Universität. Neues aus Wissenschaft und Forschung. Eine Beilage der FU Berlin in Zusammenarbeit mit dem Tagesspiegel vom 16.10.2004, S. B1.

Zwei Geburtstage. In: Freie Universität. Neues aus Wissenschaft und Forschung. Eine Beilage der FU Berlin in Zusammenarbeit mit Der Tagesspiegel vom 29.11.2008, S. B1.

Anmerkung des Verlags:

Im Rahmen dieser Publikation folgen alle Beiträge ungeachtet des ursprünglichen Erscheinungsdatums dem Regelwerk der neuen Rechtschreibung.

MIX
Papier aus verantwortungsvollen Quellen
Paper from responsible sources
FSC® C105338

If you have any concerns about our products,
you can contact us on
ProductSafety@springernature.com

In case Publisher is established outside the EU,
the EU authorized representative is:
**Springer Nature Customer Service Center GmbH
Europaplatz 3, 69115 Heidelberg, Germany**

Printed by Libri Plureos GmbH
in Hamburg, Germany